T0129033

Voces de juncos
en
el pantano

Maricela Colón Meléndez

EL Zahir Editorial

Compre este libro en línea visitando www.trafford.com
o por correo electrónico escribiendo a orders@trafford.com

La gran mayoría de los títulos de Trafford Publishing también están
disponibles en las principales tiendas de libros en línea.

© Copyright 2011 Maricela Colón Meléndez.
Todos los derechos reservados. Esta publicación no puede ser reproducida, ni en todo ni en parte, ni
registrada en o transmitida por un sistema de recuperación de información, en ninguna forma ni por
ningún medio, sea mecánico, fotoquímico, electrónico, magnético, electroóptico, por fotocopia, o
cualquier otro, sin el permiso previo por escrito del autor.

Queda prohibida la reproducción total o parcial de este libro en cualquier medio
impreso o digital sin el permiso previo y por escrito de la autora.

Concepto y supervisión: El Zahir Editorial

Directora del proyecto: Mairym Cruz Bernal

Editor: Mario Torres Duarte

Diseño de carátula: Diana Carolina Daza Astudillo

Fotografía de carátula: Nicolás Jara Miranda

Diagramación: Carlos Andrés Almeyda

Este Libro fue impreso en los Estados Unidos de América.

ISBN: 978-1-4669-0280-0 (sc)
ISBN: 978-1-4669-0913-7 (e)

Número de Control de la Biblioteca del Congreso de EE. UU.: 2011960297

Trafford rev. 12/17/2011

www.trafford.com
Para Norteamérica y el mundo entero
llamadas sin cargo: 1 888 232 4444 (USA & Canadá)
teléfono: 250 383 6864 ♦ fax: 812 355 4082

En memoria de Luis Manuel Nieves Rivera
y de todos los niños y mujeres
que han sido víctimas
de violencia doméstica y abuso sexual.

A mi familia por todo su apoyo.
A mis hijos: Joan, Johnny, Leo y Alex.
A mis hermanos: Lucy, Nelly, José,
Víctor, Denys, Ralph y Aníbal.
A mi padre, Pedro, con mucho cariño.
Les quiero.

Resistiré para seguir viviendo,
me volveré de hierro para endurecer la piel
y aunque los vientos de la vida soplen fuerte,
soy como el Junco que se dobla
pero siempre sigue en pie...

Canción popular

1

Algo se me fue contigo, madre . . .
Algo siento que me falta, madre . . .
Las raíces de mi vida, madre . . .
en tu vientre se quedaron, madre . . .

LA HACIENDA PARAÍSO era una de las más grandes haciendas del pueblo de Orocovis. Pertenecía a una de las familias más pudientes del pueblo: los Meléndez-Ramírez. Don Meléndez era considerado uno de los más prestigiosos terratenientes de aquellos lares. Él y su esposa, Doña Josefina Ramírez de Meléndez, vivían rodeados de nueve hijos, cada uno con sus respectivos cónyuges, nietos y bisnietos. Por eso cuando Doña Josefina anunció que iba a ser madre por décima vez, hubo gran conmoción especialmente entre los hijos varones. Don Meléndez tenía casi tres cuartos de siglo y su esposa, aunque más joven, había pasado ya poco más de medio siglo.

Meses después nació Amelia, la regalona, como solían llamarle sus hermanos. Se convirtió en la consentida de todos. Pocas veces permanecía en la casa. Era muy solicitada por sus hermanas y hermanos. Los primeros años de su infancia casi no tuvo contacto con su progenitor. Dos años después de su nacimiento, Don Meléndez falleció. Al cabo de tres años, Doña Josefina enfermó de gravedad y mandó a llamar a sus hijos en su lecho de muerte.

Agonizando les dijo-: Hijos míos, no me desamparen a la nena. Cuídenmela. Sólo tiene cinco añitos y sufro al pensar que pueda quedar desamparada.

-Madre no se preocupe. A la nena no le ha de faltar nada. Ella nos tiene a nosotros. Siempre será protegida. Así que por lo que más quiera, no se preocupe mi viejita -aseguró el mayor de los hijos.

La anciana expiró. La hacienda se llenó de luto. Después de la muerte de la doña todo cambió. Poco a poco fueron desapareciendo los animales de la hacienda. La cosecha se recogía y se vendía pero no la reponían. Los peones se fueron mudando para otras haciendas hasta que la hacienda Paraíso desapareció.

Amelia continuaba creciendo y viviendo de una casa a otra. Nunca aprendió a leer ni a escribir porque sólo asistió al jardín de párvulos y de allí no pasó. En un abrir y cerrar de ojos se convirtió en toda una señorita. Sus cuñadas y hermanas le enseñaron a ser una gran ama de casa. A los quince años atendía a los peones, ayudaba con las faenas domésticas y con la crianza de los sobrinos. Todavía los hermanos se la disputaban entre sí, siempre que la necesitaban. Faltaba tiempo y sobraban faenas que Amelia no se daba abasto para completar.

Como toda adolescente, soñaba con la llegada de un príncipe que la rescatara. Una tarde mientras se encontraba en la hacienda de uno de sus hermanos, y regresaba de la siembra de llevar el almuerzo a los peones, conoció a Ramiro, un muchacho de tez blanca y ojos azules. Hombre de experiencia, criado en la gran metrópoli y recién llegado al pueblo. Se decían muchas cosas malas de aquel individuo, pero aun así era la envidia de los hombres y la codicia de las mujeres.

Ramiro quedó prendado de Amelia. La seguía con la mirada por doquier. No perdía oportunidad para piropearla. Amelia se sentía halagada pero a la misma vez confundida. Aquel hombre, a pesar de lo que se comentaba en el pueblo, le inspiraba desconfianza.

En las tardes, después de terminar sus faenas, se iba con sus amigas a pasear por la plaza del pueblo. Fue durante una de estas tardes que Ramiro decidió seguir a Amelia cuando ella se disponía a regresar a su casa. La alcanzó a mitad del camino e insistió en acompañarla.

-Permíteme acompañarte hasta tu casa. No me perdonaría si algo te sucediera -insistió Ramiro. -Es que si mi hermano me ve llegar contigo se va a formar el lío de San Quintín.

-No te preocupes, eso no va a pasar.

Sin cruzar más palabras caminaron uno al lado del otro. El camino estaba lleno de matorrales. De pronto el cielo se oscureció y un aire de tempestad comenzó a soplar de un lado a otro. Se desató un fuerte aguacero acompañado de truenos y relámpagos. Sin pensarlo dos veces, corrieron hasta una cabaña abandonada en medio de la maleza. Amelia estaba empapada y temblaba. Ramiro se le acercó y le acarició la mejilla.

-Estás temblando. Será mejor que te quites la ropa y te cubras con esta manta.

Amelia le miró con desconfianza.

-No temas mi princesa –le dijo al mismo tiempo que se le acercaba-. Me gustas mucho. Me traes loco. ¿Por qué tan esquiva conmigo? ¿Acaso no te gusto?

Amelia no podía hablar. Sólo tiritaba sin saber si era por estar empapada o por la cercanía de aquel hombre. Ramiro se le acercó y comenzó a hablarle al oído.

-No me hagas daño te lo suplico.

-No te voy a hacer daño. Sólo nos vamos a divertir un rato. ¿No te gusta divertirte? Ahora, eso sí te advierto, que si gritas nadie te va a escuchar. Aparte de que me enojarías mucho, sabes. Tú no quisieras verme enojado, ¿verdad?

Terminando la frase, procedió a desnudarla. Amelia tenía la mirada ida. No gritaba, sólo sollozaba. Los ojos de Ramiro estaban encendidos, parecía que estaba poseído. La empujó lentamente hacia un viejo catre. Le removió la ropa y sus prendas íntimas. Y allí la violó repetidas veces. Su cuerpo no respondía a los movimientos bruscos de aquel salvaje. Habiendo saciado sus instintos, le aventó la ropa y le dijo-: Vístete para llevarte a tu casa.

-No, a mi casa no, por favor. Mi hermano me mata.

-Pues entonces te llevaré a la mía. A partir de hoy serás mi mujer. Mañana arreglaré con tu hermano.

Pasada la tempestad cambiaron de rumbo y se dirigieron a la casa de Ramiro. Al día siguiente, Amelia se quedó en el cuarto de Ramiro, mientras éste fue a la casa de Roberto, el hermano de Amelia. Regresó unas horas más tarde con las pertenencias de Amelia en una bolsa de papel.

2

Todavía nuestro hijo está llorando.
Él no sabe que su madre se marchó.
Porque siempre que pregunta por su madre,
le contesto que su madre volverá.
Desde el día en que te fuiste él no duerme,
inútil está llorando por tu amor...
vuelve otra vez para amarnos de nuevo
que nuestro hijo necesita de tu amor . . .

EL ESPÍRITU NAVIDEÑO se sentía en el ambiente. Cada casita en el pueblo destilaba el olor de los pasteles, el delicioso arroz con dulce y el arroz con gandules. A lo lejos, la gritería de los chiquillos se confundía con el chillar del chancho. Los hombres se arremolinaban alrededor de aquel puerco que luchaba desesperadamente por escapar de las manos de aquellos sanguinarios. Después de varios intentos, Ramiro cortó la yugular y el animal se desangró. Ofelia se acercó con una palangana y se la extendió a Ramiro para que recogiera la sangre de aquel animal moribundo. Luego le colocaron con las patas hacia arriba y le dieron un tajo desde la nuca hasta la parte posterior del trasero. Allí sobre la mesa, le sacaron las tripas y demás órganos. Le limpiaron con agua hirviendo y procedieron a pelarle. Agregaron más agua caliente, condimentos, mucha sal y finalmente, lo amarraron a una varita y le colocaron encima de un fogón.

Ofelia, quien había presenciado parte del ritual, no dejaba pasar oportunidad para insinuársele a Ramiro. Hacía meses que disfrutaban de amores a escondidas. Por eso cuando Ramiro le dio el golpe mortal a aquel chancho, Ofelia deseó estar entre los brazos de aquel hombre tan fuerte y atrevido, capaz de despertar en ella pasiones indescriptibles.

Se le acercó y le preguntó-: ¿Vendrás a mi casa esta tarde?

-No lo creo preciosa, Amelia no fue a trabajar hoy. Salió con el niño y debe estar a punto de regresar. Un grupo de músicos con guitarras y cuatros se le acercó a la pareja.

-Ramiro, ¿vienes a parrandear con nosotros esta noche? -preguntó Raúl.

-Por supuesto Raúl. Espérenme al pie del flamboyán -contestó Ramiro.

Ofelia vio a Amelia bajando por el callejón que daba a su casucha, y sin vacilar ni un momento, salió a toda prisa para alcanzar a su mejor amiga. Habían crecido juntas. Siempre habían estado en las malas y en las buenas. Ofelia era como su hermana. Ella había apoyado a Amelia cuando Ramiro se la llevó y la convirtió en su mujer. De aquella relación nació Juan

David. Ofelia cuidó de Amelia y de su bebé durante la cuarentena de Amelia. Ella limpió el rancho, atendió y le cocinó a Ramiro durante la recuperación de su amiga. Desde que Amelia había regresado al trabajo, ella le cuidaba al niño.

-¿Cómo está Juan David? –le preguntó a Amelia, al mismo tiempo que se lo arrancaba de sus brazos, y le plantaba un beso en la mejilla.

-El médico dijo que la fiebre y la diarrea le da porque está echando dientes.

-Te lo dije –respondió Ofelia-. A propósito, escuché a Ramiro decirle a Raúl que van a parrandear esta noche. ¿Piensas acompañarles?

-No chica, ¿cómo crees? Llevo varias noches que Juan David no me deja dormir y además no se siente bien. Si Ramiro quiere parrandear esta noche pues que se vaya solo, después de todo la navidad es una vez al año. Y tú, ¿qué vas a hacer? –preguntó Amelia.

-Pues yo me recojo temprano como las gallinas. Nos vemos mañana –contestó Ofelia.

La noche se esparció por el pueblo. A los lejos se escuchaba la algarabía y los cánticos de los parranderos, acompañados del tronar de los cuatros, el chillar de las guitarras y el rechinar de los güiros. Reinaba la alegría. Pasada la media noche, se fueron apagando las voces y reinó el silencio acompañado por el dulce canto del coquí.

De repente el silencio y la negrura de la noche fueron violados por las sirenas y las luces de los carros de la policía y la ambulancia. Se escuchaban gritos y murmullos de los entrometidos que se arremolinaban en el lugar. Ensangrentado de pies a cabeza, la policía arrestaba a Ramiro, mientras los paramédicos sacaban en una camilla el cuerpo inerte e irreconocible de Ofelia. Muchos decían que había recibido diecisiete puñaladas. La noticia corrió por el pueblo como alma que lleva el Diablo. El pequeño Juan David se despertó por la barahúnda en la escena del crimen. Amelia enjorquetó a Juan David en su cadera y se dispuso a salir de su casucha. Alcanzó a ver a Ramiro cuando se montaba en la jara. Él dirigió la mirada hacia la madre de su hijo y le gritó:

-Amelia, ella me provocó. Ella quería destruir lo nuestro. Créeme por favor y espérame. Pronto saldré de la cárcel. Espérame.

A partir de aquella noche, ya no fue más Amelia. Ahora estaría oculta bajo un nuevo nombre.

Vista nocturna de la Bahía de San Juan

Hospitalillo de Cataño

3

Un nuevo amor, una ilusión,
dos corazones y una bendición . . .

ERA UNA TIBIA mañana de primavera. Celestina des-pedía a su esposo, mientras Camelia colocaba la merienda en las loncheras de los niños.

-Mis hijos, caminen que vamos tarde. Camelia, no te olvides de planchar la ropa, hacer el mandado y darle el sobre a mi hermano. Se llama Octavio y vendrá a recogerlo antes del medio día. Le reconocerás porque es un indio con ojos verdes, muy guapo por cierto –le aclaró Celestina.

Tenía varios meses trabajando en casas de familia. Todas sus patronas estaban muy contentas con su trabajo. Entre una recomendación y otra, había recorrido muchos pueblos. Se dispuso a rociar el planchado y a calentar la pesada plancha de carbón. Sabía que pasaría la mañana pegada de la plancha. Pensaba en su pueblo, en su hijito, en la suerte de su amiga, y su cuerpo se estremecía. Lo mejor era olvidar. Sintió unos toquecitos en la puerta. Se apresuró a abrirla.

-Disculpe, preciosa, pero creo que se ha caído un ángel del cielo -dijo Octavio, dirigiéndose a la hermosa chica de cabellos negros y figura esbelta que le abrió la puerta-. ¿Se encuentra mi hermana?

-No Señor, ella no está, pero me dejó un encargo pa' ti. Camila buscó el sobre que le había dejado Celestina para su hermano y se lo entregó. Octavio tomó el sobre y se lo colocó en el bolsillo de la guayabera que llevaba puesta.

-Y ¿cuál es su gracia? –le preguntó Octavio.

-Camelia.

-Camelia, ¿tienes mucho tiempo de ser explotada por mi hermana?

-No, sólo un par de semanas –respondió mientras sonreía.

-Sabes Camelia, las fiestas de nuestra Patrona la Virgen del Carmen están en el pueblo, ¿te gustaría acompañarme esta noche?

Por un momento lo pensó. Después de todo hacía mucho tiempo que no se divertía.

-Está bien. Pasa por mí a las siete.

Octavio se fue. Allí quedó Camelia forjando en su mente un futuro lleno de esperanzas. Era joven. Tenía deseos de vivir, de comenzar de nuevo.

Octavio era un hombre muy guapo. Trabajaba de lechero. Todas las tardes después del trabajo iba a visitar a Camelia. Formaban una bonita pareja. Al cabo de algunos meses, Camelia conoció a toda la familia de Octavio. Era una familia grande compuesta de cinco hermanas y Octavio, el único varón, menor y consentido. Algo tenían en común.

Pronto se convirtió en Camelia Meléndez de Juncos. Celebraron la boda por lo civil y luego por la iglesia. Durante muchos meses fueron un matrimonio feliz. Camelia era la perfecta ama de casa. Todo estaba en orden. Lavaba, planchaba, cocinaba, brillaba los pisos y esperaba a su marido lista para lavarle la camisa tan pronto entraba por la puerta. Momento que aprovechaba para inspeccionarle el cuello de la camisa en busca de alguna huella de infidelidad.

Una tarde después de hacer todos los quehaceres de la casa, Camelia se arregló y se dispuso a esperar a Octavio. Pasaron las horas y él no llegaba. Oscurecía cuando por el camino pudo percibir las siluetas de dos personas que se acercaban a su casa. Sentía la sangre hirviendo en sus sienes de tanto pensar.

-Camelia, cariño. Te presento a Jolgorio, mi compañero de ruta. Le invité a cenar con nosotros porque el camión de la leche se descompuso y tuvimos que llamar a la compañía para que vinieran a descargar la mercancía a otro camión. Por eso llegamos ahora –le explicó Octavio. Camelia no le escuchó.

-Mira desgraciao, infeliz, hijo de mala madre, a otro perro con ese hueso y ahora mismo se me largan de aquí, porque a mí no me van a poner los cuernos y seguir de lo más fresco. Aquí no hay comia pa' nadie. Vete a onde estabas hasta ahora –y diciendo esto, tomó el caldero de comida y lo lanzó por la ventana de la cocina. Octavio se le acercó y le pegó una cachetada que la hizo volar por los aires y aterrizar en el piso.

-Esto te enseñará a respetar a los machos. Yo no soy ningún pelele y si no me quieres creer no me creas pero esa es la verdad. Luego vino el llanto, las disculpas y por ende la dulce reconciliación.

Meses más tarde, nació su primera hija. Era una niña hermosa. La llamaron Iris. Tras el nacimiento de Iris, la pareja volvió a ser inmensamente feliz. Salían juntos a todas partes. Octavio llegaba temprano del trabajo y pasaba tiempo con su hijita y con Camelia, quien, al cabo de un par de meses, quedó embarazada nuevamente. Octavio anhelaba un varón. Todas las tardes, Camelia se acurrucaba entre los brazos de su esposo. Él colocaba su mano en el vientre y sentía súbitos movimientos del fruto de su amor. Así pasaban los días, haciendo planes para el futuro.

-Espero que nuestro hijo se parezca a ti. Quiero que tenga tu fortaleza. Deseo que sea fuerte e inteligente y valiente como tú. Pero sobre todo, que tenga tus ojos verdes –anhelaba Camelia.

-Pues a mí me gustaría que tuviese tu belleza y que naciera saludable. Pero más que nada, me encantaría que fuera varón –continuaba Octavio. Entonces procedía a besarle y hablarle al vientre.

-Mira chiquito, soy tu papá. Prometo quererte y cuidarte. Tú me acompañarás a todas partes. Avanza a salir de tu cuna que te voy a enseñar a disfrutar la vida.

La criatura se movía en el vientre al escuchar ese torbellino de sonidos tan distantes pero tan reconocidos. Las voces se intercalaban, pero no se confundían. Aprendió a distinguir la voz de su madre, unas veces dulce, tranquila, segura, otras amarga, intranquila y perturbada.

Una noche de verano, Camelia fue admitida en el viejo hospitalillo municipal del pueblo de Cataño. Amanecía. El olor a salitre inundaba las habitaciones y los pasillos de aquel lugar. A lo lejos se escuchaban los chirridos de las gaviotas y el vaivén de las olas que bañaban la costa de aquel pueblo que años atrás se había negado a morir. Camelia estaba concentrada en aquella sinfonía natural que había montado la Madre Naturaleza para recibir a su bebé. Sentía una alegría indescriptible. Una enfermera alta, robusta y de tez negra se le acercó.

-Camelia, ¿cómo dormiste? ¿Descansaste bien? –le preguntó.

-Si norsa, descansé muy bien –contestó Camelia. En ese momento trató de inclinarse en la cama. Un torrente de agua tibia le bañó sus piernas.

-Parto. Parto –gritaba la enfermera, mientras se apresuraba a socorrerla. La cerviz dilató para dar paso a una nueva vida.

-Waaa, Waaa, Waaa –lloró la recién nacida.

-Es una niña. Mírala. Es un pedacito de cielo. ¡Qué hermosa es! –exclamó la enfermera.

-Ay Dios mío, no sé como Octavio reaccione cuando sepa que tiene otra chancleta. Deseaba tanto un varón –pensó Camila en voz alta.

-No te preocupes. Tan sólo hay que mirarla para quererla, es una niña preciosa. Además, deben de seguir tratando, todavía son jóvenes.

-Si de algo estoy segura es precisamente de eso. Lo conozco y sé que lo intentará de nuevo –añadió Camelia.

De repente una extraña sensación se apoderó de Camelia. Sin saber por qué sintió que la presencia de aquella bebé la perturbaba. La enfermera quiso colocar a la recién nacida al lado de su madre y Camelia la rechazó.

-No, por favor norsa, llévesela –le dijo inmediatamente.

La enfermera la miró extrañada pero se limitó a obedecer. Una semana después, bautizaron a la niña con el nombre de Lotis.

Con el nacimiento de Lotis, las peleas y los desacuerdos aumentaron entre Camelia y Octavio. Camelia no soportaba aquella cercanía que Octavio tenía con la recién nacida. No se explicaba el porqué si él había deseado tanto un varón, ahora se aferraba tanto a la niña. En algún momento los celos se apoderaron de Camelia.

-No logro entender ese repentino apegamiento con la niña. Nunca fuiste así con Iris.

-Camelia, por favor, me estás volviendo loco con tus celos. No sé qué demonios te sucede. Desde que saliste del hospital estás de un humor de perros. Yo, a decir verdad, ya me estoy cansando.

-Y ¿qué piensas hacer? De seguro te vas a la calle a buscar mujeres.

-Ya estás pensando mal de nuevo. Mejor me voy a dar una vuelta o me vas a volver loco.

-No Octavio, por favor no te vayas. Perdóname. Es que siento que la bebé nos está apartando. No quiero perderte. Entiéndeme, por favor.

-Te prometo que voy a tratar de ser más comprensivo contigo, pero por favor, tienes que poner de tu parte -decía Octavio a la vez que se le acercaba y le abrazaba cariñosamente.

Meses después Camelia salía embarazada nuevamente, y las peleas y reproches no se hacían de esperar. Entre embarazos, peleas y celos, pasaron cinco años. Tenían tres niñas y un varón.

-Ya me echaste otra barriga de nuevo y ahora no paras la pata en la casa.

-Tú eres la culpable. Lo único que sabes hacer es parir. Yo soy hombre. Yo no pierdo.

-Sí, ya sé que tú no pierdes. Nosotras somos las únicas que perdemos, porque a la hora de decir verdad, los hombres levantan vuelo y siguen caminando, mientras que nosotras nos tenemos que quedar con las crías. Pero una cosa te digo, el día que decidas echar vuelo, asegúrate pensarlo dos veces, porque hoy en día no hay hijo sin padre. Me los vas a tener que mantener.

-Camelia, tú sabes que no tengo un buen trabajo. Todos los días me paso trabajando de sol a sol para poner pan en la mesa y un techo sobre nuestras cabezas y tú lo único que haces es parir y joderme la vida. Te lo voy a advertir, si sigues con esas peleas me voy a largar y vas a tener que arreglártelas como puedas. Después de este embarazo no quiero más hijos. La situación cada día es más difícil. Entiéndeme Camelia, ¡me estás volviendo loco!

-Tú estás loco para lo que te conviene, pero no para irte de parrandas con tus amiguitas. Y cuando vienes te desquitas los desplantes que te hacen en la calle conmigo.

-No comiences con ese tema ahora porque te juro por esa luz que me alumbra, Camelia, que no respondo.

-¿Qué me vas a hacer? ¿Me vas a pegar? Si tú te atreves ponerme la mano encima y yo pierdo a mi bebé, te juro que te mando derechito a la cárcel. ¡Me oyes! Te meto preso-. Nunca en los siete años de matrimonio con Camelia había escuchado una amenaza como aquella. Apretó los puños y salió de la casa sin decir palabra. La tarde comenzó a caer.

4

Mírala, como va, la mariposa volando.
Si yo fuera mariposa que mucho yo volaría,
volando de nardo a rosa, volando de rosa a lirio . . .
Mírala, ya se va la mariposa volando . . .

LAS CALLES DEL PUEBLO no estaban pavimentadas. Por doquiera se levantaba el polvorín con el pasar de las carretas. Había mucha actividad en el pueblo. Los carreteros llegaban hasta la plaza del mercado a vender sus verduras y a descargar sus carretas para luego devolverse al campo. Camelia se acercó a uno de los puestos del mercado. Su cuñada vendía billetes de lotería. Era conocida como Celestina *la prestamista*.

-Celestina, es necesario que mandes a una de tus hijas a mi casa para que le avise a Octavio que Margarita fue ingresada. Mi'jita está bien delicada. Y los doctores no me la aseguran.

-¿Pero qué tiene la niña, Camelia? –preguntó Celestina angustiada.

-No se sabe. Pero el doctor dice que es una enfermedad bien rara. La cosa es que están tratando de bajarle la fiebre pero no está respondiendo. Yo me regreso al Centro Médico. Por favor, pásale razón a tu hermano. Él se quedó en la casa con los niños.

-Ve sin cuidado. Yo misma voy y le llevó el recado–respondió Celestina.

Allá en la casita de madera, Octavio cuidaba de los niños. El calor comenzaba a traspasar las planchas de zinc. Había dos hamacas, una colgaba desde la viga de la percha hasta una de las vigas del techo, y la otra amarrada de dos árboles que estaban en el batey. Iris, con sus cuatro años, correteaba ahuyentando las palomas que se acercaban al batey. Tuli, el varoncito de tres meses de nacido, dormía en una de las hamacas. La otra hamaca estaba ocupada por Octavio y Lotis. Desde su nacimiento, había sido acogida por Octavio de una forma muy especial. Tenía dos añitos y era la consentida de su padre. Todas las tardes, Octavio llegaba del trabajo, se bañaba, se cambiaba de ropa y se echaba en la hamaca. Luego tomaba a Lotis entre sus brazos y se la sentaba en su pecho. Desde el pecho de su padre miraba a su hermana mayor que de vez en cuando se le acercaba para hacerle una gracia. Ambos se mecían en la hamaca, mientras escuchaban las carreras de caballos en un viejo radio transistor. Lotis siempre sostenía la papeleta de colores en sus manitas como si pudiera leer los nombres de los caballos y de los jinetes. Octavio se excitaba al escuchar al locutor.

"Y está en carrera de ventaja Lucero, le sigue Plateado, luego Rinoceronte y por último Rocinante. Y ahora va a la delantera… Señores y señoras y ha ganado por una nariz, Plateado, cuando en la última curva se le fue delante a Lucero. Señores y señoras, y tenemos un ganador, Lucero es el ganador en esta tarde". Se escuchaba el locutor de la radio.

Octavio saltó de la alegría y le estampó un beso a Lotis en su frente. Se levantó de la hamaca, la aventó por el aire para luego recibirla en sus fuertes brazos. Lotis se reía a carcajadas en señal de aprobación.

-Ganamos, ganamos, mi muñequita –Iris se le acercó a Octavio, y él la tomó en sus brazos, para hacerla participe de su alegría.

-Vaya vaya, ¿a qué se debe tanto regocijo? –preguntó Celestina, quien acababa de llegar.

-Nada hermanita, sólo que el caballo al que yo le aposté, ganó –contestó Octavio.

-Eso está bueno hermanito, pero ahora necesito decirte el motivo de mi visita. Camelia pasó por el puesto y te manda razón que Margarita está bien malita. Creo que lo mejor es que te vayas al hospital con ellas. Yo me encargaré de los niños. ¿Dónde está Tuli?

-Está en la hamaca. Ya va a ser hora de darle el biberón. Por favor Celestina, encárgate.

-Le doy alimento y se los llevo a Tata.

-Gracias hermanita. Nos vemos luego.

Los niños permanecieron en la casa de Tata, hermana de Octavio, por unos días. No habían tenido noticias de Octavio y Camelia. Una tarde Tata se acercó a Lotis y le dijo:

-Muñeca, hoy vas a vel a mami y a papi, y necesitas estal bien bonita, polque vamos a *bye, bye* –decía ella mientras la vestía-. Tú, Iris acércate para amarrarte la banda de tu lindo vestido.

-Titi Tata, ¿mi hermanita Margarita va a estar allí? –preguntó la niña.

-Pues claro que sí, mi niña, toda la familia estará allí, en la casa de Celestina –contestó Tata.

Una hora más tarde, llegaron a la casa de Celestina. Al frente había una bonita carreta con dos hermosos caballos blancos. Pasaron a la sala. La casa arrojaba por las ventanas luces y algarabía. Un grupo de niños cantaba canciones infantiles. Un olor a nardos, lirios, rosas y azucenas estaba impregnado de las paredes. En el centro de la sala, una mesa cubierta con un paño blanco. Encima de la mesa, un ataúd blanco y pequeño con el cuerpecito de Margarita. Tenía en su boquita una rosa blanca. Su cuerpecito estaba rodeado por cien lirios, nardos, azucenas y rosas. Eran cantos celestiales aquellos entonados por los niños. Al otro lado de la sala, Octavio se encontraba con los ojos enrojecidos por el llanto, gimiendo de dolor. Tata se le acercó con las niñas y le abrazó.

-Mi hermanito, no tengo palabras para apacigual tu pena. Sólo te digo que ese angelito no pertenecía a esta tierra. Por el momento llora si tienes que lloral, pero recuerda que aquí tienes tus otras dos princesas –le recordaba Tata-. Tomó a sus pequeñas y las apretó contra su pecho. De repente un grito desgarrador se escuchó venir desde el centro de la sala. Era Camelia.

-"Nooooooo. ¿Quién le ha pintado los labios a mi niña? Mi bebé es un ángel. Ella no necesita pintura en sus labios –gritaba Camelia desconsolada y desquiciada, al mismo tiempo que le removía la pintura de los labios a su hijita.

-Camelia, no se hizo con mala intención. Por favor, disculpa a mi sobrina que pensó que obraba bien –dijo Octavio.

Al día siguiente, durante las primeras horas de la mañana, la hermosa carreta tirada por dos caballos blancos, transportaba a Margarita hacía el campo santo. El camino era pedregoso y polvoriento. Seguía en otra carreta, Octavio, afligido, con la pequeña Lotis entre sus brazos. Al lado de Octavio se encontraba Camelia, llorando sin consuelo, abrazada a Iris y a Tuli, quien estaba acurrucado en su pecho.

5

No le pongas atención,
al que te viene a contar,
pues no tiene corazón,
el que destruye un hogar . . .

HABÍAN TRANSCURRIDO CINCO MESES desde el baquiné de su hijita. Camelia, Octavio y los niños se habían mudado a Juan Domingo, un barrio de Guaynabo. La casita donde vivían se encontraba en una calle sin salida llamada *El Fondo del Saco*. Allí todo el mundo se conocía. Las parejas en el Fondo del Saco se formaban desde que los niños eran apenas unos mocosos. Los matrimonios duraban hasta que uno de los dos enviudara. El sobreviviente permanecía solo hasta el final de sus días.

Por eso cuando Camelia y Octavio se establecieron allí para estar cerca de la comadre Antolina y del compadre Pablo, se sentían inmensamente felices. Camelia y Octavio intentaban salvar su matrimonio que poco a poco se desmoronaba. A raíz de la muerte de la niña, las peleas entre ambos se tornaron más continuas. Además, el embarazo de Camelia no ayudaba. Estaba en el séptimo mes de gestación y el médico le había dicho que quizás tendría que pasar el último mes de embarazo recluida en la casa de salud para salvar a la criatura. Le angustiaba tener que dejar a Octavio solo con los niños pero no encontraba otra salida. La comadre Antolina se había ofrecido para ayudarles con Iris, Lotis y Tuli. Aquella tarde, mientras platicaba con la comadre, Camelia tuvo un mal presentimiento.

-Ay comadrita, no sé lo que le pasa a Octavio, pues desde la muerte de la beba, llega del trabajo, come, se baña, se cambia de ropa y luego se va pa' bajo a jugar topos o dóminos con sus amigos. Hay veces que llega y si le pregunto a dónde va, me sale con *arrebascas*. Fíjese usted, comadrita, que ya ni siquiera pasa tiempo con nuestros hijos.

-Pues Pablo me está haciendo lo mismito, comadre. Vamos a tener que aguzarnos y estar más pendientes de nuestros maridos. Yo le digo la verdad, no he registrado ninguna actividad, pero si así fuera, le puedo asegurar que me mudaría de aquí más rápido que ligero. Corto toítito de raíz.

-Pues si yo descubriera algo, yo no me mudaría. No le voy a dar el gusto a ninguna estúpida pa' que se quede con mi marido. Ya estoy cansá de estar juyendo de las robamaridos. Aquí me quedo y les enseño a respetar los machos ajenos –aseguró Camelia.

-Pues sepa usted, comadre, que estuve indagando y me enteré que las hermanas Reyes vinieron pa' quedarse. Tengo entendido que el novio de Calchín se ahogó y la dejó a ella con el traje de novia comprado. En cuanto a la Victoria, la que tiene los tres nenes, escuché que vino dejá del marido desde los *Niuyores*.

-Ay comadre, creo que esos huevos quieren sal. Pero yo no les voy a dar la oportunidad. Esta tarde, cuando Octavio llegue, le tengo las nenas listas. Así que cuando me diga que va a jugar topos o dominós, le digo que se lleve las nenas con él para que me dejen descansar un rato. Usted sabe, ¿verdá? Despúes de todo, las nenas ya hablan –y diciendo esto, le guiñó un ojo.

-Bueno comadre, y hablando de to' un poco, ¿cómo le va con las pesadillas y los sueños esos que no la dejan dormir? ¿Todavía escucha el llanto de su hijito, Juan David?

-Ay sí, comadre, fíjese que a pesar del tiempo, todavía le escucho. Lo oigo llorar todas las noches. Sé que Juan David está bien con sus abuelos. Yo no me podía quedar al lado de su padre después de lo que le hizo a la Ofelia. Sé que si me lo hubiera traído, Ramiro ya hubiera dado con mi paradero. Él no se iba a conformar con perder a su hijo. Por eso, comadre, me vi obligada a dejarlo con sus abuelos. Ellos eran gente humilde y buena. Sé que ellos no permitirían que Ramiro le hiciera daño. Yo, por mi parte, me muero de ganas de verlo, apretarlo contra mi pecho, abrazarlo, besarlo y decirle que a pesar del tiempo su carita la llevo prendida en mi mente y su recuerdo en mi corazón. Su recuerdo me hace daño y me atormenta de día y de noche, pero no puedo, y no quiero sacarlo de mi mente ni de mi corazón-. Lágrimas brotaron desde lo más profundo de su alma y con voz ahogada le dijo a su comadre: -Cambiemos el tema por, favor-. Se restregó los ojos, y prosiguió: -Fíjese, comadre, lo que está pasando en Cuba. Ese hombre se trepó ahí por la fuerza y de ahí no lo saca nadie –habló Camelia.

-Así es, comadre. Nosotros tenemos que estar preparaos por si acaso deciden invadir a Puerto Rico también. Ese hombre es malo. Mire usted, que dizque imponer el comunismo por la fuerza.

-Pero ya tiene unos cuantos años, y mientras más tiempo pase, más difícil será arrancarlo de ahí. El Señor nos favorezca.

-Bueno comadre, la plática está muy amena, pero ya me tengo que ir. Pablo no tarda en llegar y me imagino que el *compay* tampoco. Ahí nos vamos viendo. Si algo se le ofrece, no dude en pasarme razón.

-Gracias. Ahí nos vemos.

Minutos más tarde llegó Octavio a la casa. Se bañó, comió, se *emperfumó* y salió en compañía de Iris y de Lotis. La tarde caía lentamente. Los hombres ñangotados jugaban topos, mientras bebían cervezas. Iris jugaba con los otros niños de su edad. Lotis se le *reguindaba* de la espalda de Octavio. Cuando las sombras de la noche inundaron el lugar, el grupo de participantes se colocó debajo del único poste que alumbraba la calle. Sólo se escuchaban las risas, las discusiones sobre las apuestas de los participantes. Octavio se separó del grupo.

-Iris, ven aquí y cuida de tu hermanita. Ya vengo.

-Papi, ¿a onde vas? ¿Voy contigo? –preguntó Iris.

-No. Te dije que me esperes aquí. Yo voy a mear entre aquellos arbustos. Ya regreso –diciendo esto se perdió en la oscuridad. Los minutos pasaban e Iris se impacientaba. Los mosquitos le picaban. El cantar del coquí se hacía más fuerte.

-Papi, Paaa, Papi, ¿onde estás? -llamaba Iris al mismo tiempo que tomaba a Lotis de la mano y se acercaba a los arbustos. Escuchó voces.

-Octavio, no encuentro mis pantalones.

-Aquí los tiene.

-¿Cuándo nos vemos de nuevo? –preguntó la mujer.

-Esta noche después que Camelia se acueste –dijo Octavio.

-Paaa. ¿Eres tú? ¿Onde estás? –la vocecita se acercaba.

-Tengo que irme. Las nenas se acercan. Nos vemos esta noche en el mismo sitio y a la misma hora. Espérame –insistió Octavio.

-Allí estaré –respondió la mujer.

-Iris, te dije que me esperaras con tu hermana. Vamos a la casa –le habló Octavio un poco molesto. Montó a Lotis a caballito sobre su nuca, tomó a Iris de la mano y se dirigió a su hogar.

Era pasada la media noche. La familia dormía. Sigilosamente Octavio se deslizó de su cama matrimonial. Sin pensarlo, salió en puntillas y le puso un candado a la puerta de la casa por el lado exterior. La calle estaba desierta. Con pasos apresurados, caminó hasta el lugar de la cita. Le esperaban su compadre, Pablo, Cachín y Victoria, su amante. Los galanes se sentaron y las mujeres acomodaron sus traseros sobre las piernas de ellos. En ese cuadro les encontró Camelia. Poco después que Octavio saliera de la casa, Camelia se despertó y notó la ausencia de su marido. Se vistió. Trató de abrir la puerta para salir en su busca, pero ésta no cedió. Su barriga no representó ningún obstáculo cuando decidió lanzarse por la ventana de la cocina que daba a las escaleras de la casa. Llegó justo al frente de las parejas. Como una fiera defendiendo su macho, se lanzó encima de Victoria y le haló de los cabellos. La tiró al suelo y comenzó a patearle, mientras ésta trataba de desprenderse de su atacante. Octavio trataba en vano de separarlas. En un momento dado, Victoria se desprendió de Camelia y corrió despavorida. Cachín quiso intervenir pero Pablo la detuvo.

Octavio se llevó a Camelia a la casa.

-Mi vida, entre esa mujer y yo no hay nada pasando. Ella es la que siempre se me está insinuando. Yo soy hombre. Yo no pierdo. Por el bebé, cálmate-. Camelia no paraba de discutir. Sentía que la sangre le hervía en las venas.

-Mira Octavio, es mejor que no me hables, es mejor que me dejes tranquila porque en este momento lo único que quisiera es verte siete pies bajo tierra. No sabes cuánto te odio y te detesto –Camelia sollozaba.

Amanecía cuando Camelia logró conciliar el sueño. Al siguiente día, Octavio estaba más cariñoso que nunca. Hubo reclamos, promesas y luego la reconciliación. Una semana más tarde, Antolina y Pablo se mudaron. Camelia fue recluida en la casa de salud para poder salvar a la criatura, pues el embarazo se le complicó. Allá en la casita que rentaban, quedó Octavio con los tres niños.

Cuatro capullos en el pantano

6

Nunca vi en ti sol, sólo oscuridad...

HABÍAN PASADO CASI DOS MESES desde que Camelia fue admitida en el hospital. Octavio quedó a cargo de los niños. En la sala de la casa Tuli, Lotis e Iris jugaban con unas canicas. Mientras Iris y Tuli se peleaban por las canicas, Lotis, con apenas tres años de edad, se convertía en la testigo del la más grandes de las canalladas. Atenta y en silencio, trataba de asimilar lo que sus tiernos oídos escuchaban y sus ojitos infantiles veían a través de la cortina que separaba la recámara de sus padres, con la salita en donde se encontraba sentada. Una brisa suave entraba por la puerta y a su paso, levantaba la cortina que colgaba y dividía ambas habitaciones. Sentada en aquel piso de concreto, limpio pero frío, no dejaba de sentirse incómoda ante lo que, debido a su tres años, no comprendía. La mujer no le era desconocida, pues desde que su madre, Camelia, había sido internada en el hospital para buscar el bebé, Victoria se había instalado en la casa para atender a los chicos y a su padre. Allí estaba Octavio, besando por todo el cuerpo a Victoria, quien a su vez se retorcía de placer como una serpiente a punto de devorar su presa. Octavio llevaba pantalones cortos y mostraba su pecho velludo. Victoria llevaba un conjunto de pantis y sostén negro que hacían contraste con su piel canela.

-Negro, dime ¿cómo crees que te recibirá tu mujercita hoy cuando la vayas a ver al hospital? –preguntó Victoria.

-Pues no quiero ni pensarlo. Hace una semana que no me aparezco por el hospital. Camelia debe de estar muy preocupada y furiosa. Aunque también sé que es muy posible que ya haya parido, pues supuestamente estaba para estos días –dijo Octavio.

-Negro, ¿le vas a llevar comida? ¿Quieres que cocine? –preguntó Victoria, al mismo tiempo que le sonreía con picardía y le plantaba un beso en los labios.

-Sólo si tú quieres, negrita. De lo contrario, me voy más temprano y paso por la fonda para comprarle comida. A ella le fascina la comida de la fonda. Dice que sabe como la comida hecha en casa.

-Mi vida, y ella tiene razón, la mayor parte del tiempo es hecha en casa. No puedo entender cómo la muy idiota sigue creyendo el cuento de que tú le llevas esas comidas de la fonda. Además, cree que tu hermanita te viene a cuidar los niños y limpiarte la casa. Qué ilusa es. No hay peor ciego que el que no quiere ver –dijo Victoria, mientras lanzaba una carcajada diabólica.

-Negrita, por favor, cállate. Los nenes están en la sala y pudieran escucharnos hablar de su mamá. Además, si Camelia alguna vez se entera que la comida que yo le llevo no proviene de la fonda, sino más bien que tú se la mandas, yo no sé de lo que sería capaz esa mujer.

-Ay, ya, no hablemos más de ella. Sólo ámame –interrumpió Victoria. Sin más palabras, siguieron estrujándose, retorciéndose y riéndose, al mismo tiempo que sus cuerpos se bañaban en sudor. Los pensamientos de Lotis volaron hacia aquella tarde en que su padre llegó del brazo de esa mujer a los pocos días de su madre marcharse para el hospital. Recordó las palabras de su padre: -Lotis, Iris y Tuli, a partir de hoy tienen que querer y respetar a Victoria. Ella está aquí para cuidarnos, atendernos y amarnos.

- Mamá, mamá –habló Tuli, por ser el más pequeño.

-Sí, mi cielo, tus hermanitas y tú pueden llamarme 'Mamá' –contestó Victoria.

-Pero tú no eres mi mamá –protesto Iris.

-Eso lo sé, Iris. Mira, yo sé que tú llamas mami a tu mami que está en el hospital. A mí no me llames mami, más bien llámame mamá. Yo seré la que te bañe, te cuide, te cocine y te dé de comer. Así que de ahora en adelante seré para ti y tus hermanos tu nueva mamá –insistió Victoria.

Desde aquel momento, Tuli comenzó a llamarla mamá. Iris y Lotis no la llamaban, sólo la veían. En esos pensamientos se encontraba Lotis, cuando de repente su carita se le iluminó. Frente a ella y sus hermanos, se encontraba su madre con un bebito en los brazos envuelto en una sabanita azul.

-Mami, mamita -gritaron y corrieron hacia ella, extendiéndole los brazos a la misma vez que su madre se agachaba para besarlos a los tres y presentarles a su nuevo hermanito-. Fue un relámpago de alegría.

-¿Dónde está su papito? –preguntó Camelia.

-No sé –respondió Iris, quien estaba distraída con el bebito.

Los ojitos de Lotis se dirigieron hacia la cortina que separaba el cuarto de la sala. Vio cómo la brisa levantaba nuevamente la cortina para mostrar el escenario con las figuras de aquellos dos infieles que al escuchar la voz de la recién llegada luchaban contra del tiempo para cubrir sus cuerpos. Los ojos de Camelia se llenaron de ira y sintió un desgarramiento en lo más profundo de su ser. Colocó al recién nacido encima del viejo sofá y se dispuso a atacar a Victoria. Le tiró de los cabellos al mismo tiempo que vociferaba.

-Desgraciá, infeliz, te voy a enseñar a respetar los hombres casados. ¿Qué demonios estás haciendo en mi casa, en mi cama, con mi marido? -Le agarró del sostén y se lo rompió encima. Victoria luchaba por cubrirse su cuerpo, mientras que Camelia aprovechaba para cachetearla y estrujarle la cara. Como un león enfurecido al arrebatarle su presa, Octavio se interpuso entre ambas mujeres para proteger a Victoria, al mismo tiempo que le pegó a Camelia una cachetada, momento que Victoria aprovechó para salir huyendo de la escena.

-¡Lárgate de aquí ahora mismo! ¿Para eso saliste del hospital? ¡Lárgate! –le gritó a Camelia frente a los niños, que observaban toda la escena llorando y asustados.

-Ahora entiendo la ausencia tuya en el hospital. Hace cuatro días que tuve a nuestro hijo y tú ni si quiera te has dado por enterado. Pues claro, si es que estás de luna de miel con tu corteja. Revolcándote con ella en mi misma casa. Haciéndole el amor en mi cama, y al frente de nuestros hijos, infeliz. Pero esta sí que no te la perdono. Ahora mismo me largo de aquí con mi hijo. Ella y tú me las van a pagar todas juntas. Te juro que de hoy en adelante te vas a arrepentir del daño que nos has hecho a mis hijos y a mí –salió llevándose en sus brazos al recién nacido, quien había sido registrado en el acta de nacimiento como Jacinto.

Atardecía. Aquella misma noche, por la entrada del callejón que conducía a la casa que rentaba Octavio, se estacionaba un automóvil con Camelia y tres hombres, todos sobrinos de ella. Armados con bates y machetes, se bajaron del coche para seguir a Camelia por el camino. La noticia de que Camelia estaba de regresó se dispersó por el barrio. El padre de Victoria se armó con un machete para defender a Octavio, el hombre que su hija había elegido como amante, pues ya se había enterado que su hija estaba esperando un hijo de Octavio. Camelia se acercó a la casa y Octavio le detuvo el paso.

-¿Qué deseas? Aquí no tienes nada que hacer. Vete por donde llegaste que aquí ya no hay nada tuyo. Llévate a tus sobrinos y evitemos una desgracia –dijo Octavio.

-Te equivocas, tío Octavio. Mi tía Camelia tiene mucho que hacer aquí. Ella viene por sus cosas y por sus tres hijos. Además, quiero que sepas que lo que tú le hiciste no es de hombres. Pero fíjate que ella tiene quien la defienda –concluyó uno de sus sobrinos.

-Miren sobrinos, yo no quiero más problemas. Camelia y yo no podemos vivir más. Mi matrimonio con ella iba de mal en peor. Lo que pasa es que nadie sabe lo que hay en la olla, nada más que el que la menea. Por eso le digo que recoja lo que quiera y que se largue.

Camelia entró a la casa, recogió su ropa y la de sus hijos. Arrancó unas sábanas que colgaban en el tendedero y envolvió a sus tres hijos con éstas. Fuera del callejón se encontraba el padre de Victoria junto a ella y su hermana Cachin, quienes con sonrisas victoriosas y malévolas despedían del Barrio del Fondo del Saco a Camelia con sus tres hijos. Atrás quedaban sus sueños, su hogar, su matrimonio. Adelante un futuro incierto, un nuevo comienzo. Anocheció.

7

Madre en la puerta un niño
que está pidiendo amparo, quizás no tenga madre,
huérfano tal vez, mirad no tiene abrigo,
sus pies están descalzos
y en su carita tierna el hambre ya se ve . . .

ERA UNA BARRIADA DE COMERÍO en Bayamón. Apenas amanecía se escuchaba el tumulto de todos los residentes del lugar. Las mujeres y los niños andaban descalzos y sin peinarse las greñas todo el día. Al final de la calle, el único colmado en la vecindad. Allí se reunían los hombres desde temprano en la mañana a escuchar la música de la vellonera y a piropear a las mujeres que pasaban por el local. Camelia era la excepción a lo que estaban acostumbrados a ver por aquellos lares. Los hombres no perdían tiempo en tratar de seducirla cada vez que ella se acercaba por el colmado. Las mujeres la envidiaban, pues desde que se había separado de Octavio, se veía mucho más radiante y hermosa, llena de vida. La soltería le asentaba de mil maravillas. Aquella mañana llevaba puesto un hermoso vestido línea A de dos piezas, anaranjado. El vestido se pintaba en torno a su figura. Sus nalgas y sus pechos voluminosos querían escaparse de su cautiverio. Caminaba en sus tacones con pasos muy seguros. Su larga cabellera le llegaba hasta las nalgas. Parecía una modelo de revista. Por eso cuando se acercó al colmado, una lluvia de piropos se desató alrededor de ella.

-¡Ay mamacita! Si caminas como cocinas, me como hasta el *pegao* –le dijo uno de los del grupo.

-Quién fuera mecánico para meterle mano a esa máquina –prosiguió un segundo, como haciendo competencia.

-¡Epa! Si esa es la cola como será la película –añadió un tercero.

Camelia entró al colmado ignorando por completo los piropos.

-Señora, ¿le están molestando esos buenos pa' na? –preguntó el comerciante.

-No. No se preocupe. Yo no le hago caso a esas babosadas –contestó Camelia.

-Necesito un litro de leche y media libra de pan, y por favor, me lo anota a mi cuenta, que con el favor de Dios para el fin de semana le pagaré.

-Como usted diga. Y no se preocupe. Vaya con Dios, y si algo más necesita para sus niños, pues usted no más hable, doñita –le dijo el comerciante en tono seductivo.

Camelia tomó su bolsa con los artículos y abandonó el establecimiento. Pensaba: "Viejo verde, engreído. Qué carajo les pasa a los hombres que se piensan que una la lleva en la frente". La sacó de sus pensamientos el nuevo ataque.

-Si tus piernas son las vías, ¿cómo será la estación?

-¡Mamazota! ¡Vos con esas curvas y yo sin frenos!

-¡Estás como la langosta con toda la carne atrás!

Con pasos presurosos e ignorando a sus atacantes se dirigió a su hogar. Entró a la humilde casita. Tenía una salita la cual había convertido en dormitorio y una cocina. La había rentado por quince dólares al mes. Allí había una cama de una plaza. En la cocina algunos trastes viejos y una mesa de madera que cojeaba de una pata.

Desde la separación con Octavio se había establecido una rutina. A partir de las seis de la mañana ya estaba de pie. Limpiaba su casa, bañaba a sus hijos y les daba de comer. Un vaso de leche y un trozo de pan serían el desayuno, el almuerzo y tal vez la cena para sus hijitas. Luego preparaba a los dos varoncitos para llevárselos con ella. Durante los últimos días había hecho un pequeño cambio. Antes Iris y Lotis se quedaban todo el día en la casa encerradas hasta que Camelia llegaba. Pero los vecinos se quejaron de que las niñas abrían la puerta y se salían de la casa. En varias ocasiones la vecina sorprendió a Lotis comiendo tierra del patio.

En la noche cuando Camelia llegaba con la comida, ya las niñas no tenían hambre y muchas veces la debilidad las sumergía en un sueño que mitigaba el hambre. Otras veces esperaban a su madre ansiosa para contarles los acontecimientos del día. Tal fue el caso de aquella noche cuando Camelia entró a la casa y las niñas la recibieron con gran conmoción. Ambas querían hablar al mismo tiempo.

-Mami, mamita -gritó Lotis-, gusano, gusano.

-Mami, mami –habló Iris, empujando a Lotis para hacerse escuchar. Lotis cayó en el suelo y comenzó a llorar. Camelia la tomó entre sus brazos y la calmó, mientras escuchaba a Iris.

-Hoy vino la vecina porque Lotis quería hacer pupú y se sentó en la *cupidera*. Entonces, de momento, empezó a gritar y a llorar. Entonces, yo vi unos gusanos blancos saliendo de ella. Entonces, Lotis corría por todos lados. Estaba muy asustá. Yo también estaba asustá. Entonces grité y la vecina vino. Ella dijo que con un papel las sacara. Yo tenía mucho miedo. Yo le dije que las culebras me van a morder. Ella dijo que no. Entonces Lotis siguió gritando y corriendo. Yo cogí un papel y las halé. Míralas mamita. Todavía están en la *cupidera*.

-Ay mi'jita. Eso no es ná. Esas son lombrices. Mañana les meto un té de ajo pa'que si tienen más las boten. Me alegro que hayas cuidado de tu hermanita, pero recuerda lo que te he dicho muchas veces. No quiero que le abras la puerta a nadie. Nadie debe entrar a la casa cuando ustedes están solas. Prométeme que nunca lo volverás a hacer. Ahora vayan a dormir que ya es tarde.

-Te lo prometo mamita –dijo Iris-. Le dio un beso a cada una y las acostó a dormir.

Esa noche decidió cambiar un poco la rutina. A la mañana siguiente, las niñas se quedaron en la casa pero amarradas de la pata de la cama. La puerta sería cerrada con candado desde afuera para evitar que las niñas pudieran salirse de la casa o que alguien intentara entrar. En la casa, las niñas se podían mover hasta cierta distancia. A veces abrían la ventana y a todo el que pasaba por el frente le pedían algo de comer. Todos los sábados, el vecino mataba un lechón y freía el cuero para venderlo como chicharrón en el pueblo. El olor del chicharrón se filtraba por las hendiduras de las persianas. Atraída por el olor, Iris abría la ventana, pedía y recibía un platillo de lechón asado que compartía con su hermanita. Así paso el tiempo. Una mañana de un cinco de enero, Camelia inició su diaria rutina. Como de costumbre, fue al colmado y compró un litro de leche y un bollo de pan. Regresó a la casa y llamó a las niñas.

Mientras les ataba de la pata de la cama les dijo: Iris, pórtate bien y cuida a tu hermanita. No permitas que arrastre la cama hasta la ventana. Mira que se le quedan marcadas las sogas en sus tobillos. Si se portan bien, los Reyes Magos les van a traer un lindo regalo. Ellos vendrán esta noche. Yo voy a limpiar un par de casas y espero regresar temprano. Ahí les dejo leche y pan. Cuando yo regresé, las llevo al patio para que corten el pasto para los camellos.

-Está bien mamita –contestó Iris, al mismo tiempo que se acercaba y le daba un beso y un abrazo.

-¡Chión! –dijeron las niñas en unísono.

-¡Que Dios y la Virgen me las cuiden y me las protejan! –y diciendo esto se enjorquetó a Jacinto y tomó de la mano a Tuli quien ya caminaba como todo un hombrecito. Cerró la puerta y se alejó por el callejón.

El día transcurrió sin novedad. Entrada la noche, Camelia llegó con sus dos niños. Estaba agotada. Había pasado todo el día limpiando casas. En la primera, le pagaron con una hermosa muñeca de porcelana y le dieron el pasaje para tomar *la pisa y corre* de regreso a casa. En la segunda casa, le pagaron con una fiambrera de comida y una bolsa de ropa. Al llegar a su hogar, Camelia dio de comer a sus hijos. Les llevo a cortar el pasto para los camellos. Ilusionadas, las niñas colocaron las cajitas con pasto debajo de la cama. Se metieron todos bajo las sábanas y se acurrucaron al lado de su madre. Muy pronto se quedaron dormidos.

Amaneció. El gallo cantó. Iris fue la primera que saltó fuera de la cama para buscar su regalo. Allí encontró aquella preciosa muñeca de porcelana. Estaba hinchada de alegría al ver cumplido su más deseado anhelo.

-Mami, ¡qué linda es mi muñeca! Los Reyes Magos son buenos porque me trajeron esta muñequita bien linda.

-Iris, esa muñeca es para ti y para tu hermanita. Tienes que compartirla con ella –dijo Camelia.

-Está bien mamita. ¡Está rechula! Ven, Lotis. Vente a jugar con la muñeca. ¡Mírala que linda es! –añadió Iris-. Pasaron toda la mañana mirándola sin atreverse a sacarla de su cajita. A eso del medio día, Iris se acercó a su madre y le dijo: Mamita, tengo hambre. Mis tripitas se mueven y hacen ruido. ¿Qué vamos a comer? Los ojos de Camelia se le nublaron con lágrimas y le respondió:

-¡Ay mi'jita, no sé lo que voy a hacer! Ayer no me pagaron con dinero. Al dueño del colmado le debo tanto que ya no me atrevo a cogerle más fiao. Cada día la situación se vuelve más difícil. Vamos a tener que mudarnos de aquí porque no puedo pagar esta renta. Y el desgraciao de tu pa' dándose la buena vida con su corteja –y diciendo esto se paró en la puerta de la cocina a llorar con la mirada perdida en el más allá.

No se percató cuando Iris tomó de la mano a Lotis y salían descalzas y sin peinar a la calle, con la muñeca de porcelana en sus manitas. Caminaron y llegaron al pie del colmado. Allí se detuvieron y comenzaron a anunciar la muñeca para la venta.

-Señor, Señora, le vendo esta muñeca por medio peso –repetía una y otra vez a los transeúntes. Algunos les miraban con lástima, pero muchos movían la cabeza como señal que nos les interesaba hacer trato con las niñas. Finalmente una señora se les acercó, les dio el medio peso y tomó la muñeca.

-¡Qué linda muñeca! Ésta la quiero para mi nietecita –les dijo al mismo tiempo que se alejaba.

A Iris se le nublaron sus ojitos, pero se repitió a sí misma en voz alta: "Total que no me gustaba".

Lotis lloraba y gritaba: -Mi muñeca, mi muñeca.

-Lotis, por favor, cállate. No llores. Algún día tendremos todas las muñecas del mundo. Ven. Vámonos –y diciendo esto le agarró de la mano y tiró de ella, quien no entendía, y continuaba gritando: -Quiero mi muñeca. No se lleve mi muñeca.

Arrastrándola, se dirigió al colmado y allí compró un litro de leche, un bollo de pan y dos pilones. Le dio un pilón a Lotis quien inmediatamente se olvidó de la muñeca y se concentró en disfrutar aquel dulce. Regresaron a la casa para compartir con sus hermanos y su madre en aquel día de Reyes. Desde la puerta se veían los niños de la vecindad exhibiendo sus regalos.

Camelia les abrazó y les besó al mismo tiempo que les dijo: Estoy muy orgullosa de ustedes. Yo les digo que su acción de hoy les será recompensada en un futuro no muy lejano. Así que tengan fe, hijas de mi corazón, sonrían porque mañana será otro día.

Calle Marina, Cataño

Pantano en Cabro Sucio

8

Mi niña . . . siempre le pido al Señor por ti,
para que cuide tus pasos . . .

ERA DOMINGO. Habían pasado casi dos años desde el divorcio de Camelia y Octavio. Hacía un par de meses que Camelia se había mudado con sus niños a aquel arrabal conocido como Cabro Sucio. Estaba rodeado de matorrales y zanjas. Era un lugar tomado por la fuerza en el pueblo de Cataño. De la noche a la mañana, un grupo de desamparados había invadido aquellos terrenos y había hecho casuchas y letrinas. Las calles y los callejones no estaban pavimentados. En los días soleados un polvorín se levantaba con cada automóvil o bicicleta que transitaba por sus calles. En los días de lluvia, los pies, las chancletas o calzados se atascaban en el barro amarillento. La mayoría de las casuchas no tenían electricidad. Cuando caía la noche, desde cada casucha salía un rayito de luz proveniente de algún quinqué o lámpara, y los mosquitos invadían el lugar. Durante el día todo era un bullicio. El quincallero anunciando su mercancía con la canasta en su cabeza. Las mujeres haciendo fila con sus cubos para tomar agua del grifo público. Cada una de ellas con dos cubos, uno en la cabeza y el otro en la cadera. Los niños hacían fila para bañarse también en el grifo público.

Lotis había cumplido cinco años. Pasaba mucho tiempo trepada en el cucurucho de un gran árbol al pie de su casucha. Desde allí divisaba todo el paisaje y el espectáculo del grifo público. Era su escape. Allí pasaba las horas pensando, hasta que el hambre la obligaba a descender del árbol. Pensaba en su adorada hermanita, Iris.

En una ocasión le preguntó a su madre, Mami, ¿Porqué Iris se fue a vivir con la tía Tata? ¿Por qué no viene a jugar conmigo? Camelia le contestó, Lotis, Iris se fue con tu tía porque ella estaba muy enfermita y necesitaba cuidados especiales que yo no le podía dar.

-¿Qué necesitaba mamita?

-Ella necesitaba una buena alimentación y estar en tratamiento médico por mucho tiempo.

Entonces recordó la tarde que las separaron. En aquel entonces estaban viviendo en un garaje. El piso era de tierra. En el centro, un colchón viejo que había navegado en la inundación de la Tormenta Betty. Allí habían compartido muchos momentos felices. Pasaban horas riéndose con cuatro amiguitos con alas, que venían a jugar con ellas. Así pasaba el tiempo y se olvidaban del hambre que les oprimía sus estómagos. Una tarde se abrió de imprevisto la gran puerta de madera. Era su madre que venía en compañía de la tía Tata.

-Ahí la tienes. Está muy delicada. Llévatela y sálvala, porque si se queda conmigo se me muere. Tu hermano no me quiere dar el sustento para los niños y lo que yo gano no me alcanza. Así que es mejor que te la lleves y la cuides.

Iris comenzó a llorar y a patalear. Se abrazo de Lotis. Ambas peleaban por no apartarse. En vano fueron los ruegos y el llanto de las niñas. Iris fue arrancada de un tirón de Lotis. Luego desaparecieron por la puerta. Atrás quedaron Lotis, Tuli y Jacinto. La voz de su madre la sacó de sus pensamientos.

-¡Mira Lotis! *Serretúa*, hazme el favor y bájate de ese árbol.

-No mamita, todavía no. Estoy esperando para ver si mi hermanita pasa a llevarle la comida al agüelo. Ayer la vi pero no pudo entrar. Pero si viene hoy, voy a ir con ella hasta la casa del agüelo.

Pasaron las horas, cayó la noche e Iris no llegó. En su lugar mandaron a dos primas adolescentes. Un día más sin ver a su hermanita. Con una tristeza profunda, bajó del árbol y se dirigió al grifo público. Ya no había colas ni discusiones. Se bañó. El barro se le incrustaba entre medio de los dedos de los pies. Se hundía pero no le importaba. En medio de los matorrales, tomó el puentecillo de madera que conectaba la casucha con la carretera. Entró a la casucha. Se dirigió a la cocina y se sirvió una torta de maíz con un vaso de leche. Tuli ya estaba dormido y Camelia amamantaba a Jacinto. Se metió debajo del mosquitero. Se durmió decidida a ver a su hermanita al amanecer.

Amaneció. Lotis saltó de la cama. Se disponía a hacer su recorrido matutino. Camelia ya se había ido a trabajar, llevándose como de costumbre a Jacinto. Tuli, quién tenía cuatro añitos, pasaba las horas con un biberón colgándole de la boca, mirando el puente que conducía a la casa. Le impedía el paso unos palos entrecruzados y clavados en la puerta para evitar su salida. Lotis le llenaba el biberón de leche y luego le decía: -Tuli, quédate aquí. Yo vengo ahorita. Voy a buscar a Iris –y sin decir nada más, saltó los palos y se alejó por el puente, descalza y sin peinar, con tan sólo una camiseta y un panti cubriéndole su cuerpecito. Caminó dos cuadras y se detuvo en una de las mejores casas a la orilla de la carretera. Allí vivía una niña de su misma edad.

-Miriam, Miriam –le llamó.

La madre de la niña se asomó y le gritó: -Mira piojosa, andrajosa, salapastrosa, lárgate pa'tu casa, que es muy temprano pa'andar visitando casas ajenas.

Continuó caminando hacia el mangle. Allí recogía uno o dos huevitos que las gallinas realengas habían puesto. Salía del mangle con una picazón por todo el cuerpo. Pasaba a la casucha de su madrina Antolina. Allí la madrina le preparaba el huevito. Salía de la casa de la madrina y caminaba hasta el final del arrabal. Llegaba a la casa del abuelo. Era un anciano de algunos setenta años.

-Agüelito, ¡Chión! ¿Cómo está usté hoy? ¿No ha visto a Iris? –preguntaba Lotis.

-¡Que Dios me la bendiga y me la favorezca! Acércate mi nena. Ven, dame un beso –Lotis sabía lo que le esperaba. El abuelo había estado masticando tabaco desde temprano en la mañana. Lotis se le acercaba y él se la sentaba en sus piernas. Luego acercaba su boca a la de ella y le depositaba en la boquita la saliva amarillenta y amarga por el tabaco.

-Agüeloooo, noooo! –protestaba Lotis al mismo tiempo que saltaba al piso. El abuelo comenzaba a reírse incontrolablemente mientras Lotis escupía la amarga saliva y se pasaba la mano por la boca como si con ese gesto pudiera borrar aquel sabor amargo que le producía el beso del abuelo.

-Agüelito, ¿por qué me haces eso si tú sabes que no me gusta?

-¡Porque tú eres mi niñita consentida! Véngase pa' acá mi nena, y siéntese aquí en mis piernas.

-Agüelito, quiero que muevas tus orejas –le decía Lotis. Y el abuelo abanicaba las orejas. Lotis gozaba y se reía de la destreza del abuelo.

-Agüelito, ¿hiciste dulce de coco? –preguntaba Lotis.

-Sí mi nena, allá detrás lo tengo secando. Vaya y espéreme en mi cuarto que ya le voy a dar el dulce de coco –respondía el abuelo.

Lotis se iba al cuarto. Allí, esparcido sobre una tabla estaba el más delicioso dulce de coco. El abuelo la seguía. Luego se le acercaba. Le quitaba su camiseta y su panti. La acostaba en el suelo. Y procedía a lamerle todo su cuerpo como una perra lame a sus cachorritos. Se acostaba encima de la niña y se movía de arriba para abajo. Agotado y sin fuerzas se ponía de pie y la vestía. Luego le daba el dulce de coco. Le echaba la bendición y la despedía.

Cerca del medio día, Lotis regresaba a la casa. Trepaba la mesa para alcanzar la leche en polvo de la PRA que Camelia guardaba encima de la estufa. Bajaba el cartón y mezclaba la leche en polvo con agua. Llenaba el biberón de Tuli y se servía un vaso.

En algunas ocasiones no faltaba un buen samaritano que se acercara por la casucha para echarle un vistazo a los niños, pues todo el mundo sabía que ellos estaban solos. Aquella tarde los visitó un primo, hijo de la tía Tata.

-¿Dónde está tu mami? –le preguntó a Lotis.

-Mami no está aquí. Ella está trabajando –contestó la niña.

-Pues ven y dame un beso –la levantó en sus brazos. Lotis colocó sus bracitos alrededor del cuello y sus piernitas alrededor de su cintura para sostenerse. El primo la apretó contra su pecho al mismo tiempo que se sacaba el pene y lo frotaba entre medio de las piernas de la niña como si fuera la lámpara de Aladino. La diminuta pieza de ropa interior impedía el deslizamiento de aquel órgano adulto a la vagina de la pequeña. De pronto un chorro caliente bañó las piernas de la niña.

-Te miaste –gritó Lotis estallando de la risa.

-Sí, me meé –contestó el primo al mismo tiempo que la colocaba en el piso y se acomodaba su órgano-. Por favor, no se lo vayas a decir a nadie, porque me da mucha pena.

Lotis le miraba mientras le gritaba sin poder contener la risa.

-¡Te miaste! ¡Te miaste! ¡Te miaste! –aplaudiendo a la vez que le voceaba.

El primo se acercó a ella y comenzó a hacerle cosquillas. Ella no podía contenerse.

-No, no, por favor, no. Déjame –suplicaba la niña, riéndose a carcajadas.

-Sólo si me prometes que me vas a guardar el secreto.

-¡Está bien! ¡Está bien! ¡Te lo prometo! –gritaba entre carcajadas.

Minutos más tarde el primo se marchaba. Lotis se cambió su panti y se dispuso a salir a buscar a Iris.

Flores en el pantano

9

Iré contigo, donde quiera que tú vayas,
y estarás conmigo donde quiera que yo esté . . .

Había caminado por muchas horas. Sus piernitas le temblaban por el cansancio. Tenía sed. Sabía que la travesía no iba a ser fácil, pero le confortaba saber que muy pronto vería a su hermanita. Estaba muy asustada pues nunca antes se hubiera atrevido a recorrer tan larga distancia y a alejarse tanto de la casa. Desde la distancia, pudo ver la casa de madera pintada de azul celeste y techada con zinc. Era la última casa del camino. Asomada por una de las ventanas, alcanzó a ver a la tía Tata. De pronto vio a Iris saliendo del callejón cargando un latón. Corrió y se le acercó. Iris puso su carga en el suelo y corrió a abrazar a Lotis. Abrazadas se quedaron por un buen rato hasta que la voz de la tía las separó.

-Iris, apúrate con esa comida de puerco que los puercos tienen hambre –grito la tía desde la ventana.

Iris se apartó, tomó el latón de comida y prosiguió su camino al mismo tiempo que le dijo a Lotis: -Espérame, ya vuelvo.

Minutos después regresó. La tarde comenzaba a caer. Se abrazaron y besaron. Hablaron mucho. Hablaron de cosas de niñas. Hablaron del dolor, de las hambres y de la soledad. Hablaron de la escuelita de Iris y de lo feliz que se sentía aprendiendo a leer y a escribir. Hablaron del primo que esperaba que las luces de la casa de la tía se apagaran, para deslizarse en la cama de Iris. Hablaron de cómo aquel hombre, una noche, comenzó a manosearla y de cómo ella logró zafarse de él. Hablaron de cómo ella intercambió su cama con una de sus primitas y al día siguiente la tía lo sacó fuera de la casa y lo puso a dormir en un rancho. Aquél era el mismo primo que había visitado a Lotis aquella mañana y que se había hecho pipi encima. La voz autoritaria de la tía Tata se escuchó nuevamente.

-Iris, es hora de recogerse, así que sube. Lotis la miró con una mirada suplicante.

-Iris, déjame quedarme contigo, por favor.

-Ven. Vamos a decirle a la tía que te deje dormir en mi cama conmigo –contestó Iris. La tía puso el grito en el cielo cuando supo que Lotis había pasado la tarde con Iris.

-Mira niñita, más te vale que te largues pa' tu casa ahora mismo y que nunca más se te ocurra aparecerte por aquí. ¿Entendiste? –le dijo al mismo tiempo que la zarandeaba-. Iris es nuestra y tú no tienes nada que hacer aquí. Así que arranca pa' tu casa antes que coja la correa y te dé unos buenos azotes.

Las lágrimas se asomaron por los ojitos de Lotis, salió corriendo para no escuchar más. Atrás quedó Iris sumergida en una tristeza y con el nacimiento de un nuevo sentimiento en su joven corazón: el rencor.

Las próximas semanas se volvieron una pesadilla para las niñas. Después de la visita de Lotis, la tía le prohibió a Iris terminantemente tener algún tipo de contacto con su madre o su hermana. Desde el cucurucho del árbol, Lotis esperaba que su hermana pasara y se detuviera a saludar a Camelia por la casucha, antes de proseguir su camino a la casa del abuelo. La tía la mandaba en compañía de dos de las hijas mayores. Llegado el momento, los rostros de Camelia y de Lotis se iluminaban al verla pasar. No se detenían. Llegando al frente de la casucha, emprendían carrera para no ser vistas ni detenidas. Una tristeza profunda se reflejaba en el rostro de Camelia al no poder abrazar a su hija. Con el paso del tiempo, Camelia se fue acostumbrando a la pérdida de su hija. Le consolaba saber que su niña se había salvado de aquella mortal enfermedad, gracias a los cuidados y atenciones de la tía Tata.

Lotis no se dio por vencida. Siempre que podía, se acercaba por la casa de la tía a escondidas de ésta. A veces esperaba a Iris por largas horas pues para ella el tiempo no formaba parte de su existencia. No sabía que había días, meses, ni horas. Sólo sabía que había noche y día. Por eso, esperaba más tiempo por su hermana, porque no se percataba que durante la semana su hermana iba a la escuela y hacía otras faenas después de las clases. Colectaba la comida de los puercos, hacía mandados a los vecinos, al colmado, o recolectaba botellas. Los vecinos siempre le pagaban por sus favores. Luego se encontraba con Lotis y juntas emprendían el camino para el Colmado El Hit de Oro que se encontraba al pie del Tulpiar en la carretera de Cataño a Bayamón. Allí compraban varios potes de postres para bebés. Sus favoritos eran los de chocolate y de vainilla. Juntas comían, hablaban, se reían y escuchaban música de la vellonera.

-Lotis, sabes que esta noche vienen los Tres Reyes Magos –le comentó Iris, mientras se relamía la cucharita llena de chocolate.

-Eso dice mami. ¿Qué te van a traer? –pregunto Lotis.

-Pues no sé. La tía dice que a veces los Reyes se saltan la casa de nosotros porque somos muchos. Imagínate la tía tiene dieciocho hijos y el que viene en camino.

-Pues es mejor que me vaya para ver si los Reyes pasan por casa porque nosotros somos pocos –dijo Lotis con los ojitos iluminados por la esperanza.

Dicho esto, se despidieron y se marchó cada una por diferentes caminos. Ennegrecía la tarde. Sólo el resplandor de la luna alumbraba el pequeño puente. Lotis se apuró a cruzar el puente. Se preguntaba si su mami habría llegado y si Tuli estaría aún despierto. La casucha estaba oscura. Tuli dormía en la entrada de la puerta con su biberón lleno de aire en la boca. De pronto sintió pasos por el puente. Era su madre con Jacinto. La casa se iluminó. Enseguida se prendieron los quinqués. La pequeña estufa de dos hornillas calentaba la leche.

-Lotis, termina de bañarte y de bañar a tu hermano para que se acuesten, que esta noche vienen los Reyes-. Lotis cogía agua de un cubo con un cacharro y se la echaba por encima a ella y a Tuli. Muy pronto la casucha quedó en silencio, sólo interrumpido por el croar de las ranas, el pitar de los grillos y el cantar del coquí. Pasada la media noche, se sintieron unos toquecitos en la puerta.

-Camelia, ábreme que soy Octavio –demandaba una y otra vez una voz desconocida.

Adentro, Camelia había despertado sobresaltada. Saltó de la cama que compartía con sus tres hijos y aseguró la tranca que amenazaba con caerse al suelo con los movimientos bruscos de la puerta. Respiró profundamente mientras escuchaba susurros al otro lado de la puerta. Miró por una rendija de la vieja puerta y alcanzó a ver a tres individuos. Los toquecitos y empujones se reanudaron con más fuerza. El corazón le dio un vuelco y se le paralizó cuando escuchó la vocecita de Lotis llamándola desde su cama.

-Mami, mami –decía mientras se disponía a bajarse de la cama.

Corrió hacia ella para taparle su boquita y evitar que se bajara de la cama. En ese preciso momento, cayó la tranca, la puerta se abrió para dar paso a tres desconocidos.

-Mamita, son los Tres Reyes Magos que vienen con mi regalo, déjalos entrar –dijo Lotis a la vez que se restregaba los ojitos para acostumbrarse a la luz de la luna que entraba por la puerta. Inmediatamente uno de ellos tomó a Camelia por el brazo y le colocó una navaja en el cuello. Los otros dos se acercaron a la cama donde descansaban los niños. Miraban a Lotis, quién se lanzó de la cama llorando y corrió a refugiarse entre las piernas de su madre.

-Por favor, no le hagan daño a mis hijos. Háganme a mí lo que quieran, pero no me lastimen a mis hijitos –suplicaba Camelia.

-Tranquila. No te preocupes que a tus mocosos no les va a pasar nada. Sólo queremos pasar un buen rato contigo –contestó uno de los intrusos. Camelia lloraba. Lotis lloraba y gritaba: -Suelten a mi mami.

De pronto apareció en la puerta la figura de un hombre gigante de mirada profunda y seria. Su voz tronante retumbó y se estrelló contra las paredes de aquella humilde casita.

-Suéltenla. No escuchan a la niña –ordenó el recién llegado. Los individuos retrocedieron y guardaron sus navajas.

-No queremos problemas, Feo. Sólo queríamos pasar un buen rato –dijo uno de los bandidos.

-¿Así es que ustedes tratan a una dama? ¡Lárguense de aquí! Y que no les vuelva a ver por este lugar –demandó el nuevo personaje.

Los individuos huyeron del lugar despavoridos. Entonces se dirigió a Camelia, quien temblaba como una hoja.

Señora, cierre la puerta y coloque la tranca. Yo le garantizo que nadie se va a acercar por su casa. Si de algo le sirve saber, yo estaré muy cerca de aquí a partir de este momento. Así que no se preocupe. Descanse –y diciendo esto se retiró.

La noche terminó sin más novedad. Los Reyes se saltaron la casa de Lotis. A Lotis no le importó, pues después de todo, tenía sus muñequitos de cerrillos quemados que formaban una pareja de amantes y a quienes casaba de vez en cuando y los ponía a dormir en su cajita de cartón; su barquito hecho de un pedazo de madera con clavos a su alrededor que disfrutaba echando a navegar cuando habían inundaciones; sus potes y cacharros que colectaba de la basura para jugar a las casitas; los pececitos de colores que pescaba de las zanjas; las semillas de algarrobo que utilizaba para jugar a las peleas de gallitos y las piedritas que colocaba en la coba para jugar a las canicas. Uno de sus pasatiempos favoritos era irse al mangle a construir escondites con los manojos de mangle. También disfrutaba mucho cuando se montaba en *el tío vivo* que le fabricó Camelia, en medio del batatal. Pero más que nada, siempre añoraba aquellas tardes lluviosas en las que se lanzaba a la calle con Jacinto y Tuli y permitía que la lluvia les azotara sus tiernas espaldas con puros latigazos. Era una sensación tan humana-mente delirante. Era como si la Madre Naturaleza se hubiera puesto de acuerdo con el Señor Lluvia para que les castigara por ser pobres y libres. Era un castigo severo por los azotes, pero al mismo tiempo, deliciosamente refrescante. Mientras los habitantes de aquel arrabal se encerraban en sus casuchas, Lotis, Tuli y Jacinto cantaban, bailaban, correteaban, gritaban y lloraban bajo la lluvia. La lluvia cesaba. Entonces hundían sus pies descalzos en aquel barro amarillento. Movían los dedos de los pies, escarbando muy profundamente hasta sentir que se fundían con este. Luego aquel éxtasis se veía interrumpido por el cantar de los pájaros y el tráfico de la gente saliendo de sus casas para reanudar su diario vivir. Una brisa deliciosa secaba sus cuerpos, sus cabellos y sus trapos.

Esc. Ramón B. Lopez

10

¡Qué todos los niños estén muy atentos,
ha sido la orden que da el general!
¡Qué todos los libros estén muy abiertos,
las cinco vocales van a desfilar!

HABÍAN TRANSCURRIDO SIETE MESES desde la noche de los Tres Reyes Magos. Todo el barrio respetaba a Camelia. Nadie se atrevía a ofenderla. Ella se había convertido en *la mujer del Feo*. El Feo, como le apodaban, pero no por su físico, pues en verdad era un hombre muy apuesto, sino más bien feo por su carácter y por los crímenes que había cometido por aquellos lares. Era un hombre fuerte, alto, trigueño, serio y con una voz varonil y profunda. Tenía que erguirse para entrar en la casucha de Camelia. Camelia parecía una muñeca entre sus brazos. Desde el inicio de la relación mantuvo distancia con Lotis, Jacinto y Tuli. Sólo se acercaba a la casucha cuando sabía que Camelia estaba en la casa. El vientre de Camelia nuevamente estaba hinchado, quien seguía trabajando en las casas de familia. Una tarde, Lotis escuchó al Feo decirle a su madre, con voz ronca y con mucha seguridad:

-Camelia, ¿por qué no envías a tus niños a la escuela? No es que me quiera meter en lo que no me importa, pero Lotis y Tuli están en edad escolar y no sé pero pienso que deberías inscribirlos.

Camelia lo miraba sin saber qué contestarle. Ella nunca había ido a la escuela. No veía la importancia. Había sobrevivido sin saber leer o escribir. Además, Lotis era quien cuidaba de Jacinto y Tuli mientras ella trabajaba.

-¿Dónde hay una escuela? –pregunto.

-Mira, hay una escuela como a ocho kilómetros de aquí. Las clases comienzan en agosto. Tienes tiempo para apuntarlos.

-Está bien. Entonces tendré que seguir llevándome a Jacinto a mi trabajo-. Dicho esto se abrazaron y se besaron.

Lotis se sentía inmensamente feliz. Tenía que compartir la noticia con Iris. Mañana a primera hora emprendería el viaje a la casa de la tía Tata para encontrarse con su hermana y darle la buena nueva. Su hermana le había hablado muchas veces de su escuelita pero ahora se imaginaba ella sentada en el aula. La noche se hizo más larga que nunca. Amaneció. Se vistió. Despertó a Tuli. De un tiempo para acá Tuli y Lotis eran como uña y carne. Camelia ya se había ido. Lotis puso una silla al lado de la estufa. Alcanzó la leche en polvo. Mezcló con agua y batió, no sin antes derramar gran parte del polvo encima de la mesa. Sirvió un vaso para ella y para Tuli. Entonces ambos iniciaron la caminata. Llegaron a la casa de la tía Tata a eso del medio día. Había mucha gente en la casa. Lotis no sabía qué estaba sucediendo, pero podía escuchar gritos y llantos. Había mucha gente vestida de negro. Tomó a Tuli por la mano y se fue abriendo paso entre las personas. Algunas conversaban frente a la casa. Entraron. En medio de la sala vio un féretro. Alcanzó a ver el cuerpo de aquel primo que en varias ocasiones había pasado por la casa. Tenía algunos dieciocho años, de tez oscura y muy guapo. Allí yacía el cuerpo inerte. Se acercó a la cocina donde se encontraba un grupo de personas.

-Pobrecito, no se merecía una muerte así siendo tan joven. Él tenía varias semanas trabajando para esa compañía. Cargaba y descargaba el camión con mercancía. Aparentemente estaba descargando el camión, cuando su compañero, sin darse cuenta, comenzó a subir la plataforma sin percatarse que él todavía estaba detrás. Entonces cayó y se golpeó la cabeza. Su muerte fue instantánea –comentaba una de las personas del grupo.

Lotis se deslizó rápidamente por la sala y se dirigió al patio de atrás. Allí encontró a Iris. Se abrazaron y se besaron. Iris la tomó de la mano. Lotis sujetó la mano de Tuli y juntos los tres se fueron al cuarto de Iris que también compartía con sus primas.

-Mira hermanita, tengo algo para que se lo lleves a mami –y diciendo esto, le puso un papel en la mano.

-¿Qué es?

-Es un cheque que les envía papi para ustedes y Jacinto. Llévaselo a mami y dile que les compre comida.

-Iris, ¿tú viste a papi? ¿Cuándo lo viste? ¿Por qué él no viene a vernos a nosotros? –preguntó Lotis.

-Él pasó por aquí pa' ver al muerto. Estuvo un rato y se fue.

-Iris, tengo que hablar contigo. Sabes que Tuli y yo, ¡vamos para tu escuelita!

-¡Sí! Ay qué bueno. Me alegro mucho por los dos, pero ahora deben irse. Estamos en el funeral del primo y debo ayudar a las muchachas a servir café, chocolate y galletas antes que comience el otro rosario. Así que es mejor que se vayan por ahí con mucho cuidadito. Y por favor cuida a Tuli –dijo Iris a la vez que les abrazaba. Se despidieron. Lotis inició el regreso a su casa con su hermano. Pasaron el resto del día trepando árboles, pescando en la zanja, corriendo por el mangle, haciendo chinchitos con los matojos de mangle y jugando a las escondidas. Regresaron a su casa y mientras esperaban a Camelia, hablaron de la escuelita. Llegó la noche y con ella regresó Camelia a la casa con Jacinto.

-Mamita, ¿qué nos trajiste para comer? Tenemos mucha hambre –preguntó Lotis.

-Pues van a tener que conformarse con una agüita de azúcar porque hoy no quedaron sobras en la casa que estuve limpiando.

-Mami, hoy fuimos a ver a Iris y ¿sabes qué?, había un muerto en la sala de la tía. Parece que uno de sus hijos sufrió un accidente.

-¡De veras!

-Sí. Y también Iris me dio esto para que te lo diera. Ella me dijo que mi papi nos lo mandó.

Camelia tomó el cheque en sus manos y con una furia infinita lo rompió en mil pedacitos y lo lanzó al viento al mismo tiempo que decía: No necesito nada de ese desgraciao, infeliz, y ahora ustedes a dormir que mañana hay que madrugar.

Llegó el mes de agosto. Era el primer día de clases. Camelia se levantó tarde. No fue a trabajar. Iba a la escuela a apuntar a Lotis y a Tuli. Debido a su embarazo, andaba con dificultad. Caminaron por varias horas. La escuela Ramón B. López estaba localizada en un lugar muy solitario, rodeado de un depósito de basura por el lado norte, al este una gran autopista y al suroeste un monte forrado de arbustos y con un gran pantano. La gente decía que todos los años muchos niños desaparecían de la escuela y que muchos cuerpecitos habían sido encontrados en las entrañas de aquel bosque. Era la hora del almuerzo cuando llegaron a la escuela. Una gran algarabía se escuchaba en el recinto escolar. Los niños correteaban en el patio. Otros brincaban la cuica. El olor a comida de comedor escolar se esparcía por todo el lugar. La directora les recibió y les hizo pasar a la oficina. Tomó toda la información personal de los niños y procedió a mostrarles el plantel y a introducirle a la maestra de primer grado, la Señorita Algarín.

Camino a la clase de primer grado, la directora se detuvo en la clase del jardín de párvulos para hablar con la maestra por unos minutos. Lotis, sin pensarlo dos veces, corrió a la casita de muñecas, agarró al muñeco de la cunita y se sentó a la mesa a tomar café con una de las diminutas tacitas que formaban parte de aquel juego de café. Los niñitos de la clase la miraban desconcertados desde el otro lado del salón donde se encontraban sentados en una alfombra para la hora de la lectura. La maestra se dirigió a Lotis, la tomó del brazo y la arrastró hasta la puerta al mismo tiempo que le decía: ¿No te parece que estás demasiado grandecita para entrar a un salón de clase de esa forma y disponer de los juguetes sin ningún permiso?

Los ojitos de Lotis se nublaron con el llanto. La directora le habló y le dijo: No te sientas mal, ésta no es tu clase. Tu aula está al otro lado y es muy bonita. Tu maestra es la Señorita Algarín y ella es muy buena. Verás que te va a gustar. Además, tu hermanito va a estar contigo en tu misma clase.

Un poco más tranquila, reanudaron sus pasos hasta la clase. El timbre había sonado algunos minutos antes y los niños se encontraban sentaditos en sus asientos con sus bellos uniformes esperando por las instrucciones de su maestra.

-Señorita Algarín, aquí le traigo dos estudiantes nuevos para su clase de primer grado-. Era una señorita sumamente bella. Su voz era muy dulce. Tenía unos labios rojos carmesí y sus ojos hacían juego con el azabache de su pelo.

-Bienvenidos a nuestra clase. Por favor tomen aquellos dos asientos que están desocupados.

Unos minutos más tarde, Camelia se retiró y la directora regresó a su oficina. Fue una experiencia inolvidable aquel primer día de clases. Lotis y Tuli no se cansaban de mirar las paredes del aula decoradas con muchos símbolos y carteles de brillantes colores y hermosas fotografías. El libro de lectura que hojearon aquella tarde tenía unas bonitas láminas de una familia. La familia del libro tenía una mamá, un papá, una niña un poco más pequeña que Lotis, llamada Rosa, un niño como Tuli, llamado Pepín y un hermoso perro, llamado Lobo y un pequeño gato llamado Mota. "¡Qué familia tan feliz y tan maravillosa!" –pensó Lotis.

Lotis y Tuli supieron que para ellos comenzaba una gran aventura. Esa tarde cuando salieron de la escuela, una de las hijas de la tía Tata había ido a recoger a su hermanito, quien también estaba en el primer grado con Lotis y Tuli. Juntos emprendieron el largo y solitario camino hacia el barrio. De paso se detuvieron por la casa de la tía. Allí ella le entregó a Lotis una bolsa con varios uniformes para ella y su hermano. Luego continuaron su camino. Llegaron a la casa extenuados pero felices. Enseguida se quedaron dormidos.

Todos los días antes que saliera el sol y mucho antes que Camelia se levantara, Lotis y Tuli iban a la escuela. El camino era largo y por lo tanto tenían que levantarse muy temprano para llegar a la escuela a la hora del desayuno que servían a las siete. Además, temían que Camelia les obligara a permanecer en la casa como lo había hecho en varias ocasiones desde que la familia había aumentado. Trataban de hacer el menor ruido posible para evitar que Camelia se despertara malhumorada y que el nuevo bebé se despertara. En varias ocasiones, Tuli y Lotis habían faltado a la escuela para cuidar a Jacinto mientras Camelia se llevaba consigo al pequeño Narciso como le habían bautizado recientemente. Tomados de la mano recorrían el camino. Pocas personas transitaban a esa hora de la madrugada. Llegaban al plantel a las seis y media. Podían olfatear el olor a leche hervida mezclada con mantequilla de maní en la distancia. El comedor no ofrecía desayuno hasta las siete. Se desayunaban. Luego se paseaban por el frente del jardín de párvulos. La maestra llegaba y ellos le pedían permiso para ayudarle a abrir las persianas que rodeaban el salón. Se apuraban en abrirlas para luego disfrutar un rato de la casita de muñecas, del bebé, de las tizas de colores y del pequeño pizarrón. A las ocho sonaba el timbre y se dirigían a su aula. La Señorita Algarín los recibía con una voz angelical. Todos los días cantaban muchas canciones y jugaban juegos infantiles. Aprendían ciencias, matemáticas, estudios sociales, inglés, español y lectura. De regreso a casa, Lotis y Tuli cantaban las mismas canciones y hablaban mucho de la familia de Pepín y Rosa. A la hora del almuerzo eran los primeros en la fila y no desperdiciaban nada en el comedor. Lotis era la primera en terminar todos los trabajos escritos, las tareas las hacía en la misma clase antes de ir a la casa. En menos de dos meses había aprendido a leer y a escribir y le pedía a la Señorita Algarín que le diera más libros para leer. La Señorita Algarín le facilitó algunos libros de lectura del segundo grado. Lotis se comía los libros por los ojos.

Una mañana, para mediados del año escolar, llegaron unos señores vestidos con gabanes oscuros. Hablaron con la Señorita Algarín. La Señorita Algarín llamó a Lotis a la puerta. Los hombres le dieron la mano a Lotis. Le pusieron un libro en la mano y le pidieron que leyera. Lotis comenzó a leer. Leyó por un largo rato mientras ellos escuchaban. Luego le hicieron muchas preguntas relacionadas con la lectura y la devolvieron a su clase. Un mes más tarde la directora citó a Camelia a la oficina para hablar con ella. Llegó vestida con un elegante vestido línea A, y en una sabanita azul delicadamente tejida, cargaba a Narciso, mientras sostenía de la mano a Jacinto. Entró en la oficina de la directora y se acomodó en un sillón frente a un escritorio. La oficina estaba nítidamente decorada. La decoración interior hacía contraste con el paisaje que se divisaba por el ancho ventanal. Unas cortinas plisadas y estampadas con motivos de crayones y libros colgaban de ambos lados del ventanal. Al lado contrario un escritorio de metal lleno de papeles se divisaba frente a las sillas colocadas al frente del mismo. Lotis se entretenía observando los diplomas y certificados que colgaban en la pared. Del otro lado, un anaquel lleno de libros infantiles y material educativo. Frente al ventanal, varios tiestos con plantas, acentuaban la decoración de aquella oficina.

-Camelia, usted tiene unos niños muy inteligentes. Ambos son muy queridos y aceptados por maestros y compañeritos. Pero quiero hablarle de su hija Lotis. Ella es una niña muy especial. Ella sobresale en todo lo que hace. En menos de dos meses ha aprendido a leer y a escribir, incluso ahora está escribiendo en cursivo. Su nivel de lectura y comprensión van más allá que cualquier estudiante del cuarto grado. ¿Ha notado usted el potencial de su hija? –preguntó la directora.

-No sé lo que usted me quiere decir, pero lo único que yo he notado es que ella se pasa leyendo cuanto papelito se encuentra en la calle y haciendo garabatos en el piso y en las paredes de la casa.

-Pues Señora Camelia, quiero informarle que el gobierno federal ha implementado una beca para niños que tienen el potencial de Lotis pero no tienen los recursos para comprar los materiales escolares y los uniformes. Todos los años Lotis va a recibir un cheque para ayudarle con dichos gastos hasta que termine la escuela superior. Es importante que ella venga a la escuela todos los días. Además, Lotis será promovida al tercer grado en cuanto termine el primer grado. Vamos a ver cómo se desempeña en ese nivel y dependiendo de sus calificaciones durante el primer semestre se determinará si debe ser promovida al cuarto grado o permanecer en el tercer grado –concluyó la directora.

La reunión terminó. Camelia le dio las gracias y se marchó. Luego se detuvo unos instantes por la clase de la Señorita Algarín. A petición de Lotis, le mostró el recién nacido a los compañeritos de clase, les dio un beso a Lotis y a Tuli, y se retiró con Jacinto y Narciso.

Unos meses después, la Señorita Algarín envió una nota a la casa. Camelia le dio a leer la nota a Lotis. La nota anunciaba la fecha de graduación de la clase de primer grado. También le informaba que los estudiantes tenían que ir vestidos de blanco con un clavel prendido del pecho. Invitaba a los padres a presenciar el acto de graduación y la entrega de reconocimientos a varios estudiantes. A partir de ese momento, Camelia se dio a la tarea de preguntarles a todas las mujeres del barrio que tenían niñas, que si alguna contaba con algún traje blanco usado que le pudieran regalar para su hija. Preguntando y preguntando llegó hasta el Colmado Papá Reyes. La dueña del colmado tenía una niña de catorce años y todavía guardaba un traje blanco que su hija había usado algunos años antes. Estaba un poco amarillento por el tiempo y un poco deshilachado, pero a Camelia le pareció perfecto para la ocasión. Anduvo de casa en casa pidiendo por dos claveles. Al final del día regresó a su casa con el vestido y con dos capullitos de claveles. Metió todo en una bolsa. Esa tarde aparecieron las hijas de Tata en compañía de Iris a recoger a Lotis y a Tuli, porque Camelia no deseaba ir a la graduación, y la tía Tata se había puesto de acuerdo con Camelia para llevarlos junto a su hijo, quien también se graduaba. Aquella noche Lotis y Tuli durmieron en la casa de la tía en espera de aquel grandioso día.

Era un día precioso. El sol brillaba intensamente. Tata abrió la bolsa y pegó un grito: Pero, ¿cómo tu madre pretende que yo te vista con este trapo? No, yo no te puedo llevar a tu graduación con esto. Y diciendo eso se dirigió al cuarto de Iris y se presentó con un precioso vestido blanco. Tenía unos hermosos cancanes. Se colocó enfrente de Lotis y le deslizó el vestido por su delgado cuerpecito. La peinó con un moño estilo Felisa Rincón. Le colocó un precioso clavel. Le puso unos zapatitos blancos que ella le había comprado con un dinero que le pidió a Octavio para comprarle la ropa a Tuli y los zapatos a Lotis. Vestidos y alborotados iniciaron el viaje a pie hacia la escuela. Lotis se sentía muy especial. Se sentía como una princesa escapada de uno de los cuentos leídos en clase. Los tres primos lucían radiantes. La ceremonia comenzó. La Señorita Algarín dio inicio a la entrega de honores, cintas y medallas. Después de un breve discurso comenzó.

-Certificado de mérito por matemáticas, Lotis Juncos. Certificado de mérito en español, Lotis Juncos. Certificado de reconocimiento en ciencias, Lotis Juncos. Certificado de mérito en inglés, Lotis Juncos. Cinta de honor por promedio de cuatro puntos en todas las materias, Lotis Juncos.

Tuli también recibió varios certificados y un par de medallas en matemáticas y ciencias. Luego les entregaron los diplomas y las tarjetas de notas. La tarjeta de Lotis tenía muchas estrellitas y en la parte de atrás decía: "Fue un placer tenerte como estudiante este año. Tú iluminabas mis días. Sigue luchando con el mismo afán. Buena suerte en el tercer grado, tu maestra Srta. Algarín".

Terminó la graduación. La tía Tata les llevó a Bayamón a tomarles fotos en un pequeño estudio fotográfico. Luego les llevó a ver a su padre. ¡Qué día tan maravilloso! Regresaron a la casa al atardecer. Cuando llegaron, eufóricos de alegría, se dispusieron a contarle a Camelia los acontecimientos del día. Lotis y Tuli le mostraban todos los certificados, las cintas y los méritos, cuando de pronto Camelia se percató que Lotis no llevaba puesto el vestido que ella le había conseguido para la graduación. Se enfureció. De un tirón le arrancó el vestido que llevaba puesto.

-¡Eres una mala agradecida! Yo me desvivo de casa en casa pidiendo un vestido para ti y mira como me pagas, poniéndote otro vestido. Ahora mismo te me quitas ese trapo que traes puesto y lo metes en esta bolsa para devolvérselo a la Tata.

Lotis estaba muy asustada. Se quitó el vestido, se puso una bata, y se metió a la cama. Entonces Camelia se dirigió a Tuli: ¡Y tú, lombriz blanca, hazme el favor y quítate del medio! Desaparécete de mi vista-. Terminando la frase, le dio un aventón que lo envió encima de la cama. Tuli se arropó y se durmió. El comportamiento de su madre no era nada nuevo para él, pues desde la separación de sus padres, su madre lo miraba diferente, lo ignoraba. Ella decía que Tuli era el retrato vivo de Octavio. Aunque el día terminó de aquella manera y los certificados y las medallas terminaron en el bote de la basura, aquel gran acontecimiento se repitió por muchos años en la memoria y en los corazones de Lotis y Tuli. Por eso cuando estaban tristes siempre tarareaban las canciones que la Señorita Algarín les enseñó.

11

Camino del puente me iré,
a tirar tu cariño al río,
mirar como cae al vacio
y se lo lleva la corriente...

LLEGÓ EL VERANO. Los días se hacían largos e interminables especialmente para Camelia. Tenía cuatro hijos viviendo con ella y sentía que se ahogaba con la carga. Los días y las noches pasaban sin escuchar noticias del Feo. Hacían varias semanas que no le había visto. Desde el nacimiento de Narciso, y después de reconocérselo como su hijo, se había alejado de ella. En varias ocasiones, Camelia pasaba por la casa de su suegra, pero lo único que había logrado averiguar era que él había conseguido trabajo como albañil en el nuevo proyecto de viviendas que había dado inicio al frente del Barrio Juana Matos. A través de su suegra, supo que él llegaba muy tarde y cansado. Aquel lunes no fue a trabajar y se dirigió a la casa de la madre del Feo. Preguntó por él. Su suegra le informó que él estaba trabajando. Le dejó razón con ella de que Narciso, su hijo, necesitaba leche. Luego se dirigió a su casucha donde se encontró con que Jacinto tenía un ataque de asma. Jacinto siempre sufría de estos ataques. Había nacido enfermizo. Camelia lo quería con pena, porque, además de padecer de ataques de asma, había nacido con los ojitos turnios. Siempre se le viraban. Desde muy temprana edad sufría de altas fiebres y dificultad en respirar. A medida que trataba de respirar se le pintaba su pequeña osamenta y se le hacía un hueco en medio de las costillas. El pitillo ocasionado por la falta de aire en los bronquios era el único ruido que se escuchaba en la casucha. Sin perder más tiempo, lo envolvió en una sábana y se dispuso a salir para el hospital. Atrás quedaron Lotis, Tuli y el bebé, Narciso. Llegó la noche. La puerta de la casa permanecía abierta tal y como ella la había dejado cuando se fue para el hospital. Dentro de la casucha se escuchaba el llanto de un bebé. Lotis trataba de calmarle colocándole el chupete en la boquita, pero los intentos habían sido inútiles. Tuli le remeneaba la cama para tratar de tranquilizarlo. La casucha estaba oscura pues Lotis tenía terminantemente prohibido prender el quinqué o encender la estufa de gas crudo. Ese fue el cuadro que encontró el Feo cuando llegó a la casa con una lata de leche Denia. Encendió el quinqué. Preparó un biberón de leche para Narciso, y le preguntó a Lotis por su madre.

-¿Dónde está Camelia?

- Mami está en el hospital con Jacinto.

-Acuéstate y acuesta a tu hermano. Yo me encargo de Narciso.

Y dicho y hecho, se acomodó en un viejo sillón a la entrada de la puerta con Narciso entre sus brazos. La noche transcurrió y Camelia no llegó.

Al día siguiente, el Feo madrugó y se llevó a Narciso a la casa de su madre. Luego regresó a la vieja casucha decidido a esperar por Camelia. La noticia se regó como pólvora que el Feo iba a matar a Camelia por haber pasado la noche afuera y haber dejado a su hijo solo. La nueva llegó a los oídos de Camelia, quien se dirigía a su casa con Jacinto después de haber pasado la noche en el hospital con el niño, poniéndole suero. Temerosa y preocupada por la suerte de sus otros hijos, pues conocía el temperamento y la reputación del Feo, se dirigió a la casa de una vecina. Allí dejó cuidando a Jacinto. Luego se dirigió a la casa de la madre del Feo. Recogió a Narciso y regresó a la casa de su amiga. Aterrada por su vida, su amiga le aconsejó que fuera al cuartel de la policía y que pidiera una escolta policiaca para ir a la casa a recoger algunas cosas. Así lo hizo. Pensaba que lo mejor sería recoger sus niños y refugiarse en la casa de uno de sus hermanos. La puerta de la casucha estaba cerrada. Adentro todo era silencio. Lotis y Tuli estaban despiertos en su cama sin atreverse a hacer ningún ruido o movimiento por miedo a despertar al Feo, quien dormía profundamente en la otra cama, a juzgar por los ronquidos que producía. De repente unos toquecitos fuertes en la puerta acompañados por su nombre de pila lo despertaron.

-Ramón, abra la puerta. Somos oficiales de policía.

La puerta se abrió. Ramón se ponía la camisa.

-La señora desea entrar a la casa y sacar algunas cosas que necesita para sus hijos.

-Pues que entre. ¿Quién se lo impide? –se escuchó la voz ronca de Ramón desde la casucha. Lotis y Tuli ya se encontraban al final del puente, a la orilla de la carretera, esperando por su madre, quien estaba recogiendo algunas cosas para irse. Los oficiales vieron que todo estaba tranquilo. Ramón se estaba lavando la boca en la puerta de la cocina mientras que Camelia se paseaba por toda la casucha colectando artículos y ropa.

-Señora, ya regresamos. Vamos hasta el final de esta callejuela a virar nuestra patrulla –salieron de la casucha, se dirigieron a su patrulla y se marcharon.

Desde donde Lotis se encontraba, podía ver la puerta de la casucha al mismo tiempo que veía el carro patrullero al final de la estrecha callejuela, maniobrando para virar. De pronto se escucharon los gritos de Camelia. El Feo levantaba la tranca de la puerta y le pegaba a Camelia por la cabeza. Le agarró de los cabellos y la arrinconó contra una esquina de la puerta. La tranca se le cayó de las manos. Camelia gritaba y luchaba por zafarse de sus fuertes manos. El Feo trataba de sacar algo del bolsillo de su pantalón. En la carretera, Lotis y Tuli gritaban y hacían señales a los policías para que regresaran. La patrulla aceleró. Se detuvieron y corrieron a la casucha. Llegaron justo en el momento en que el Feo estaba tratando de abrir una navaja, al mismo tiempo que tenía a Camelia restringida bajo su pesado cuerpo.

-Ramón, deténgase o disparamos –ordenó la policía.

Aquel día Ramón fue arrestado. Pasó varios días en la celda. Luego sus amigos pagaron su multa y salió en libertad. Buscó a Camelia. Hablaron y se reconciliaron.

El nuevo año escolar comenzó. Lotis y Tuli estaban muy emocionados. Tuli comenzaba en el segundo grado y Lotis el tercer grado. Tuli estaba muy contento en la clase de la Señora Ramos. Lotis, por su parte, no se sentía bien en la clase de la Señorita Cotto. Era una maestra muy seria y tenía fama de pegarles a los niños con una regla en los nudillos de los dedos. Lotis extrañaba mucho a la Señorita Algarín. Lotis seguía siendo tan aplicada como antes. Así transcurrieron los primeros meses de aquel año escolar. La época navideña ya se sentía. Por aquel entonces surgió una epidemia de sarampión y varicela en la escuela. Tuli y Lotis se contagiaron con el sarampión. Sus cuerpos se cubrieron con ampollas. La fiebre no cesaba. Camelia los envolvió en una sábana y se los llevó hasta el puente de Bayamón. Allí detuvo a un joven que pasaba por el puente en ese momento.

-Muchacho, por favor acércate. Necesito que me hagas un favor. Yo te pagaré.

-¿En qué puedo servirle señora? –preguntó el joven.

-¿Ves aquel señor que está en el Cantón vendiendo postales?

-Sí, lo veo.

-Pues quiero que tomes estos dos niños y se los lleves. Dile que están muy enfermos y que yo no los puedo cuidar. Que los cuide él que para eso es su padre. Y si te pregunta por mí, dile que te los entregué y que me fui. Aquí tienes este dinero por hacerme ese favor. Gracias.

Luego se ocultó entre los comerciantes que se encontraban en el área. Desde su escondite vio cuando el joven se acercó a Octavio y le entregó a Lotis y a Tuli. Octavio les miró con gran sorpresa. Se ñangotó ante sus hijos. Les abrazo y les dio un beso en la frente. Pegó sus cuerpos ardientes contra su pecho. Miró a su alrededor tratando de localizar a Camelia pero no la vio. Abrió una caja que tenía cerrada debajo de la silla donde estaba sentado momentos antes. Tomó todas las tarjetas navideñas que colgaban de un cordón y las guardó en la caja. Cerró la silla y la depositó en un quiosco vecino. Se colocó la caja en la cabeza. Agarró a Lotis y a Tuli de las manos y se dirigió al terminal de las guaguas públicas para tomar la próxima que salía para el Fondo del Saco en Juan Domingo.

El Fondo

Escuela elemental en El Polvorín

Centro comercial en el Buen Samaritano

12

Si acaso te volviera yo a encontrar alguna vez,
si el tiempo dejara de vagar y diera paso atrás,
volvería aquel lugar donde el amor se nos perdió . . .

EL SOL SE OCULTABA en el horizonte cuando Octavio, Tuli y Lotis llegaron a la casa de Victoria.

-Victoria, Victoria –llamó Octavio desesperado, mientras colocaba la caja que traía en la cabeza en el medio de la sala. A sus gritos salieron tres niñas del cuarto.

-Maaaa, papi llegó y viene con unos nenes –dijo la mayorcita de las niñas. Las niñas se le acercaron a Octavio y cada una le pidió la bendición, sin cesar de preguntarle quienes eran los nuevos allegados. En ese momento entró por la puerta de la sala una mujer obesa. Octavio se le acercó y le saludó con un beso en la boca.

-Victoria –la llamó Octavio-, la loca de Camelia me soltó a mis hijos en el puente de Bayamón. Los niños están muy enfermos. Parece que tienen fiebre y tienen sus cuerpos cubiertos con ampollas. Necesito que me ayudes y que me los aceptes como yo te he aceptado a tus cuatro hijos.

Victoria le miró con ojos llenos de amor y le dijo:

-Claro que sí mi amor. ¿Cómo crees que no te los voy a aceptar? Tú me recogiste a mí con mis tres hijos. Tú me diste una hija. Y si ahora la familia aumenta de la noche a la mañana, pues que se le va a hacer. No te preocupes que yo te los voy a cuidar y los voy a tratar como si fueran hijos míos. Lo único que quiero pedirte es que mañana te vayas a la corte y que pidas la custodia de estos dos niños. Quiero evitar que Camelia se vaya a la corte y diga que nos los robamos. Yo los acepto pero tiene que ser con tinta y papel –concluyó Victoria, al mismo tiempo que les examinaba.

-Dios mío, pero si estos niños están que queman de la fiebre. Y estas ampollas me parece que son sarampión o varicela. De cualquier modo tenemos que prepararnos porque esto se pega. Es muy contagioso-. Les tomó de la mano y les llevó a una de las dos habitaciones que tenía la casita de cemento.

Victoria les curó, les alimentó y les cuidó. El juez le concedió la custodia de los niños a Octavio.

La pequeña vivienda consistía de dos dormitorios, una salita y una cocina. La ducha y la letrina estaban fuera de la casa y eran compartidas con otras tres familias que residían en el mismo vecindario. El primer dormitorio era de Octavio y Victoria. El segundo dormitorio fue destinado a las cuatro niñas. Tuli y el varoncito de Victoria compartían un caucho en la sala. Victoria le asignó tareas domésticas a los recién llegados. Lotis estaba encargada de sacar temprano en la mañana los desperdicios de la familia que eran colectados durante la noche. Lotis y Mercedita, la hija mayor de Victoria, se encargaban de tender las camas antes de irse a la escuela y de fregar los platos después de la cena. Los sábados en la mañana lo pasaban restregando la ropa de ellas y de las otras dos niñas menores. Más tarde barrían y trapeaban los pisos. Tuli se encargaba de sacar la basura. En una ocasión, mientras Lotis lavaba los platos, se le acercó el abuelito de sus hermanastras y le tendió la mano con un billete mientras le decía: Te doy esto para que te compres dulces, si te dejas tocar tus tetitas.

De repente Victoria apareció y le gritó: Papá, ¿qué haces? ¡Salte de la cocina! ¡No molestes a la nena! No te quiero ver por la cocina cuando las nenas estén fregando. ¿Entendiste? El abuelo agachó la cabeza y se retiró.

Durante los primeros meses, Lotis y Tuli conocieron la unión familiar. No les importaba el peso de sus tareas domésticas porque se sentían queridos y aceptados por la familia especialmente cuando Octavio llegaba del trabajo y durante los fines de semana cuando él estaba en la casa. Había orden. Todos los chicos eran tratados iguales por Octavio. Todo era divido en partes iguales y las reglas aplicaban a todos. Los domingos la familia iba a la iglesia. Luego a la panadería, donde compraban tres libras de pan, huevos y soda. Almorzaban y luego se disponían a pasar un domingo familiar. Uno que otro domingo iban al campo a visitar la familia. Otras veces se iban a la playa y pasaban todo el día entre primos, primas y tías. Celebraban muchas fiestas familiares. Parrandeaban durante la época navideña. La primera navidad en la casa de Victoria fue una muy especial. Por primera vez, Lotis recibió un regalo de los Tres Reyes Magos. Cada una de sus hermanastras había recibido una hermosa muñeca. Todas eran rubias de piel blanca o morenas. La muñeca de Lotis era distinta a las demás. Era una muñeca de trapo negra. Lotis la miró y sus hermanastras se rieron de ella. Lotis sonrió y la abrazó.

Le habló a su muñeca: De ahora en adelante serás mi consentida. Tú vas a ser especial. Por ser negra eres la más bonita de todas.

Lotis pasaba horas jugando con su muñeca. Sus hermanastras, que al principio se burlaban de ella por tener una muñeca negra, ahora se peleaban por jugar con la muñeca de trapo y dejaban a un lado sus hermosas muñecas. Por primera vez, Lotis reconoció los prejuicios sociales y los sobrepasó.

La estadía en la casa de Victoria hubiera sido lo más cercano a una familia ideal a no ser por los constantes ataques nocturnos a los que Lotis era sometida y por el cambio de personalidad que sufría Victoria en cuanto Octavio salía de la casa. En más de una ocasión, Lotis se despertaba por la falta de aire, porque su hermanastro la tomaba dormida entre sus brazos, y la colocaba en el suelo para luego treparsele encima. Cuando Lotis despertaba, su hermanastro le colocaba una mano en la boca y le murmuraba al oído: Si gritas o hablas, le pego al patito de tu hermanito.

Una mañana, Lotis se despertó por los gritos de sus hermanastras.

-Mami, papi, vengan acá por favor. ¡Lotis está bañada en sangre!

Octavio corrió a la habitación y se encontró con aquel cuadro. Lotis tenía la cara y sus pijamas manchadas con sangre seca. Una herida le atravesaba la nariz. A partir de aquel incidente los ataques nocturnos cesaron. Con el paso de los años, y tal vez porque Victoria se dio de cuenta que los hijos de Octavio nunca podrían aceptarla como una madre, ella cambió. Les hablaba fuerte. Les regañaba por cosas sin importancia y mostraba favoritismo entre los hijos de ella y los de Octavio. Su cambio se reflejaba más en ausencia de Octavio. Lotis miraba cómo ella se acercaba a sus hijas, las acariciaba, las besaba y les abrazaba. En ese momento el recuerdo de su madre la embargaba. Pensaba más en ella cuando veía a su padre en compañía de Victoria, acostados en la cama que una vez fuera de su madre.

Tuli por su parte, se había convertido en la víctima de Tomás, el hijo mayor de Victoria. Éste no perdía oportunidad para burlarse de Tuli a espaldas de Octavio. Le amenazaba con que si decía algo le pegaría en la noche. Junto con sus amigos, le llamaban a Tuli "el patito." Por otra parte, las niñas menores, por ser las más pequeñas, tenían todas las atenciones de Victoria y todos los privilegios. Ninguna hacía faenas domésticas. Todas las faenas les fueron puestas en los hombros de Lotis y Mercedita.

 Un verano, la familia fue a la playa, Victoria sufrió un accidente. Su pierna se le fracturó con un oleaje mientras estaba sentada en la orilla de la playa. A partir de ese momento Octavio le encargó la tarea a Lotis de cargar agua al cuarto y bañar a Victoria, quien a juzgar por su tamaño parecía que se trataba de tres mujeres en una.

Pasó el tiempo, y una mañana, Lotis y Tuli decidieron escapar de su verdugo. Por varios días planificaron su fuga. Decidieron escapar un domingo después de la misa. Ese domingo Octavio y Victoria decidieron quedarse en la casa y enviar a los niños con unos vecinos a la iglesia. A mitad del servicio Lotis pidió permiso para ir al baño. Minutos más tarde Tuli le alcanzó. Corrieron y corrieron muy lejos. Confundidos por la cantidad de automóviles continuaron por toda la orilla de la gran autopista.

Tuli le preguntaba a Lotis: -¿Cuándo vamos a llegar a la casa de mi mami? ¿Falta mucho?

-No, no falta mucho –le contestaba Lotis, pero en realidad no tenía ni la más mínima idea de dónde se encontraban. Recordaba el cuadro del Ángel de la Guarda y pedía mentalmente que pronto pudieran reunirse con su madre. Caminaba y recogía papeles que se encontraba en su camino. Se detenía y los leía como buscando las instrucciones para llegar a la casa de Camelia. Entonces hacían planes de lo que harían en cuanto llegaran al lado de su madre.

-Sé que estás *cansao*. Pero no te preocupes que en cuanto lleguemos, descansaremos y después iremos a jugar a las maestras y a los estudiantes. Yo seré la maestra y tú serás el estudiante –decía Lotis muy entusiasmada.

Después de caminar poco más de medio día, llegaron al centro de Bayamón. Todo les parecía muy familiar. De repente una mujer se bajó de un autobús y se les acercó.

-¿A dónde creen que van? Ustedes son los nenes de Octavio. Sé que su papá debe estar preocupadísimo por ustedes y a esta hora la policía los ha de estar buscando –continuaba la mujer.

Tuli y Lotis comenzaron a llorar. La mujer continuaba hablando mientras miraba a lo lejos como buscando a alguien.

-Sé que ustedes tienen familia en ese residencial. Sé que sus primos venden bizcochos en la avenida -entonces comenzó a hacerles señas a unos jóvenes que se encontraban en el medio de la calle anunciando su mercancía.

-Señor, lleve el sabroso budín, calientito pa'l postre de la comí'a –gritaban los jóvenes.

-Joven, venga aquí. Fíjese que me encontré estos niños a una cuadra de aquí –le dijo la mujer.

-Estos son los nenes de tío Octavio -soltó los budines, los agarró de la mano y se dispuso a llevarlos a la casa de su madre, Celestina.

Allí quedaron Lotis y Tuli con sus sueños y esperanzas hechas pedazos. Horas después llegaban a la casa de Octavio. Había gran conmoción en el Fondo del Saco. Todos se preguntaban dónde estaban los nenes de Octavio. Octavio se llenó de alegría cuando vio a su hermana bajarse del auto con Lotis y Tuli. Una mezcla de sentimientos invadió su cuerpo. Aquel día Lotis y Tuli conocieron la furia implacable de Octavio. Les agarró con el cinturón y descargó una lluvia de golpes en sus pequeñas espaldas. Luego les hincó en un guayo hasta que sus rodillas se desangraban. El dolor, el hambre, los rindió. Sus cuerpos se desplomaron por el cansancio y el dolor que ya no sentían.

Pasaba el tiempo. Lotis procuraba pasar todo su tiempo al lado de su padre. Lotis admiraba a su padre. Era su ídolo. Los ratos más felices los pasó al lado de su padre. Una vez a la semana le ayudaba a distribuir los billetes de su agencia de lotería. En otras ocasiones, ayudaba a su padre a separar el cobre del hierro, faenas que desempeñaba Octavio para suplementar el sueldo que ganaba como guardia de seguridad. Le esperaba todas las tardes, y después de hacer sus tareas escolares y domésticas, se sentaba con él en el balcón. Allí le acariciaba su cabello y le sacaba sus canas que ya se asomaban en aquel pelo azabache. Octavio era un verdadero galán de telenovela. Tenía pelo lacio, tez morena y ojos verdes. Era un hombre trabajador. Siempre estuvo dispuesto a defender lo que amaba aunque le costara la vida. Una tarde cuando Lotis se encontraba sacándole las canas, ella le miró llena de curiosidad y le preguntó:

-Papito, ¿por qué tienes esa cicatriz en tu cabeza y en tu brazo?

Octavio decidió contarle la historia de sus heridas.

-¡Ay mi'jita! Esto me sucedió hace algunos años cuando apenas comenzaba a vivir con Victoria. Una tarde salí del trabajo y me dirigí a mi casa. Cuando entré, escuché a un hombre que me llamaba con gran enojo desde el portal de su casa. Me dijo: Octavio, Octavio, saca a tu mujer pa' fuera que te la voy a matar pa' que aprenda a respetar a mi vieja. Yo me sorprendí ante aquellas amenazas, y aunque estaba ajeno a los acontecimientos que habían propiciado ese percance, me dispuse a dar la cara por mi mujer. Así pues le contesté: Por mi mujer respondo yo y lo que tengas que arreglar con ella arréglalo conmigo. Entonces me dispuse a enfrentarlo sin percatarme que el hombre tenía un machete en sus manos. Intenté quitárselo pero el hombre me acechó el primer machetazo en la cabeza, rajándome el cráneo en dos. Herido como estaba, seguí forcejeando con el hombre, tratando de quitarle el machete. La sangre que brotaba de mi cabeza me segaba. Aprovechando mi ceguera mi atacante me dio un segundo machetazo en el brazo izquierdo, dejándome el brazo colgando de un tendón. Afortunadamente, Victoria se le lanzó por la espalda al individuo y logró contenerlo. En ese momento los vecinos se aprovecharon y lo desalmaron. Con un brazo colgando y todo ensangrentado, le agarré el machete para defenderme. Al verse desarmado, el hombre salió corriendo y nunca más se supo de su paradero."

Lotis estaba sorprendida por la narración que había escuchado.

-¿Por qué el hombre te atacó?

Octavio contestó: Porque unas horas antes de yo llegar del trabajo, Victoria se había metido a la casa de la mamá del hombre y le había dado una pela.

-¿Por qué le dio una pela a la señora?

-Porque el nieto de la señora tiró por la ventana una cáscara de guineo que cayó en el plato de comida de uno de los nenes de Victoria.

-Válgame Dios. Y por eso casi pierdes la vida. Increíble. Bueno lo importante es que estás bien. Y me alegro de que estés aquí conmigo, mi papito chulo.

A pesar de las cicatrices y del impedimento físico que tenía en uno de sus brazos, trabajaba día a día para proveer para su nueva familia. Vendía billetes de la lotería, cambiaba chinas por botellas, pelaba cobre para venderlo y trabajaba como guardia de seguridad. Lotis y Octavio compartían muchos ratos juntos. Trabajaban juntos pelando cobre. Contaban los billetes y los dividían. Aunque Octavio había llegado hasta el tercer grado, era muy bueno en las matemáticas. Después de repartir los billetes se iban hasta la cocina a compartir el traguito de café que tomaban diariamente del termo que se encontraba encima de la mesa. La presencia de su padre la llenaba de felicidad y seguridad.

Mientras estaban sentados en el balcón vieron que un auto se acercaba. Octavio lo reconoció. Era Celestina con sus tres hijos. Se bajó del carro y corrió hacia Octavio angustiada con los ojos hinchados por el llanto.

-¡Ay mi hermanito de mi alma, nos lo mataron, nos lo mataron! –repetía una y otra vez ahogada en un mar de lágrimas.

Toda la familia se arremolinó alrededor de Celestina.

Octavio desesperado preguntó, ¿A quién mataron?

-A papá. Lo mataron anoche –contestó Celestina.

Octavio se atacó a gritar y a llorar abrazado a su hermana. Lotis, al ver a su papito tan desvalido, corrió hacia él y se abrazo de la cintura llorando y buscando consuelo. Toda la familia sintió mucho la muerte del abuelo. Al rato se tranquilizaron y hablaron de los detalles de aquella trágica muerte.

-¿Cómo sucedió? –indagó Octavio.

-Pues tú sabes que papá bebía. Él estaba alcohólico. Anoche se fue a este cafetín y estuvo bebiendo hasta muy tarde. Según los comentarios, el dueño del lugar le pidió que se marchara porque iba a cerrar el negocio. Papá estaba bien borracho y no quería marcharse. Entre el dueño del local y otro cliente, lo arrastraron hasta fuera del negocio y allí le dejaron. Esta mañana lo encontraron con un golpe en la cabeza. Dicen que unos maleantes lo asaltaron por unas monedas que llevaba en el bolsillo –concluyó Celestina.

-Aquí no hay justicia. Qué daño le podía hacer el viejo a nadie. Él bebía con su dinero. Nunca le pidió dinero a nadie para beber. Pero yo tengo esperanza en Dios, porque aquí lo que se hace, aquí se paga –dijo Octavio.

Tres días más tarde el abuelo recibía cristiana sepultura. Lotis siempre lo recordaría como el abuelo que hacía el mejor dulce de coco, el que meneaba las orejas y masticaba tabaco.

La rutina en la casa de Octavio continuó como de costumbre. Una tarde Octavio le anunció a la familia que Iris vendría a vivir con ellos. Las caritas de Lotis y Tuli se iluminaron de felicidad. Habían transcurrido dos años desde que Tuli y Lotis habían llegado a vivir con Victoria y su familia. La llegada de Iris representaba nuevos cambios en la familia. Se comentaba que la tía Tata había decidido enviar a Iris con Octavio porque Iris había entrado en la adolescencia y se estaba comenzando a fijar en los chicos. Enseguida que llegó, Victoria se encargó de asignarles sus tareas.

-Vas a lavar la ropa de toda la familia a mano. Tu hermana lava toda la ropa interior de las niñas de una semana. También vas a planchar los uniformes escolares de todos. Tu hermana y Mercedes van a fregar los trastes de la cena y trapear la casa los fines de semana. Ellas también tienden las camas. Lotis y Tuli sacarán los orines que se acumulen durante la noche y limpiarán las escupideras. Yo me encargo de preparar las comidas –concluyó.

A la ausencia de Octavio, los insultos y abusos no cesaban en contra de los tres recogidos. La llegada de Iris no cambió la situación. Iris se convirtió en la protectora de Tuli y Lotis. Victoria aprovechaba cualquier ocasión para hablarles mal de Camelia. Exigía que le llamaran mamá. Le reprochaba a Octavio cuando éste llevaba a los niños a ver a Camelia. Iris se quejaba de la situación con Octavio, pero nada sucedía. Las mejores prendas de vestir eran para los hijos de Victoria.

Un día de las madres, Lotis fue a visitar a su madre. Camelia le regaló unas hermosas diademas para su cabello. Al cabo de unos días, Lotis vio a la menor de las hijas de Victoria luciendo una de sus diademas. Lotis fue a su padre y le dijo que Lucía había tomado sus diademas sin su consentimiento. Octavio le dijo: Lotis, tú tienes que compartir tus cosas con tus hermanas. Lotis aceptó. Habían transcurrido dos semanas desde aquel incidente, cuando Lotis se amarró el cabello con unas cintas que pertenecían a Lucía. La niña fue llorando a su madre y le pidió que le quitara las cintas a Lotis. Como de costumbre, Octavio se encontraba sentado en el balcón con Lotis sacándole las canas. Lotis le recordó a su padre el incidente de las diademas y le explicó que ella había tomado prestadas las cintas que adornaban sus cabellos. Victoria se acercó a Lotis y de un tirón le arrancó las cintas del cabello. Octavio reaccionó cruzándole la cara con una cachetada a la vez que decía: Todos prietos o todos blancos. Estos son mis hijos, y si tú tienes preferencias entre los tuyos y los míos, pues entonces está relación no tiene sentido.

Empacó sus cosas y se marchó con Tuli, Iris y Lotis. Llegó a la casa de Camelia.

Res. Juana Matos

Parque Perucho Cepeda

Laguna La Mano

Lucha por la supervivencia

13

Sabes mejor que nadie que me fallaste,
que lo que prometiste se te olvidó...
lleno estoy de razones para despreciarte
más sin embargo quiero que seas feliz,
que allá en el otro mundo en vez de infierno
encuentres gloria...

HACÍA UN PAR DE MESES que Camelia se había instalado en su nuevo apartamento. Debido a las condiciones tan precarias en que vivía y a la falta de servicio sanitario, había sido una de las primeras familias en ser trasladada al nuevo residencial. Ella tuvo el privilegio de escoger su apartamento entre mil apartamentos destinados a familias de bajos recursos. Junto con su apartamento, le hicieron entrega de una compra de cien dólares. Camelia estaba feliz. Tenía un apartamento de tres dormitorios, sala, cocina, comedor y un baño con excusado y bañera. Estaba ubicado en una de las mejores áreas del residencial. Allí no les faltaría nada. Tenían una cancha, el Parque Perucho Cepeda y la escuela elemental e intermedia a media cuadra. Los demás edificios estaban desocupados. Todos los días mudaban algunas familias del Barrio Juana Matos. Jacinto tenía siete años y todavía no comenzaba la escuela primaria. Había aprendido a cocinar para alimentar a sus hermanitos. Todos los días tocaba una que otra puerta pidiendo un pote de salsa, una taza de arroz en otra, una tacita de azúcar en la otra, y así colectaba los ingredientes que necesitaba para darles de comer a sus hermanitos. Camila seguía trabajando en las casas de familia. Jacinto le había tomado un gran amor al cuidado del hogar y a las tareas domésticas. Debido a eso, los chicos del barrio le apodaban "el afeminado". Narciso, de apenas cuatro años, pasaba la mayor parte del día correteando al frente de los edificios. Aquella tarde cuando tocaron la puerta, Camelia cargaba en sus brazos a Violeta. La colocó en su cuna y se dispuso a atender a los recién llegados. Jacinto había alcanzado a ver a su padre y a sus hermanos y ni corto ni perezoso se dirigió a su encuentro. Una gran conmoción inundó el apartamento. Entre risas, besos, y lágrimas, los hermanos se abrazaron. Jacinto le preguntó a Tuli: ¿Te vas a quedar conmigo? -momento que Octavio aprovechó para informarle a Camelia de sus intenciones.

-Camelia, tienes que quedarte con los niños. No tengo sitio para quedarme. Estoy en la calle y pienso que ellos estarán mejor contigo. Yo te prometo que el sustento no les va a faltar. Todos los sábados les voy a traer la manutención –concluyó Octavio.

Camelia aceptó. Después de todo extrañaba a sus hijos. Octavio se despidió de sus hijos y se marchó. Camelia le dio la habitación del centro a Iris y a Lotis. Iris era ya una señorita y podía compartir su habitación con Lotis que ya estaba próxima a la adolescencia. Tuli, Jacinto y Narciso ocuparían la segunda habitación. Camelia tenía la cuna de Violeta en su dormitorio. Vivía sola con sus hijos porque el Feo se había marchado a los Estados Unidos hacía algunos meses después de reconocerle a Violeta.

Octavio comenzó a visitar a los niños los fines de semana. Camelia seguía trabajando en las casas de familia durante la semana, regresaba ya entrada la noche cargada de víveres y de ropa ligeramente usada para los niños. Iris cuidaba la bebé. Lotis, Tuli, Jacinto y Narciso tomaban su vaso de leche y salían a la placita a jugar con los otros niños del residencial. Pasaban las nueve de la noche cuando escuchaban la voz de Camelia quien les llamaba para que regresaran al apartamento. Subían, se bañaban y se acostaban. Siempre la misma rutina. Los sábados eran diferentes. El lugar se llenaba de gritos y algarabías. Cada apartamento vomitaba música por los balcones. Aquí el merengue. Allá las baladas y los boleros. Los jóvenes en las esquinas escuchando la salsa, la guagua de helados con las campanitas llamando a los niños. Por el frente de cada edificio, desfilaban el vendedor de aguacates, el piragüero y hasta el árabe anunciando sus colchas. Todos los sábados a eso de las once de la mañana se escuchaba el vendedor de la guagüita, anunciando comestibles por el altoparlante.

-Mire, doñita, acérquese. Llevo el aguacate, el plátano verde, los guineos verdes y maduros, y los huevos del país, aquí en la guagüita –anunciaba el vendedor de comestibles.

Los niños reconocían claramente aquella voz. Corrían a su encuentro al mismo tiempo que gritaban: Maaá., pa' está aquí. Camelia salía bien arregladita a esperarlo en la calle. Allí, Octavio le daba el dinero para los gastos de la semana y le pedía que escogiera lo que necesitaba de la guagua. Luego, abrazaba a Iris, Lotis, Tuli, Jacinto, Narciso y Violeta, y le colocaba un dólar a cada uno de ellos en sus manos. Todos eran iguales. Como siempre no existían diferencias. Se montaba en su guagua y se alejaba anunciando sus productos. En la distancia, la voz se iba apagando.

Un sábado se alteró la rutina sabatina. Octavio acababa de retirarse y Camelia se disponía a emprender su camino de regreso a su apartamento con los víveres. Los chicos caminaban a su lado. Parecía una gallina rodeada de sus pollitos. De pronto se detuvo un Impala.

-Tía, tía Camelia –escuchó la voz de su sobrino Roberto.

Se detuvo. Volteó. Dos hombres se acercaban. Allí quedó paralizada. Un río de emociones invadió su cuerpo. No podía hablar. Perdió fuerzas en sus manos. Los víveres se le cayeron al suelo. Sintió que las piernas no le sostenían. El corazón brincaba agitado en su pecho. Los ojos se le nublaron con el llanto. No hubo necesidad de decir nada. Allí estaba Juan David, su niño, hecho hombre. ¿Cómo olvidar esa mirada en los ojos de su hijo? Se abrazaron. Las lágrimas rodaban por sus mejillas. Lotis, Jacinto, Narciso, Tuli, Victoria e Iris se miraban desconcertados pero no preguntaban. Después de un silencio largo, Camelia les dijo: Él es su hermano mayor, Juan David. Recogieron los víveres y caminaron abrazados. No hubo reclamos. Parecía que el tiempo no hubiera transcurrido. Después entabló una conversación con él como si lo hubiera dejado de ver hacía apenas unos días.

-¿Cómo están tus abuelos? –preguntó Camelia.

-Están bien.

-¿Cómo diste conmigo?

-Tía, sucedió por casualidad –intervino Roberto.

-Anoche yo andaba por el centro de la isla, específicamente por el pueblo de Orocovis. A mi carro se le reventó una llanta al frente de un cafetín. Juan David se encontraba en ese lugar. Me ofreció ayuda. Le obsequié un par de Coronas. Me convidó a echar una partida de dómino. Había algo en él que me recordaba a alguien. Sus ojos, su mirada, me parecían familiares, pero no podía ubicarlos. En más de una ocasión le mencioné que se me parecía a alguien que yo conocía pero que no recordaba a quien. Entre Coronas, capicús y chuchazos me habló de sus abuelos. Me contó que su padre vivía en los Estados Unidos y que se había criado con sus abuelos porque su madre había fallecido. En un momento dado le pregunté el nombre de su madre: Amelia, me dijo. Y fue en ese momento que supe quien era. Tía, mi padre en una ocasión me contó del niño que usted tuvo y que dejó con sus abuelos. También me explicó el por qué usted se cambio el nombre de Amelia a Camelia.

En aquel momento un silencio invadió el comedor donde compartían café. No hubo más preguntas. El silencio fue violado por Juan David.

-Siempre pensé que no tenía más familia, sólo a mis abuelitos. El sólo pensar que están bien ancianos me deprimía. Y ahora sucede que no sólo mi mamá está viva, sino que también tengo seis hermanos, ¡wow! Todavía no lo puedo creer.

Camelia sólo le miraba. Terminaron el café. Roberto se levantó.

-Tía, tenemos que irnos. El viaje es largo.

No dijo nada. Juan David se levantó. La miró a los ojos. La abrazó y le dio un beso cálido al mismo tiempo que le dijo: Adiós, tía. Abrió la puerta y sin decir nada más desapareció con Roberto.

Nunca más se supo de Juan David.

Octavio continuaba frecuentando la casa de Camelia. Un domingo se apareció temprano y le pidió a Camelia que le vistiera a Tuli, Jacinto, Iris y a Lotis. Les iba a llevar a pasear por el Viejo San Juan. Tomaron la lancha hasta la capital. Iris, Lotis, Tuli y Jacinto estaban fascinados. Era la primera vez que cruzaban la bahía en lancha. Caminaron por las viejas callejuelas del Viejo San Juan. Llegaron hasta el Castillo del Morro. Luego visitaron el Castillo San Felipe. Llegaron al Parque de las Palomas. Alimentaron las palomas. Vieron a los pintores en la Plaza de Colón. Comieron churros, coquitos y perros calientes. Luego fueron a la Catedral a ver al Santo que le crecían las uñas y el pelo. Pasaron por la puerta de San Juan. De allí al puerto de las lanchas. Y de regreso a casa. Estaban divinamente exhaustos. Aquel viaje fue motivo de conversación por mucho tiempo en la casa.

A las pocas semanas de Tuli, Iris y Lotis mudarse con Camelia, sucedió un maremoto en La Perla. Muchas familias tuvieron que ser evacuadas. Ante dicha situación, las viviendas que estaban destinadas a familias de bajos recursos de Juana Matos, fueron otorgadas a todas las familias que habían quedado desamparadas en La Perla. De la noche a la mañana el residencial se vio invadido por familias necesitadas y por un grupo de maleantes. Llegaron delincuentes, drogadictos, prostitutas y gente del bajo mundo. La paz en el residencial se terminó.

Surgió una ola de asaltos. El alcalde puso un golpe de queda. Los residentes tenían que estar en sus respectivas viviendas a las nueve de la noche. Llovía la droga. Los drogadictos se reunían en las escaleras a calentar las cucharas y agujas para inyectarse. Algunos olían pega. Otros preferían el olor a gasolina. Las chicas de temprana edad se prostituían. La policía formaba parte de su clientela.

Iris comenzó a asistir a la escuela intermedia. Cursaba el séptimo grado. Era una chica muy bella y esbelta. Por aquel tiempo conoció y se enamoró perdidamente de un joven llamado Damián. Era un muchacho alto, forzudo, pelo rizado, largo y rubio. Había llegado con el grupo de refugiados de La Perla. Poco a poco se ganó el amor de Iris y la confianza de la familia. Mostraba un carácter fuerte. Iris quedó prendida desde el momento que le vio caminar por la acera con una badana atada alrededor de la frente. Lo que más le impresionaba era el silbido que lanzaba con sus labios para atraer la atención del vecindario. Damián utilizaba un lenguaje callejero, pero cuando estaba con su novia le hablaba dulcemente. En Damián, Iris encontró un hombre que le brindaba amor, apoyo, comprensión, pero sobre todo protección. Damián trabajaba en un puesto de gasolina y gastaba su sueldo en complacer a su novia. Le compraba lo que ella necesitaba para la escuela, uniformes y materiales. Juntos iban a los grandes almacenes de telas y compraban material para que Iris diseñara su ropa. Aprendió el arte de la costura cuando vivió con la tía Tata. Del material sobrante, le cosía hermosos conjuntos a Lotis. Así tuvieron tres años de noviazgo.

Mientras tanto, Octavio continuaba visitándolos. Fue en una de estas visitas que conoció a Damián. Éste aprovechó y le pidió permiso para visitar a Iris. Octavio se lo concedió.

Tuli y Jacinto se habían vuelto inseparables. Temprano en la mañana, después que Camelia salía para su trabajo, ambos desaparecían y no regresaban hasta las nueve de la noche cuando sabían que Camelia estaba a punto de llegar. Durante los veranos se iban para la playa a pescar cocolías o a tirarse a nadar desde la lancha de Cataño. Otras veces se iban al vertedero a recoger comida. A menudo frecuentaban una laguna llamada La Mano. Allí pasaban horas nadando. Salían de La Mano y tomaban la autopista de Cataño a Buchanan a pie, y con un carrito de compras. Iban a recoger *mangós* y cocos para venderlos en el caserío.

Camelia siempre le decía a Tuli: Tú eres el más grande y por lo tanto serás responsable si algo le pasa a Jacinto o a Narciso. Sentía una gran responsabilidad en sus hombros. Por eso siempre que tenía oportunidad se salía de la casa antes que sus otros dos hermanitos se percataran de sus planes de salida. En una ocasión, Jacinto, de ocho años y Narciso, de cinco, le siguieron hasta el pueblo. Tuli iba con otros amigos de su misma edad. Trataron de devolver a Narciso, pero éste se negó rotundamente. Temiendo que le sucediera algo por el camino de regreso, decidieron llevárselo con ellos. Aquel día habían decidido visitar el Castillo San Cristóbal en el Viejo San Juan. Tomaron la lancha y caminaron por las callejuelas de San Juan. Llegaron al Castillo San Cristóbal y decidieron caminar y correr por las inmensas murallas que protegían el fuerte. Abajo de la muralla se observaba un gran precipicio y el mar abierto que golpeaba fuertemente contra las gigantescas murallas de piedras. Corrían como gaviotas sin rumbo. Entre risas y juegos, Narciso resbaló y rodó precipicio abajo. Sus piernitas quedaron colgándole hacia afuera. Tuli se apresuró a socorrer a su hermano aún arriesgando su propia vida. Desde aquel susto, Tuli decidió separarse de Jacinto y de Narciso. Contaba con un grupo de amigos que tenían sus mismos ideales. Muchachos sanos, libres de drogas, formaban una ganga para protegerse de las otras pandillas que existían en el residencial.

Para la época navideña se iban a cantar y a tocar aguinaldos en la lancha de Cataño a San Juan. A los turistas les complacía ver aquel grupo de jóvenes despeinados y desarreglados, tocando para ganarse unos centavos. Al final de la jornada se repartían las monedas en partes iguales y cada cual para su casa. Así transcurría el tiempo. Una tarde, cuando Tuli se encontraba jugando pelota en el Parque Perucho Cepeda con sus amigos, le fueron a buscar.

-Tuli, tienes que venir conmigo al mangle. Tu hermanito, Jacinto, está oliendo pega –le dijo su amigo.

Tuli corrió desesperado. Llegó al mangle y encontró a Jacinto inconsciente, botando saliva por la boca. Le abofeteó repetidas veces con mucha angustia.

-¡Jacinto, despierta por favor, tú no te puedes morir! –repetía una y otra vez con lágrimas en los ojos. Al cabo de un rato Jacinto reaccionó. Apoyado del hombro de Tuli salieron del mangle y se dirigieron a la casa. Después de aquel incidente, Jacinto jamás volvió a oler pega. En varias ocasiones trató la marihuana alentado por sus amigos, hasta que Tuli lo supo y le convenció de que se apartara de aquellas amistades. Durante los meses escolares la rutina era distinta. A Tuli le encantaba la escuela. Era un chico muy sobresaliente y pasaba las materias sin mayor esfuerzo. Lo más que le gustaba del año escolar eran las comidas suculentas que ofrecía el comedor escolar. Tuli, Lotis y Jacinto eran los primeros en la fila del comedor para la hora del desayuno y del almuerzo. A veces les permitían repetir. Mientras que Tuli y Lotis avanzaban en el grado, Jacinto nunca terminaba el semestre. Los constantes ataques asmáticos lo mantenía la mayor parte del tiempo fuera de la escuela. En casa se quedaba cuidando a sus hermanos más pequeños y preparándoles los alimentos. A veces Camelia le llamaba con una voz muy dulce.

Aquel sábado Camelia había decidido no ir a trabajar. Tenía que hacer algunas diligencias.

-Jacinto, cariño, ven y dime si este traje combina con esta cartera y estos zapatos. ¿Cuál crees tú que me queda mejor, este traje o aquel?

Jacinto se había convertido en todo un experto en prendas femeninas y tareas domésticas. Disfrutaba al ver a su madre en aquellos hermosos vestidos que usaba para irse a trabajar limpiando casas. A pesar de los años y de los sufrimientos, aún se conservaba muy bella y esbelta. Parecía una estrella de cine. Esto le traía problemas con las vecinas, quienes constantemente celaban a sus maridos de Camelia. No faltó ocasión en la que Camelia se tuvo que enredar a pelear con alguna de ellas a consecuencia de los constantes agravios.

-Este traje color fucsia se ve muy elegante y te combina perfectamente con estos zapatos y esta cartera. También necesitas este hermoso juego de pantallas, pulsera y collar que te va muy bien con todo mami –añadía Jacinto, al mismo tiempo que buscaba en el cofrecito de las prendas de fantasías el hermoso juego.

-Jacinto, ¿dónde están Narciso y la *patiflaca* de Violeta? Esos dos no paran la pata aquí en la casa. Desde temprano se levantan y cogen calle. Es necesario que estén aquí temprano, mira que el Feo viene esta noche.

-No sé, mami.

-Necesito que los llames. Asómate por el balcón y llámalos.

-Violetaaaa, Narcisooo, Violeta, Narciso . . . –llamaba Jacinto.

-¡Queeeé! –respondió Violeta desde el balcón vecino.

-Mami dice que vengas. -Dile a mami que ya voy. Estoy comiendo.

-¿Tú sabes dónde está Narciso? –preguntó por preguntar, pues él sabía que su hermanito menor debía de estar en el pueblo, en la playa, en el mangle o metido en la laguna.

-No, no lo vi –contestó Violeta y se alejó del balcón.

Violeta terminaba de echarse a la boca el último bocado cuando escuchó la voz serena de la buena señora.

-Violeta, tu mamá debe de estar preocupada por ti.

-No, mi mamá ya se fue. Hace un ratito la vi salir –respondió Violeta.

-De cualquier modo es muy peligroso que una niñita de tu edad ande por ahí solita. Hay muchos hombres malos –continuó la señora.

-Yo tengo sólo siete años y soy flaquita pero aquí onde usté me ve yo soy bien avispá como dice mi mami. Fíjese que yo me voy pa'l pueblo todos los días con mi amiguita, la nena que se le murió la mamá hace mucho.

-Sí. ¿Y a qué tú vas pa'l pueblo?

-Pues yo me meto en la Farmacia Sandín y en la Moscoso con mi amiga, y mientras ella roba yo velo.

-¡Ay!, Padre mío, muchachita. No sabes tú que si te cogen te llevan presa.

-No me llevan ná porque yo no robo, es mi amiga. Además, no es siempre. Algunas veces nos colamos en la lancha y nos vamos pa' la Playa de Peña Para.

-¿Peña qué?

-Peña Para. Es una playa que está al frente del Capitolio. Tiene unas olas grandes. Un día por poco me ahogo. Pero no me ahogué.

-Y tu mamá, ¿sabe que tú andas por allá tan lejos, muchachita?

-No. Ni lo quiera Dios. Será pa' que me mate. Y si mi papá se entera piol. Los otros días mi papá vino y me metió una pela que yo me meé encima. Habían meaos pol tos laos.

-Y, ¿por qué te dio tu papá?

-Polque él no me quiere abajo después que se hace de noche. Yo no sabía que él estaba en casa. Él no vive en casa pero viene de vez en cuando…chacho… men. Aquella noche yo pasé el susto de mi vida.

-Y él, ¿le da así a tu hermanito Narciso?

-No. Pa' mi mamá y pa' mi papá, Narciso es el preferido. To' lo que él quiere, ellos se lo dan. Especialmente mi mamá. Toda la comía se la come él. Por eso es que está tan *goldiflón*. Yo, no. Míreme usté. Yo ando por el vecindario pidiendo comida. El año pasao mi mamá me tuvo que llevar al hospital. El dotol le dijo a mi mamá que yo tenía un problema de malnutrido. Fíjese usté que flaquita estoy. Pero con to' y estar flaca no le tengo miedo a na'. Yo, me da coraje cuando algunas de mis amigas dicen que mi mamá está loca y yo les caigo arriba. A mí no me gusta que hablen mal de mi mamá.

-Y tienes razón, mi niña. Nadie debe hablar mal de tu mamá.

-Bueno, Doña Piedad, ya me voy. Gracias pol la comía. Nos vemos mañana.

-No hay de qué. Cuando quieras, pasa por aquí. Tú sabes que yo me entretengo con tus ocurrencias –sonrió Doña Piedad.

La puerta del apartamento permanecía sin seguro hasta las nueve de la noche. Cada cual entraba y salía. A las nueve de la noche la puerta se cerraba y el que estuviera afuera se quedaba afuera.

El día transcurrió como de costumbre. Iris había salido a pasear con Damián. Allá quedaron Tuli, Jacinto, Narciso, Lotis y Violeta, cada cual en su propio espacio, en su propio mundo.

Esc. Rafael Cordero

14

Jamás te olvidaré, te lo puedo jurar,
jamás me cansaré, por ti, de llorar
y hasta que llegue el fin, jamás te olvidaré . . .
Horas felices, que pasamos tú y yo . . .

LOTIS SE HABÍA CONVERTIDO en una hermosa señorita. Tenía el pelo negro, largo y rizado que le llegaba hasta las nalgas. Todos los chicos la miraban y la deseaban. Acababa de cumplir trece años. Tenía muchos pretendientes. Disfrutaba "dándoles el sí" aunque fuera por unas horas, para luego terminar con ellos. Nunca nada serio. Era muy querida en el caserío por los chicos más pequeños. Siempre jugaba a las maestras en las escaleras. Utilizaba las verdes paredes de las escaleras como pizarrón, cuando era posible. Eso era casi imposible, tenían que esperar a que las escaleras se desocuparan por los maleantes y drogadictos. También soñaba con convertirse algún día en una gran cantante. En las noches se reunía con sus amigos en la jardinera del edificio para cantar los éxitos de la vedette del momento, Iris Chacón, y de otros artistas. La gente se arremolinaba para verla cantar con tanta gracia y estilo.

Una tibia noche de primavera, mientras se encontraba sentada en el balcón del apartamento, sintió una mirada más cálida que la brisa que soplaba aquella noche. Volteó su cabeza y allí estaba el joven más guapo que había visto en su vida. Nunca antes le había visto. Se miraron fijamente por un rato. Su corazón, que estaba dormido, por primera vez comenzó a latir. Sentía un flujo de emociones y unas mariposas aleteando en el centro de su estómago. Temerosa de aquel desconocido viera en su mirada aquellas emociones y avergonzada, decidió retirarse del balcón. No durmió. A la mañana siguiente, se apresuró a repetir la experiencia de la noche anterior. Miró hacia el balcón del apartamento contiguo y allí estaba una vez más. Tenía tez blanca, ojos marrón claro. Su cabello era rizado y amarillo como el maíz y resplandecía con los rayos del sol. No había sido un sueño. Nuevamente sus miradas se buscaron. Desde el balcón, con un cartel escrito en la mano, él le preguntó: ¿Cómo te llamas?

Corrió y buscó una hoja de papel y un lápiz y escribió: LOTIS. ¿Y tú?

Respondió: Amado.

La comunicación se detuvo porque de pronto tres jovencitas del vecindario se aproximaron al balcón de Amado y le entablaron conversación. Lotis se molestó y se retiró. Sentía celos. Un sentimiento que nunca antes había experimentado.

Al caer la tarde, cuando Camelia regresó a la casa, tocaron la puerta. Eran Amado y su hermana.

-Doña Camelia, que dice mi mamá que si le puede fiar un cuartillo de leche hasta mañana –preguntó la nueva llegada.

-Y ¿quién es tu mamá? –preguntó Camelia.

-Ella se llama Luz y vive en el primer piso –contestó la muchacha.

Para ese entonces ya Amado se había acercado a Lotis. Tenía la mirada fija en ella, embelesado, sin articular palabras. Entonces Lotis preguntó por preguntar: ¿Quién es él?

-Oh, él es mi hermano. Vino de Nueva York hace dos días. Se llama Amado.

-Y ¿se va a quedar? –Lotis se atrevió a preguntar nuevamente, mientras Camelia les miraba con desconfianza. De pronto Amado alcanzó a ver un viejo órgano que Camelia había traído de una de las casas que limpiaba, y preguntó-, ¿Quién toca el órgano?

-Nadie –contestó Lotis.

-Ese órgano se lo traje yo a las nenas pero todavía no aprenden a tocarlo –añadió Camelia.

-Yo sé tocar el órgano. Si quieres yo te enseño –repitió Amado, al mismo tiempo que se dirigía a Lotis, ignorando por completo las palabras y miradas de Camelia. Se dirigió al órgano y comenzó a jugar con las teclas y a crear sonidos de simples canciones. Complacida con la demostración, Camelia le otorgó permiso para darle lecciones de órgano a Lotis. Luego le entregó el cuartillo de leche a la muchacha y le recordó que era muy importante recibir el pago al día siguiente porque el lechero no le dejaba la leche a ella si no tenía el dinero. Todos los días compraba de quince a veinte cuartillos porque en el caserío no había tiendas para comprar este producto de gran necesidad. Lo hacía más por la necesidad que por la ganancia, puesto que cada cuartillo dejaba sólo una ganancia de dos centavos.

Así comenzó una amistad entre los dos jovencitos que con el paso de los días se fue convirtiendo en un romance. Amado comenzó a frecuentar la casa de Lotis con el pretexto de darle lecciones de órgano. Le daba las lecciones y luego se sentaban en el balcón a hablar de sus sueños, su presente y su pasado. Al cabo de unas semanas, Camelia notó el interés tan especial de Amado por Lotis y le pidió a éste que no volviera a darle más lecciones. A espaldas de Camelia se hicieron novios. Se veían a diario en la escuela. En las tardes, Lotis se arreglaba y salía. Una noche de luna llena y estrellada recibió un papelito de Amado con unas cortas líneas. *Espérame en la placita de la segunda entrada.* Lotis tomó el papel en las manos y su cuerpo se estremeció. Invitó a su mejor amiga para que la acompañara. Caminaban despacio, mientras Amado y su hermana les seguían. Llegaron a la segunda entrada del residencial. Doblaron en la primera placita que vieron. Allí en los banquitos se sentaron la hermana de Amado y su mejor amiga, mientras Amado la tomaba de la mano con gran delicadeza y la llevaba hasta el rincón más oscuro del lugar. Había luna llena. Una fresca brisa movía los cabellos de Lotis y de Amado. La tomó entre sus brazos y le acarició la mejilla. Lotis se estremeció. Le levantó la barbilla y le besó tiernamente. Un beso tibio y profundo. A veces tierno y de momento apasionado. Era el primer beso de amor de Lotis. Su corazón galopaba en su pecho. Temblaba de emoción. Era un sentimiento deliciosamente placentero y totalmente inexplicable. Querían fundirse el uno con el otro. No hacían falta palabras. Desde aquel momento sintieron que sus vidas estaban entrelazadas. Él era de ella y ella era de él en cuerpo y alma. Todos sus amigos lo sabían. Las chicas la envidiaban. Los chicos la deseaban pero la respetaban. Amado cursaba el séptimo grado, mientras Lotis estaba en el sexto. Se reunían durante el recreo y a la hora del almuerzo. Y fue en una de estas ocasiones que tomaron una biblia y le pidieron a uno de sus amigos que oficiara una ceremonia de matrimonio. Allí frente a la escuela Rafael Cordero con una biblia en la mano y con dos testigos se juraron amor eterno.

-Amado, ¿aceptas a Lotis como tu legítima esposa? ¿Prometes cuidarla y respetarla y amarla aún más allá de la muerte?

-Sí. Acepto.

-Lotis, ¿aceptas a Amado como tu legítimo esposo? ¿Prometes cuidarlo y amarlo aun más allá de la muerte?

-Sí. Lo prometo.

-Entonces los declaro marido y mujer. Puedes besar a tu novia –concluyó la ceremonia.

Y se besaron con mucha pasión. Lágrimas de felicidad bajaban por el rostro de Lotis.

-¿Por qué lloras mi amor?

-Porque te amo. Siento tanto amor por ti en mi corazón que a veces pienso que se me va a derramar.

-Tranquila. Yo también te amo desde lo más profundo de mi alma.

Lentamente transcurría el tiempo. Durante una de las visitas de Octavio, Lotis le habló al padre de su novio.

-Papi, necesito hablar contigo. Sabes, hace poco más de dos meses llegó de los Estados Unidos un nene muy guapo. Él me estaba enseñando a tocar el órgano. Vive en el apartamento del primer piso. Se llama Amado y yo quiero que tú lo conozcas porque él quiere pedirte mi mano.

Octavio la escuchaba atentamente sin interrumpirle. Cuando Lotis terminó de hablar, le dijo, -Tienes un amiguito nuevo y él es muy importante para ti. Pues como no. Dile a tu amiguito que yo quiero conocerle.

Lotis corrió al balcón y le hizo señas a Amado para que viniera a su casa.

Allí en la salita estaban todos los hermanitos menores de Lotis descamisados, y Violeta aún sin peinar, como testigos de lo que iba a suceder. Camelia pendiente de la conversación no había intervenido.

Se escucharon unos leves toquecitos en la puerta. Lotis abrió. Le agarró de la mano y juntos se presentaron frente a Octavio. No se atrevieron a articular palabra.

Octavio miraba a Amado profundamente con sus ojos verdes pardo. De pronto quebró el silencio.

-Así que usted es el amiguito de mi hija.

Amado sólo movió la cabeza.

-Siéntese jovencito –le ordenó. Lotis y él se sentaron uno al lado del otro.

-Y dígame, ¿a qué se dedica usted?

-Yo estoy en la escuela.

-¡Ah! Eso está bueno. ¿En qué grado está?

-Séptimo.

-¿Qué hace durante su tiempo libre?

-Yo hago mis tareas. Hablo y juego con Lotis. Y los sábados me voy a las lanchas a brillar zapatos.

-Eso está muy bueno. ¿Y qué planes tiene pa'l futuro?

-Quiero terminar la escuela y casarme con Lotis.

-Bueno, dadas sus buenas intenciones, le voy a dar permiso pa' que visite a mi nena los sábados y los domingos de siete a ocho. Digo, eso si Camelia lo aprueba. No quiero que me trates a mi hija en la calle. ¿Estamos de acuerdo?

-Sí, señor –y diciendo esto, se estrecharon las manos para reafirmar el compromiso.

Camelia sólo asintió con la cabeza. Se despidieron. Ese sábado sería la primera visita formal de Amado. Amado cumplía al pie de la letra las condiciones de Octavio respecto al horario de visitas. No quería perder el privilegio que había ganado. Todos los fines de semana se veían. Pasaban esa hora muy abrazaditos, sentados en el balcón y rodeados por Jacinto, Tuli, Violeta y Narciso. Se veían durante los meses de clases, pero cuando llegaron las vacaciones de verano, la espera de los fines de semana se les hacía interminable. Su amor aumentaba día a día. Pintaban corazones en los muros. Cada uno escribía el nombre del otro mil veces y más por todos sus cuadernos. Amado siempre le traía una flor del jardín de su madrastra. Una noche le trajo un dibujo hecho en un pedazo de cartón. Eran dos corazones rojos atravesados por una flecha. *Amado y Lotis para siempre*. Le cantaba canciones al oído. Reían. Hacían planes.

Una tarde del mes de diciembre, Doña Luz se acercó hasta la casa de Camelia.

-Camelia, vengo a pedirte permiso para que dejes venir a Lotis con nosotros a un paseo familiar a la casa de mi hermana al campo. Van mis hijas, Amado, mi esposo y yo. Allí pasaremos la noche buena y regresaremos dos días después –le dijo Doña Luz a Camelia.

-Yo la dejo ir si usté me la cuida –respondió Camelia.

-Así será. Se lo prometo.

Salieron bien temprano de madrugada. Llegaron al campo de Vega Alta. Lotis y Amado se sentían inmensamente felices. Había muchos jóvenes. Pasaron parte de la noche compartiendo con la familia. A media noche, las chicas fueron destinadas a un cuarto y los muchachos se acomodaron en el piso de la sala entre cojines y almohadas. Fue una noche inolvidable.

Amaneció. A lo lejos se escuchaba el cantar de los gallos. El roció de la mañana se esparció por todo el llano y la montaña. Lotis, Amado y sus hermanas se dispusieron a recorrer el monte. Estuvieron toda la mañana caminando sin rumbo. Las hermanas se apartaron. Lotis y Amado se adentraron monte arriba. De pronto Amado sintió la necesidad de orinar.

-Lotis, por favor, espérame aquí que tengo que orinar-. Y se alejó. Al poco rato salió forzando con la cremallera del pantalón que se había atascado.

-No puedo subir este zipper.

-Déjame ayudarte-. Lotis se inclinó y se dio a la tarea de tratar de subirlo. Sus manos le sudaban y temblaban. El zipper no cedía. Decidió intentarlo con sus dientes. Por su mente atravesaron mil ideas. ¿Qué pensarían las hermanas de Amado si regresasen y la encontrasen en aquella delicada situación? ¿Qué explicación les daría? No lo sabía, pero sí sabía que tenía que ayudar a su amado. Finalmente el zipper cedió. Se abrazaron y besaron en el medio de aquel monte. Prosiguieron su camino. Al otro lado del monte se encontraron con un gran sembrado de piñas. A lo lejos divisaron una casita de madera. El olor a piñas se esparcía por todo el lugar. Llegaron a la casita de madera.

-Tíooo…, tío… -llamó Amado repetidas veces pero nadie contestó.

-Aquí no hay nadie –dijo Lotis.

-Debe de estar al otro lado del sembrado. Mi tío cosecha las piñas y las vende en el mercado.

-Amado, que lindo es este lugar. Y que olor más agradable. Y esta casita tan bonita. Parece una casita de muñecas. Me gustaría quedarme aquí para siempre.

-Si tú quieres nos quedamos mi cielo. Yo hablo con mi tío. Yo le ayudo a colectar las piñas. Y yo sé que él me pagaría bien y con eso te mantendría. Serías mi esposa en el medio de este llano. Tendríamos nuestros hijos y les enseñaríamos a trabajar el campo. ¿Qué te parece? Sólo dime que sí y yo lo arreglo todo.

-Todo suena muy bonito pero debemos de terminar la escuela. Además, no creo que tu tío nos permita quedarnos aquí. Somos apenas unos niños.

-Bueno, de todos modos soñar no cuesta nada. Algún día estaremos juntos para siempre. Vámonos que se hace tarde.

Y emprendieron el camino de regreso.

Aquella navidad fue también muy especial para Camelia y los niños. Octavio le había llevado el sustento de los chicos y había recibido algo de dinero del Feo. Hizo una gran compra. Preparó pasteles, pernil, y arroz con gandules. De postre preparó arroz con dulce y majarete.

No faltó el turrón ni el famoso Vino Cinzano de la época. Camelia nunca celebraba con fiestas. A partir de ese año siempre hubo cena de Navidad. En la despedida de año tenía la costumbre de tirar un cubo de agua por el balcón a las doce de la noche para que el Año Viejo se llevara todas las cosas malas. Luego se acostaba.

Pasaron las fiestas navideñas. Llegó la primavera. Octavio ya no venía a visitarlos como acostumbraba. Se había quedado sin trabajo. Había conocido a una señora y estaba ocupado con su nueva relación. Iris cursaba el noveno grado y tenía que prepararse para la graduación. Le pidió a Damián que le llevara a la casa de su padre a pedirle dinero para los gastos de graduación. Llegaron a la casa que ocupaba con su nueva esposa. Eran unas Villas. Había lujo por doquier. La señora era dueña de negocios.

-Papi, vengo a verte porque necesito que me des treinta dólares para los gastos de graduación –le dijo Iris.

-Yo lo siento mi hija, pero yo no tengo ese dinero ni tampoco me voy a ir a robar para dártelo. Estoy sin trabajo. Lo que voy a hacer es desaparecerme porque tu mamá nunca está satisfecha con lo poquito que yo le puedo dar. Siempre que puedo le llevo y la muy desgraciada nunca está contenta. Por culpa de ella, he caído preso más de setenta veces. En ocasiones me pone tres denuncias en un sólo día. Me arrestan en Bayamón, luego en Guaynabo y más tarde en Cataño. Yo no sé cómo ella lo hace, pero la cuestión es que ya mi hermana, Celestina, está cansada de estarme fiando. Camelia lo que tiene es un abuso conmigo y yo se lo voy a acabar. Así es que mi hijita, dale mi mensaje. De mí no va a coger ni un centavo más. Ve con Dios hija mía-. Y le dio un beso.

Iris no paraba de llorar. ¡Qué decepción! Se sentía humillada. ¿Cómo era posible que su padre le hiciera esto? Damián le consolaba.

-No llores mi reina. Yo te prometo que mientras yo viva, a ti nada te va a faltar. Olvídate de tu padre. Tú no lo necesitas. Tú me tienes a mí.

Iris no se graduó. Le faltaban tres meses para recibir su diploma de noveno y decidió salirse de la escuela. Pensaba: "Para que voy a seguir estudiando si no voy a tener quien me compre los materiales y uniformes que necesito para la escuela". Además, Camelia se pasaba discutiendo con ella constantemente. Después de tres años de noviazgo, y sin más aspiraciones, un día decidió fugarse con Damián. Éste se la llevó para La Perla a vivir en la casa de un hermano. Allí estuvieron por una semana. Esperaba que su madre la buscara. No sucedió. Después de la semana regresaron a la casa de Camelia. Camelia la tomó de la mano, la llevó a la corte y la casó con Damián.

Octavio desapareció.

15

Como no voy a llorar
cada vez que estoy cantando,
si es que vivo recordando
que no lo puedo abrazar...

PASARON MUCHOS SÁBADOS y cada día las esperanzas de volver a ver a Octavio se hacían más remotas. ¿Qué habría sucedido con él?, se preguntaba Lotis diariamente. ¿Dónde estás papito lindo? ¿Por qué te fuiste y me dejaste? Había caído en una depresión. Pasaba los sábados encerrada en su cuarto, llorando, cantando y escuchando el mismo disco una y otra vez. Su voz sonaba desgarradora mientras cantaba las mismas líneas bañada en lágrimas.

Estoy triste y desolada, casi huérfana sin él, pues mi papito se fue a la guerra despiadada...

Señor Dios del Gran Poder, escucha mi petición. Es mi humilde imploración para que pueda volver...

A veces se quedaba dormida. Otras veces se le acababan las lágrimas y ya de muy tarde salía del cuarto y se marchaba. Caminaba hacia el pueblo. Cruzaba las estrechas callejuelas del pueblo y se dirigía hasta la barriada Amelia. Allí llegaba a la casa de la tía Tata en la calle Jerusalén.

-Tía Tata, ¿ha visto usté a mi padre? Dígame por favor si ha sabido algo de él.

-¡Ay! mi'jita, lo siento, pero yo no sé nada del compay Octavio. Hace meses que no sé de él. Vete pa' tu casa que si yo sé algo yo te lo dejo sabel.

Y volvía a emprender el viaje de regreso sin noticias de su padre. Todos los sábados se repetía lo mismo. Al cabo de seis meses, la tía se compadeció de ella y le entregó un sobre con la dirección de Octavio.

-Mira mi'jita, yo sé que tú estás sufriendo mucho pol tu papá. Tu papá se tuvo que dil polque tu mamá lo volvió a denuncial y lo iban a metel preso. Tú sabes que tu papá es un hombre incapacitao. Tú sabes que él no está en condiciones de trabajar. Sin embargo, cuanto pesito él cogía aunque fuera vendiendo latas, recogiendo cobre o pelando chinas, él se encargaba de proveerles. Poco que mucho pero siempre trataba. Ahora él está muy lejos. El se fue pa' los Estados Unidos. Yo no quiero ver a mi hermanito sufriendo más por culpa de tu mamá. Así que te voy a pedir de favor. Tú le puedes escribil. Él mandó razón que te diera la dirección. Escríbele, pero por favor guarda la dirección bien pa' que tu mamá no la encuentre polque si ella la encuentra le va a ser mucho daño a tu papá.

-Gracias tía. Yo le prometo que ella no se va a enterar de esta dirección. ¡Bendición! Adiós.

Iba feliz. Camelia la vio entrar saltando de la alegría y le preguntó-: Y a ti, ¿qué mosca te picó? ¿Ya sabes del paradero de ese desgraciao? ¿Qué traes ahí? –le interrogó a la misma vez que trataba de arrebatarle el sobre.

-Nada –respondió Lotis.

Corrió a refugiarse a su cuarto y lo escondió. Pasó gran parte de la noche escribiendo una cartita a su padre hasta que el sueño la venció. Al día siguiente buscó el sobre con la dirección y no lo encontró. Al poco tiempo se enteró que Octavio había sido arrestado en Nueva York y llevado ante la corte de familia. El juez lo dejó en libertad y lo exoneró de la deuda que tenía, debido a su incapacidad para trabajar.

Atardecer desde la bahía

16

Amores como el nuestro quedan ya muy pocos,
en los muros casi nadie pinta corazones,
ya nadie se promete más allá del tiempo,
las lágrimas que caen sobre mis canciones,
como Romeo y Julieta, lo nuestro es algo eterno . . .

NO HUBO MÁS NOTICIAS de Octavio. Damián le rentó una casita a Iris en Juana Matos. Lotis se aferró más a Amado. Se la pasaban juntos para todos los lugares. No querían separarse ni un instante. Amado vivía con su padre y su madrasta. Tenía dos hermanastras y un hermano menor. Su madre había muerto cuando él era pequeño y un tío en Nueva York se había encargado de él, hasta que regresó a vivir con su padre a Puerto Rico.

En el caserío las drogas continuaban ganando campo. Cada día más y más adolescentes caían en el vicio. La mayoría de los jóvenes portaban armas ilegales.

El Feo se había marchado a los Estados Unidos y los vecinos de Camelia se pasaban agrediéndola y faltándole al respeto. Le apodaban *Camelia, la loca*. Camelia se levantaba peleando sola y se acostaba peleando sola. A veces se encerraba en su cuarto y comenzaba a gritar y a llamar a su difunta madre para que se la llevara con ella. Lotis sufría mucho. Mandaba a sus hermanitos a jugar afuera y se que-daba con su mamá. No entendía lo que le sucedía. Solamente sabía que era su deber consolarla.

Se le acercaba y acariciaba su frente y le decía: Mamita, ya no llores más, por favor. Yo te quiero. Tú no te puedes ir con tu mamá porque Violeta, Narciso, Tuli y yo te queremos y te necesitamos.

Al rato se quedaba dormida. Exhausta por el llanto. Horas más tarde se levantaba y continuaba con su rutina cotidiana. Algunos días se levantaba bien contenta. Comenzaba a cantar canciones de juventud. Otras veces ponía el tocadiscos. Tenía una colección de discos con baladas despectivas en contra de los hombres. Su voz era hermosa cuando entonaba las canciones. Lotis la escuchaba con atención tratando de aprenderse la lírica de las canciones. De ella heredó el gusto por la música. Los vecinos cerraban sus puertas para no escuchar la música que Camelia ponía. En más de una ocasión hubo peleas y discusiones con los vecinos Amado ya no iba a visitar a Lotis porque sentía temor de los arranques violentos y repentinos de Camelia. La pareja de enamorados aprovechaba cualquier momento para verse. Una tarde se fueron al cine del pueblo. Amado conocía al portero y él les permitía pasar sin cobrarle. Aquella tarde Lotis se veía nerviosa y preocupada.

-¿Qué te sucede mi amor? –preguntó Amado con un tono de voz dulce y preocupado.

-No te he querido decir nada pero anoche dormí en las escaleras del edificio-. Amado no podía creer lo que había escuchado.

-¿Qué dices? ¿Pero cómo? ¿Por qué?

-Anoche después de despedirnos, me fui a mi casa. Por primera vez la puerta tenía el seguro. No abría. Toqué la puerta repetidas veces pero nadie respondió. Después de un rato me subí al pasillo del tercer piso y allí me quedé dormida. Esta mañana sentí la puerta que se abría. Era mi madre que se iba a trabajar. La vi bajar. Luego me fui a mi casa. Todos mis hermanos estaban despiertos. Le pregunté a Tuli que si él sabía que yo estaba afuera la noche anterior. Él me contestó que había escuchado los toquecitos y mi voz la noche anterior pero que mami evitó que él abriera la puerta.

-Oh, mi amor, cuánto temor debes haberte sentido sola. En esas frías escaleras. ¿Cómo es posible que tu mamá se comporte así contigo y con tus hermanos? No te preocupes, mi reina, que yo estoy aquí para protegerte. No permitiré que nada malo te pase. Iré contigo donde quiera que tú vayas y estaré contigo donde quiera que tú estés. Lotis, nunca dejaré de amarte, al fin y al cabo nuestro amor ha sido bendecido por Dios. Escapémonos.

-No podemos. Sólo tenemos trece años y tus padres no lo permitirían. Tenemos que estudiar.

-De acuerdo, pero de hoy en adelante tu suerte será mi suerte. Si tu mamá te deja afuera, yo me quedaré contigo.

-Gracias mi amor. ¡No sabes cuánto te amo!-. Amado la abrazó fuertemente y quiso borrar con un tibio beso el dolor amargo que le producía recordar los acontecimientos recientes. En sus brazos se sintió segura y supo que no tenía nada que temer. Aquella noche se despidió de Amado y regresó a la casa. Camelia estaba en su cuarto con el Feo, quien había llegado de los Estados Unidos ese día. Lotis sabía de antemano que por las próximas semanas habría comida en abundancia. Camelia evitaría a toda costa las discusiones con los vecinos o con los hijos. Ella sabía que cuando el Feo llegaba a la casa quería disfrutar de un ambiente de paz y tranquilidad. Por eso al cabo de un mes, el Feo sacaba los pasajes y se regresaba para los Estados Unidos. Llevaban en ese tipo de relación casi diez años. Camelia no se atrevía meterse con otro hombre. Sabía que eso le podría traer la muerte. El Feo no era hombre que estuviera dispuesto a compartir su mujer. Entre ida y vuelta, la había embarazado dos veces. También le había advertido que no quería más hijos. Camelia tomaba las precauciones necesarias para no quedar embarazada.

Transcurrieron dos semanas desde la noche que Lotis durmió en las escaleras. Camelia salió a trabajar. Jacinto y Narciso andaban por el vecindario. Violeta estaba en la escuela. Lotis salió de la escuela y se fue a la casa. Como de costumbre abrió la puerta y entró a la casa. Se fue a su cuarto y se cambio su uniforme. Luego fue a la cocina y se sirvió un vaso de agua bien fría. De repente y sin advertirlo, el Feo salió del cuarto, se le acercó, le acarició la cabeza con un gesto paternal y le preguntó: ¿Cómo te va, Lucía? Lotis le miró y le respondió sin mirarle a la cara, Me llamo Lotis y me va muy bien.

Él le sonrió y se dirigió hacia la nevera. Desde allí le preguntó, sin mirarla.

-¿Y cuándo nos vamos de parrandas tú y yo?

-Un día de estos -contestó Lotis, por decir algo, y sin darle la menor importancia a sus preguntas. Pocas veces habían cruzado palabras. El Feo era un hombre de pocas palabras. Su estatura producía respeto y temor. Camelia parecía una muñequita cuando se paraba al lado de él. No había diferencia de edades entre ellos pero cuando salían juntos, él avanzaba a pasos agigantados mientras que Camelia, corría por no quedarse atrás.

En el momento en que Lotis le contestó, la puerta se abrió. Era Camelia. Camelia miró a Lotis con un odio que le brotaba por los ojos. El Feo tomó el vaso de agua y se retiró al cuarto. Camelia se le acercó a Lotis y la interrogó.

-¿Qué estabas hablando tú con el Feo?

-Nada -contestó un poco asustada al ver un brillo de odio en los ojos de Camelia.

-¿Qué te dijo? ¿Por qué estás aquí? ¿A qué hora llegaste? ¿Dónde estaba él cuando llegaste? ¿Pasó algo entre ustedes? ¿Por qué te cambiaste el uniforme?

Camelia no daba tiempo a obtener las respuestas que deseaba. Lotis sólo le miraba. Los ojos de Camelia destellaban un odio y coraje profundo.

-Má, tenía calor y no quería ensuciar el uniforme.

Le agarró por los cabellos y le dijo:

-Mira canto de estúpida, de ahora en adelante cuando yo no esté en la casa y el Feo esté aquí, tú te quedas afuera. Aquí no entres. Me entiendes-. Sin esperar respuesta, se volteó y se dirigió al cuarto.

Lotis abrió la puerta y se marchó. Cuando regresó en la noche encontró la puerta cerrada. Tocó y nadie contestó. Amado estaba con ella. Decidieron caminar sin rumbo. Eran las dos de la mañana cuando vieron pasar una patrulla que los detuvo. La policía les preguntó qué hacían afuera a esas horas de la madrugada. Después de contarles los acontecimientos, la policía les montó en la patrulla y les llevó a la casa.

-Camelia, ábranos la puerta que somos oficiales de la policía-. Minutos más tarde la puerta se abría. Allí estaba Camelia.

-Señora, ¿por qué no le abre la puerta a su hija? ¿No sabe usted que ella es una menor y que usted es responsable por ella?.

-Perdone oficial, pero que yo sepa, aquí nadie ha tocado la puerta esta noche.

-Bueno, aquí la tiene. Ahora nos retiramos. Pase usted buenas noches.

-Buenas noches oficial –contestó Camelia, mientras Lotis se retiraba a su cuarto. Hubo calma.

Al día siguiente Camelia no fue a trabajar. Cuando Lotis se levantó, Camelia le dijo: Recoge tus trapos y te me largas de aquí. Lotis echó un cambio de ropa en una bolsa y salió. El sol brillante y las lágrimas que sobresaltaban de sus ojos le impedían ver el camino. Caminó por muchas horas. No quiso buscar a Amado. No quería traerle problemas con su familia. Sabía que si él se enteraba que ella estaba en la calle se quedaría con ella. No podía permitir que Amado tuviera problemas con su padre. Aquella noche se quedó en muchos sitios. No se sentía segura. Los drogadictos se paseaban por las escaleras. Les veía calentar las agujas para inyectarse. Se fue a caminar por la plaza del pueblo. Pensaba acomodarse en uno de los bancos de la plaza pero decidió desistir de la idea por la cantidad de desamparados que ocupaban ya los bancos. Optó por seguir caminando. Llegó a la playa. Allí vio unos botes boca abajo a la orilla de la playa. Tomó unos cartones. Los colocó debajo de uno de los botes. Se metió debajo del botecito y se acurrucó. Se durmió con el vaivén de las olas. La luna veló su sueño. Al amanecer la despertaron el trinar de las gaviotas que se acercaban a la orilla en busca de alimento.

Regresó al caserío y buscó a Amado. Juntos resolverían el problema. Pasaron el día juntos. Caminaron agarrados de la mano por toda la orilla de la playa. Se detenían a escuchar el aletear de las garzas y el encuentro de las olas que se rompían al tocar los pies descalzos de la pareja. Tenía hambre. No había comido nada desde la noche anterior. Amado fue a la casa y le trajo un emparedado de jamón y queso. Entonces cayó la noche y comenzaron a caminar sin rumbo. Caminando llegaron al otro extremo del caserío. Llegaron a la misma plaza en la cual se habían dado su primer beso de amor, dos años atrás cuando acudieron a su primera cita amorosa. Un beso puro e inocente. Todavía conservaba aquella pureza en su corazón. Cuando se disponían a sentarse en los banquitos en medio de tanta oscuridad se percataron que no estaban solos. Había otra pareja. La pareja se sintió desplazada y comenzaron a caminar hacia la claridad de la luna. Amado reconoció al muchacho y le saludó. La muchacha se presentó como Magdalena. Lotis la reconoció. Aunque habían pasado muchos años sin verse, y la chica mostraba ojeras, era inconfundible. Su madre había sido vecina de Camelia cuando ella vivía en la casucha del mangle en Cabro Sucio. Su madre y Camelia habían tenido muchas discusiones. Rosita conocía muy bien el carácter de Camelia porque ella había sido testigo de las acaloradas discusiones que surgieron entre su madre y Camelia, cuando eran vecinas. Magdalena le preguntó a Lotis por Camelia. Lotis le explicó la situación por la que estaba atravesando con su madre. Magdalena le ofreció ayuda y les invitó a su departamento. Los cuatro caminaron una cuadra y llegaron a un departamento vacío. No había muebles. Sólo un viejo colchón tirado en el piso del cuarto. Latas de cerveza y ceniceros llenos de cenizas formaban parte de aquel escenario. Magdalena le dijo a Lotis que ella podía quedarse en su departamento el tiempo que necesitara. Magdalena acompañó a su amigo a la puerta y lo despidió con un beso. El amigo sacó dinero de su bolsillo y se lo colocó en los pechos de Magdalena. Luego se marchó.

Magdalena se dirigió a Lotis y le dijo: -Aquí vas a estar bien. No te preocupes. Tu novio puede venir a verte cuando quiera –y diciendo esto comenzó a despojarse de su ropa hasta que se quedó como vino al mundo. Se movía de un lado para otro completamente desnuda delante de sus nuevos invitados. Escogió algunas prendas de vestir y comenzó a vestirse. Era una mujer raquítica. La poquita carne que tenía desaparecía en su osamenta.

-Yo trabajo de noche. Así que puedes dormir en el colchón que está tirado en el piso del cuarto. No vengo hasta mañana por la mañana. No le abras la puerta a nadie. Yo tengo llave-.

Hablaba Magdalena mientras se vestía. Su ropa era provocativa.

Lotis y Amado sólo escuchaban.

Magdalena añadió: -Bueno, ahí nos vemos. Cierra bien la puerta cuando tu novio salga.

-Amado, ¿te fijaste en la ropa que usa? ¡Iba casi desnuda! –comentó Lotis todavía impresionada por los acontecimientos.

-Mi amor, no te preocupes. Tú, enciérrate y no le abras la puerta a nadie. Yo te prometo que mañana a primera hora vendré y te traeré algo para desayunar. Magdalena no tiene nada de comer aquí. Miró a su alrededor y agregó: No me gusta nada este sitio. Ya mañana resolveremos.

-Amado, por favor, no te vayas. No me dejes sola. Tengo mucho miedo, mi vida –insistía Lotis, mientras su cuerpo se estremecía entre sus brazos. La apretó contra su pecho.

-Me quedo un ratito más mientras reconcilias el sueño. Luego me iré. Tú, trata de descansar. Voy a buscar la manera de hablar con mi padre para ver si nos puede ayudar –agregó Amado.

Lotis se acostó en el colchón y Amado se le acercó al lado. Le acariciaba la cabeza con mucha ternura. Un reloj de cuerda que estaba en el piso marcaba las diez de la noche. Estaba muy cansada. Al cabo de unas horas la sintió dormida, se levantó y se marchó.

Pasada la media noche la despertaron las voces de dos hombres que llamaban a Magdalena dando toquecitos en las persianas. Despertó muy asustada. No se movió. Los hombres trataban de forzar las hojas de la ventana para mirar por dentro. La luz de un poste se colaba entre las rendijas de la persiana.

-Magdalena, Magdalena, ábrenos la puerta que tenemos que terminar la orgía que comenzamos anoche y que no pudimos terminar-. Se escuchaba a los desconocidos entre risas. Los toquecitos se hacían más fuerte. Los intrusos querían entrar.

-Yo creo que esta puta se inyectó algo fuerte y está en un viaje, de lo contrario ya nos hubiera abierto la puerta.

Lotis se movió fuera del colchón y se agachó debajo de la ventana para evitar que la vieran con la poca luz que penetraba. Su corazón galopaba a toda prisa. Su cuerpo temblaba.

-Magdalena, si no nos abres, vamos a forzar la puerta-. Los minutos se hacían interminables.

-Yo creo que ella no está ahí. Esta puta está muy solicitada últimamente –escuchó decir a uno de los hombres.

-Claro que sí está. Yo puedo ver como un bulto en el cochón.

-Ha de ser la almohada.

-Vámonos, aquí no hay nadie.

Lotis escuchó cómo las voces se alejaban. Sus latidos y su pulso comenzaban a volver a la normalidad. No pudo dormir más. Temía que los hombres volvieran en cualquier momento.

Amado llegó a las ocho de la mañana. Lotis se le colgó del cuello enseguida que lo vio. Le trajo algo de comer. Lotis le contó lo sucedido la noche anterior. Amado por su parte le traía noticias.

-Come rápido porque tenemos que irnos.

-¿Por qué? ¿Qué sucede? –preguntó Lotis.

-No lo sé. Pero si sé que hay varios carros de patrullas enfrente del edificio de tu mamá.

En ese momento Magdalena entró por la puerta.

-Lotis tienes que irte. Yo no sé cómo pero tu mamá se enteró que tú estás aquí conmigo y la policía viene para acá-. Lotis se asomó por la persiana y vio varios carros de patrulla que se dirigían hacia el lugar. Le dieron las gracias a Magdalena y se marcharon.

Salieron a toda prisa tomados de las manos. Se dirigieron hacia el pueblo. Pasaron el día caminando por la playa. Haciendo planes para un futuro incierto. Amado no había vuelto a su casa en todo el día. Ya lo había decidido, se quedaría con Lotis esa noche. No podía dejarla sola. Se amaban y ella lo necesitaba.

17

Sin tu cuerpo hacer el amor no tendría valor,
sin tus palabras y consejos no sería quien soy.
Si me faltara tu ternura y comprensión,
mi vida perdería toda ilusión.
Mi mundo tú, mi casa tú,
mi pensamiento, mi mejor momento eso eres tú,
mi vida tú, mi sueño tú, mi despertar,
mi anochecer, mi hoy y mi mañana tú ...

HABÍAN CAMINADO TODO EL DÍA. Estaban agotados pero felices porque estaban juntos. Tomaron una de las callejuelas del centro del pueblo. Eran cerca de las once de la noche. Tenían frío. Amado la tomó de la mano y la condujo por un callejón que cada vez se hacía más angosto. Al final llegaron a las ruinas de una casona vieja y abandonada. De frente estaba la casita del hermanastro de Amado. Vivían allí, él y su hermana de crianza, como marido y mujer por casi un año.

Amado nunca le había llevado a aquel lugar. La luna alumbraba la vieja casona. Atravesaron el portal y entraron. No tenía puertas ni ventanas. Las pocas tablas que tenía el piso rechinaban al caminar encima de ellas. El techo tenía huecos por donde penetraba la luz de la luna llena. Amado encontró unos trapos y cartones. Los tiró en el piso. Se quitó la camisa que llevaba puesta y cubrió los hombros de Lotis. Lotis titiritaba. Se acercó a ella y le dio un beso lleno de amor. La tomó entre sus brazos con una delicadeza infinita. Temía que aquel momento se desvaneciera. Despacito a despacito una fuerza se fue apoderando de todo su ser. Le dijo cosas que Lotis nunca antes había escuchado. El deseo de amarse se apoderó de ambos. Querían pertenecerse. Ser un solo ser. Las caricias se desbocaron. La pasión triunfó sobre la razón. Le besaba los ojos, la boca, la nariz, el cuello y los labios. Eran aprendices inventando el juego de cómo hacer el amor. Envolvía su pelo entre sus dedos y sus cuerpos se remeneaban con furia desmedida. No se atrevían a hablar por temor a romper el encanto del momento. Perdieron los sentidos y el contacto con la realidad. Ya no pensaban. Estaban elevados a otro espacio, otra dimensión. Sus cuerpos sudaban copiosamente. Sus ojos permanecían cerrados con temor a que se rompiera el hechizo del momento. La luna fue fiel testigo de aquel sublime instante. Poco a poco se fueron arrancando las piezas que cubrían sus cuerpos. Parecían unos expertos en la nueva hazaña que habían iniciado sin proponérselo. Amado le acariciaba los senos inexplorados. Poco a poco, suavemente, la hizo suya. Era la primera vez para ambos. Sentían una mezcla de infinito placer y exquisito dolor. Sus cuerpos convulsionaban de placer. Luego se produjo un orgasmo infinito. Una sensación en la que cada músculo de sus cuerpos se contrajo. Se apretaron las manos y unos gemidos placenteros se escucharon en el silencio de la noche. Sus cuerpos se desplomaron. Allí quedaron tendidos. Habían descubierto la entrada a un paraíso y necesitaban seguir explorando. Se entregaron una y otra vez hasta que el cansancio los venció. Abrazados se quedaron dormidos. En el silencio de la noche, el coquí les celebró su entrega con una hermosa melodía.

Amaneció.

Amado se dirigió a la casa de su hermanastro dejando en la casucha a Lotis. Su hermanastro se convirtió en su confidente.

-Anoche Lotis fue mía y yo me quiero casar con ella.

-Amado, tú estás loco. Tu padre no te lo va a permitir. Además, quién te asegura que tú hayas sido el primero.

-No me importa lo que mi padre diga. Mi padre tendrá que aceptarlo. Necesito que me ayudes. Déjala que se quede aquí en tu casa con tu mujer. Yo voy a buscar trabajo. En la tarde regreso y voy a mi casa a hablar con mi padre.

-Amado, prometo que voy a ayudarte pero primero me tienes que demostrar que tú has sido el primero en la vida de esa muchacha. Porque si en verdad tú lo has sido, deberás casarte con ella para limpiar su honra.

-Yo te aseguro que fui el primero, porque así lo sentí.

-Eso no es suficiente. ¿Qué sabes tú de mujeres? ¿Dónde sucedió?

-En la vieja casucha.

-Tráela a la casa, y luego tú y yo vamos a examinar el lugar, ¿comprendes?

-No, no comprendo.

-Olvídalo. Sólo haz lo que te digo.

Amado regresó pronto con Lotis. La mujer del hermanastro les preparó café. Luego Amado la llevó a la cama para que se acostara a descansar.

-Mi reina, voy a salir a buscar trabajo. Cuando regrese nos iremos a nuestras casas. Necesito hablar con mi padre. Quiero casarme contigo.

Dicho esto, le dio un beso y se marchó con su hermanastro. Se dirigieron a la casucha abandonada. Allí encontraron un trapo ensangrentado, el lugar donde quedó su virginidad. El hermanastro prometió ayudarle. Salieron de la casa. Su hermanastro fue a hablar con el padre de Amado. Amado fue a buscar trabajo. En la tarde ambos regresaron. Las noticias no eran alentadoras.

-Amado, hablé con tu padre y él dijo que regreses a la casa. No dijo nada más.

Amado había pasado todo el día buscando trabajo, pero no había conseguido nada. Esa noche llevó a Lotis hasta la puerta de su casa. La puerta estaba abierta. Ella entró y se fue a su cuarto. Se dio un baño y se fue a dormir.

A la mañana siguiente apenas se puso el sol en el horizonte, Lotis se asomó al balcón en busca de su amado. Pasó todo el día sentada en el balcón esperando noticias. La puerta de la casa de su amor permaneció cerrada durante todo el día. Cuando comenzaba a caer la tarde, vio venir por la acera a la madrasta de Amado. Una señora de baja estatura, gruesa y de piel morena. Llevaba una trenza ancha alrededor de su cabeza. Su voz era dulce pero un poco apagada.

-Lotis –le llamó desde la acera-. Ven a la escalera que tengo que hablar contigo.

Lotis corrió escaleras abajo. Por fin le traían noticias de su amado.

-Mira Lotis, tú sabes que yo a ti te aprecio mucho. Eres una buena muchacha y tienes un gran corazón. Sé que amas a Amado y que tú no le harías daño, ¿verdad?

-¡Cómo cree, Doña Luz! No, yo no le haría daño porque lo amo con todas las fuerzas de mi corazón.

-Pues si tú lo quieres como dices quererlo, déjame contarte lo que sucedió anoche. Amado vino y quiso hablar con su padre. Él le contó lo que sucedió entre tú y él. Le dijo que quería casarse contigo. Su padre reaccionó de mala manera. Sacó el cinturón y le dio una pela. En este momento él está todo golpeado en la casa. Tiene prohibido terminantemente buscarte. Yo sé que él te va a buscar porque te ama. Quiero que comprendas que lo mejor es que no se busquen más. Olvídate de él. Si tú en verdad lo quieres, apártalo de ti. No sé. Invéntate algo. Dile que ya no lo quieres. Que tienes otro novio. No sé. Lo que sea. Amado y tú apenas son unos niños. Deben de terminar la escuela. Yo sé que aquí la mayoría de los muchachos se casan jovencitos pero su padre no quiere eso para él. Así que si en verdad lo quieres como dices quererlo, haz que te olvide.

Los ojos de Lotis se llenaron de lágrimas. Sentía que su joven corazón se le partía en mil pedazos. Casi no podía hablar cuando le dijo: Señora yo amo a Amado con toda mi alma. Él es lo más hermoso y bueno que me ha podido ocurrir. Y por amarlo tanto no quiero que él sufra ni quiero hacerle daño perjudicándole su futuro como usted dice. No se preocupe que yo me alejaré de él. También voy a hacer que él me olvide.

-Ah, en cuanto a lo que pasó anoche entre tú y él, por favor, no comentes nada porque eso también le perjudicaría.

-No se preocupe que todo está olvidado-. La señora se marchó y Lotis corrió a refugiarse en su cuarto. Allí lloró toda la noche la pérdida de su primer y más grande amor.

Unos días después, Amado subió a la casa de Lotis. Se sentaron en el balcón y ella le dijo: Amado tengo que confesarte algo.

-¿Qué mi amor?

Su voz sonaba entrecortada. Tuvo que hacer un esfuerzo sobrehumano para comunicarle su decisión.

-Tú no fuiste el primer hombre en mi vida. Y después de lo que paso, no quiero seguir contigo porque me interesa otro muchacho.

-Mentira. Por favor no me mientas que me matas. Tú eres lo más grande de mi vida. Me estás diciendo eso porque mi papá se opone a lo nuestro. Escapémonos. Huyamos.

Lotis permaneció callada.

Amado la miró con infinita tristeza. Sus ojos se le empañaron. No dijo nada. Dio una vuelta y se marchó. Lotis corrió a su cuarto y sintió morir por dentro.

18

Si quieres ahora, niño amado mío,
soy lo que me pidas, pero junto a ti,
pero si te marchas, que en esta noche negra,
me convierta en piedra, para no sentir . . .

Terminó el verano. Comenzaron las clases. Amado iniciaba el octavo grado en la escuela intermedia. Llevaba pantalones kaki y camisa blanca. Lotis no regresó a la escuela. Se pasaba horas enteras sentada en el balcón mirando los chicos que iban y venían con sus uniformes azules y blancos. Amado y ella no habían vuelto a cruzar palabras, sólo se miraban. De vez en cuando él le sonreía. Otras veces ella levantaba la mano en señal de saludo para dejarle saber que aún estaba allí. Iris y Damián se habían mudado cerca del residencial y visitaban a Camelia con más frecuencia. Tuli, Jacinto, Narciso y Violeta comenzaban nuevamente otro nuevo año escolar que nunca terminarían. Camelia había puesto un negocio de frituras en la entrada de la escuela. A la hora de recreo y de almuerzo, ella se detenía con un carrito de supermercado al frente de la escuela y allí vendía frituras y jugo a los estudiantes. En las tardes continuaba con la venta de litros de leche desde su apartamento. Los estudiantes resultaron mejores clientes que los adultos del área. Pagaban por las frituras y el jugo en efectivo mientras que los adultos pedían la leche fiada y nunca pagaban. Para principio de los años setenta el gobierno estableció los cupones para alimentos para las familias necesitadas. La mayoría de las familias cualificaron. La primera vez que Camelia recibió sus cupones para alimentos, se llevó a Lotis, Tuli y Jacinto para el supermercado. Llenaron tres carritos de compra y todavía sobraron cupones. Los carritos iban llenos de comida chatarra. A mitad de semana las tablillas estaban vacías y los chicos estaban recorriendo el vecindario en busca de un plato de comida. Lotis visitaba a Iris de vez en cuando porque ella sabía que allí por seguro tendría una de las dos comidas diarias.

Lotis había hecho amistad con dos chicas de su misma edad que vivían dos cuadras de su edificio. Eran chicas muy alegres. Siempre estaban sonriendo. Se reunían en las noches a escuchar música. Tampoco iban a la escuela. Así pasaban muchas horas hasta que una de ellas inventaba un viaje.

-¿Qué les parece si vamos a dar una vuelta? –sugería Jessica.

-¿A dónde? –preguntaba Carmen.

-Pues por ahí. No sé. Quizás al pueblo –replicaba Jessica.

-Miren, allí están los muchachos. Están esperando nuestra señal. ¿Te animas, Lotis?

–preguntó Carmen.

Lotis no comprendía, pero al parecer todo estaba planificado de ante mano. No dijo nada y se limitó a seguir con el plan. Jessica y Carmen fueron a sus casas a pedir permiso para ir a dar una vuelta. Pronto se reunieron y comenzaron a caminar hacia la entrada del residencial. Allí se detuvo un auto con tres hombres y las invitaron a subir. Dos de las parejas se conocían muy bien. Todos eran hombres mayores. Estaban entre los veinte y los treinta años. El tercer hombre se presentó a Lotis.

-Me llamo Franco.

-Lotis.

-Soy el más afortunado, pues me tocó la más linda-. Se acomodó y le echó el brazo por encima de Lotis como si le perteneciera. El coche arrancó a toda prisa por las calles del pueblo. Llegaron a la playa y se estacionaron. Jessica se acomodó en el asiento delantero con su amigo. Carmen y su amigo se bajaron del carro y comenzaron a caminar. Lotis quiso poner distancia entre ella y aquel desconocido. Pero él se acercó y comenzó a besarla. No eran los mismos besos que había sentido con Amado. Cerró los ojos y quiso imaginárselo allí con ella. No pudo. Con un leve empujoncito, despegó a aquel hombre de ella.

-Lo siento.

-¿Estás bien?

-Disculpa –contestó Lotis, mientras volteaba la cara hacia la vista nocturna de la playa. Franco no era su tipo y tenía a Amado clavado en sus pensamientos. Franco volvió a intentarlo. Esta vez la besó con pasión. Incitado por el momento, bajó la mano y se la posó sobre uno de sus senos. Lotis le detuvo la mano y le empujó muy molesta.

-¡No te equivoques! –le dijo a Franco y prosiguió esta vez dirigiéndose a su amiga.

-Jessica, me quiero ir a casa. Vámonos, por favor-. Su amiga, quien estaba concentrada en su pareja, se incorporó. Un poco molesta, se compuso el vestido y estuvo de acuerdo en regresar. El chofer encendió las luces del auto y la tercera pareja se reportó de inmediato. El viaje de regreso fue silencioso. Las soltaron en la entrada del residencial y de allí caminaron. Lotis se prometió a sí misma que nunca más saldría con Franco. Después de todo, él le llevaba diez años de diferencia. No era su tipo. Era un ser repugnante.

A partir de aquella noche, Franco se le aparecía por todas partes. Ella evitaba cualquier encuentro con él. A veces estando con sus amigas, veía que se acercaba e inmediatamente se despedía y corría a casa. Supo que Franco era el único hombre soltero, porque los otros novios de sus amigas eran casados y tenían familia. Franco comenzó a enviarle mensajes con sus hermanos. Ella los rompía y los tiraba al cesto de la basura. Dejó de frecuentar a sus amigas.

Al final de la semana, Franco llegó hasta el balcón de la casa de Lotis. Desde abajo del balcón le gritó: O bajas a hablar conmigo o yo subo a buscarte.

No podía permitir que este hombre subiera a buscarla. ¿Cómo reaccionaría su madre?

Optó por bajar. Hablaron de cosas sin importancia. Luego fueron a dar una vuelta. Franco se comportó como todo un caballero. A partir de aquella noche los paseos se hicieron frecuentes. Salían de día o de noche. Iban a la playa, al teatro o a bailar. Así pasaron las semanas y los meses. Franco le preguntaba: -¿Cuándo vas a corresponder a mis atenciones?

-Tú sabes que mi corazón le pertenece a Amado. Hoy lo amo más que ayer. -No me digas eso por favor que me duele. Además tú sabes que ese bueno para nada no tiene nada que ofrecerte. Él se salió de la escuela. No tiene trabajo. Se pasa borracho por las esquinas. Yo en cambio tengo mi propio negocio. Todo lo que tengo lo pongo a tu disposición.

-No sigas por favor. Entiéndeme, no te puedo corresponder. A mí no me interesan las riquezas. Sólo lo quiero a él.

-Voy hacer que te olvides de él y que me quieras.

Las salidas nocturnas continuaban ocurriendo cada vez con más frecuencia. Lotis no regresaba a la casa hasta el otro día. Consumía bebidas alcohólicas. Sólo así se sentía viva. Franco se aprovechaba del estado de embriaguez y de vez en cuando le robaba besos. Presumía de ser novios. Lotis llegaba de madrugada a la casa. Una fría mañana de diciembre, Lotis acababa de acostarse cuando entraron dos detectives a su cuarto. La esposaron y se la llevaron presa a un albergue de delincuentes juveniles. En vano fue el llanto y los gritos que daban Tuli, Jacinto, Narciso y Violeta para impedir que se la llevaran. Jacinto y Tuli le reprochaban a Camelia. Camelia no se inmutó ante la escena. Saliendo por la puerta Lotis volteó y le dijo a Jacinto: -No te preocupes que yo regresaré pronto. No la culpes que ella no sabe lo que hace. Me encierra por comportarme como una adolescente. Cuídense todos. Adiós.

En Puerto Rico las noticias vuelan como pólvora. Para el medio día la noticia llegó a Franco quien se encontraba en un puesto en el pueblo de Bayamón vendiendo baratijas.

-Franco, la detective arrestó a Lotis y se la llevaron para el centro de detención juvenil –le dijo Jessica. Franco recogió la mercancía y se retiró.

-Jessica, yo no voy a permitir que Lotis permanezca encarcelada. Te juro que la voy a sacar de allí a como dé lugar.

Era sábado. En el albergue juvenil no había médico para examinar a las nuevas reclusas. Lotis tendría que permanecer en solitario hasta el lunes. Al llegar al recinto, una guardia le exigió que se quitara sus prendas de vestir. Le dio un champú de piojos para que se lavara el cabello. Luego le ordenó que se colocara de espaldas con las piernas abiertas para asegurarse que no transportaba drogas. Se sentía humillada, violada. Le entregaron una bata, una toalla y un panti. Luego la trasladaron a su celda pequeña. Sólo había lugar para un colchón en el piso. Allí pasó el fin de semana. El domingo en la noche le trajeron compañía. Una mujer que aparentaba tener como mínimo veinticinco años.

Y tú, ¿cómo te llamas? -preguntó la nueva reclusa.

-Lotis.

-¿Y por qué estás aquí? ¿Cómo te cogieron?

-No sé porque estoy aquí. Pienso que es un error. Sé que para el lunes debo de estar afuera. Yo no he hecho nada malo. Me arrestaron está mañana en mi casa –contestó Lotis.

-Yo me llamo Santa. ¿Quieres que te dé un consejo? Siéntate porque parada te cansas. Si tú piensas que vas a salir de aquí estás equivocada. Te lo digo yo que esta es la novena vez que ellos me arrestan. Me arrestaron esta tarde corriendo motora. La motocicleta era robada. Me he escapado en varias ocasiones. En realidad creo que ésta va a ser la última vez que me traen aquí. El lunes cumplo mis dieciocho años y tendrán que trasladarme a la cárcel de mujeres. No me gusta la idea porque aquí ya tengo mis conexiones. Oye, necesito que me hagas un favor, vela que no venga nadie en lo que me saco mi cura.

Y diciendo esto se quitó el panti, se espatarró y se introdujo los dedos en la vulva. De allí extrajo una bolsa plástica con algunos cigarros de marihuana. Hizo un hueco en el colchón y los escondió. Lotis no podía creer lo que acababa de presenciar. Por su mente desfilaban miles de pensamientos. ¿Por qué su madre la había enviado a ese lugar? ¿Cuándo volvería a ver a sus amigos y a sus hermanos? ¿Cómo podría escaparse de allí? A la hora de la cena vino la guardia con una reclusa a traer la bandeja de comida. Ambas reclusas se las ingeniaron para intercambiar cerrillos por un tabaco. A las nueve de la noche las luces fueron apagadas y la nueva reclusa se las ingenió una vez más para fumarse el tabaco y tirar el humo por una ventanita de la celda. Lotis estaba asustada. Se sentía insegura. Temía por su vida. No durmió en toda la noche. Estuvo en solitario todo el fin de semana.

Llegó el lunes. Una guardia venía por los pasillos pegando golpes en las rejas y levantando a las reclusas.

-Las siete. Vamos a las duchas.

Abría las celdas y entregaba a cada reclusa una bata, un panti y una toalla. Todas corrían a las regaderas. Era un cuarto grande. No había privacidad. Allí las lesbianas se recreaban la vista. Una reclusa se le acercó a Lotis y le preguntó: ¿Quieres que te ayude a lavarte la espalda? Lotis la miro asustada. La reclusa se le estaba acercando.

-Tienes unos pechitos hermosos. Sabes, yo te puedo proteger en este lugar. Podemos ser muy buenas amiguitas.

Las otras reclusas les miraban. Comenzaba a ponerle las manos en los hombros. Ambas estaban desnudas debajo de la regadera. El agua corría por el contorno de sus cuerpos. Lotis no podía articular palabra. El pánico se apoderó de ella.

-¡Cacha! –se escuchó una voz desde la entrada de cuarto-. ¿Qué carajo te pasa? ¡Suéltala! ¡No la toques! Ella es mi amiga. ¿No ves que está asustada?

-Santa, ¿y a ti quién te dio vela en este entierro? No te metas que esto no te incumbe.

 De pronto un grupo de reclusas se unió a Santa.

-Claro que sí me incumbe. Te dije que ella es mi amiga.

-Okey, mejor ahí la dejamos -agregó Cacha mientras se retiraba con un grupo de amigas. Santa le alcanzó la toalla a Lotis quien se salió de la regadera y se secó.

-Gracias.

-¡No hay de qué! Mantente lejos de esa –le aconsejó. Luego vino una guardia y transportó a Lotis, a Santa y a otras tres reclusas a la enfermería. La enfermera les tomó la presión, el pulso, y el peso. Luego pasó a Lotis al cuarto del médico.

-Te quitas todo y te pones esta bata con la abertura para el frente que el médico te va a examinar –le dijo la enfermera y luego se retiró. Minutos más tarde el médico entró.

-¿Cómo te sientes?

-Bien.

-¿Cuándo fue tu primera menstruación?

-Hace dos años.

-¿Estás embarazada?

-No.

-¿Cuándo fue tu última menstruación?

-La semana pasada.

-¿Estás sexualmente activa?

-Nop.

-¿Has tenido contacto sexual?

-¿Por qué me pregunta usted eso? Mire que si mi madre se entera me mata.

-Tú madre no se va a enterar. Todo es estrictamente confidencial.

-¿Me lo promete?

-Te doy mi palabra.

-Pues entonces le diré que estuve una vez con mi ex novio. Ya no estamos más.

-Okey, acuéstate que tengo que examinarte.

¡Qué vergüenza! Pensaba. ¿Quién se creía ese hombre que era para invadirle y tocarle sus partes íntimas? Por primera vez sintió un odio por su madre. ¿Por qué la había puesto en esa situación? Volteó la cara para el lado opuesto del médico y se la cubrió al sentir un dolorcito agudo, penetrante.

-Vístete y regresa a la enfermería –ordenó el médico.

De allí la recogió la guardia y la incorporó con el resto de las reclusas. Todas estaban en grupos. Cacha estaba con su grupo. Otro grupo se aproximó a Santa en cuanto ésta regresó de la enfermería. Lotis caminaba sola. De vez en cuando la Cacha le lanzaba una mirada de deseo, pero no decía nada. Lotis cambiaba la mirada. Se fue a la sala. Tomó una revista y se dispuso a leerla. Otras reclusas miraban la tele. Luego llamaron al comedor. Comió sin apetito. Entregó su bandeja y se dispuso a salir. Una reclusa se le acercó.

-¡Hola! ¿Cómo te llamas?

-Lotis.

-Yo soy Natacha. Te veo triste.

-Estoy triste porque este lugar me provoca tristeza y temor. Siento que todas me miran.

-No temas. Ya te acostumbraras. Tú tranquila. Haz lo que las guardias te digan. Ignora a las que te miran. Y envuélvete en todas las actividades. Yo tengo aquí diez meses y no es tan malo. Créeme.

-Esa mujer me mira mucho.

-¿Quién? ¿La Cacha?

-Sí.

-Ignórala. Perro que ladra no muerde. Ella es buche y pluma no más. Ven, vamos al cuarto de costura.

Allí pasaron el resto de la tarde. Luego la cena. Llegó la noche. A las nueve la guardia apagó las luces y todas las reclusas se retiraron a sus catres. En el centro había cuatro habitaciones grandes. Cada habitación tenía de doce a quince catres. En el medio de la noche, Lotis veía las siluetas deslizarse de un catre a otro. Se escuchaban gemidos de placer. En más de una ocasión alguna reclusa murmuraba: Ya párenle chicas. Quiero dormir.

Los gemidos y los cuchicheos cesaban y al rato volvían a surgir en la oscuridad del recinto. Lotis no durmió ni aquella ni las otras noches. Temía que en un descuido la Cacha se le acercara. Los días pasaban lentos. Pensaba si sería posible esquivar los guardias, brincar el muro de ocho pies, pasar los alambres de púas y salir ilesa al otro lado del muro. Luego descartó esa posibilidad. La Santa se había escapado muchas veces y siempre la capturaban. No valía la pena. Entonces sus pensamientos volaban hacia sus amistades, sus hermanos, su padre, hacia Amado. La devolvía a la realidad una de las reclusas que le estaba invitando a jugar voleibol con el grupo que terminaba de perder.

-No sé jugar volibol –dijo Lotis.

La chica siguió caminando. Había aprendido la rutina diaria. Ducha. Limpieza del recinto. Tender los catres, mapear los pisos y los baños. Desayunar. Hacer actividades manuales: macramé, costura, artesanía y economía doméstica. Luego el almuerzo. El voleibol, los juegos de mesa o la tele. Más tarde a cenar, leer o simplemente hacer nada. Lotis pensaba en la época navideña que se aproximaba. Las reclusas estaban decorando el centro con las manualidades que hacían. Habían transcurrido seis días desde que Lotis había sido admitida al centro de delincuencia juvenil. Nadie había venido a visitarla ni había recibido noticias de nadie. Todos se habían olvidado de ella. Cada día estaba más triste. Sería verdad que tendría que pasar allí la navidad lejos de sus hermanos y amigos. Aquel viernes estaba en el salón de costura cuando una guardia vino a buscarla.

-Tienes visita –le dijo.

Ella la escoltó a un salón donde nunca había estado. Allí estaba Franco.

Lotis le miró. -¿Qué haces aquí? –le preguntó.

-Vengo a sacarte de aquí. Hablé con tu mamá y la convencí de que fuera conmigo a la corte. Hablamos con el juez. Yo le dije que yo era tu novio y que estaba dispuesto a velar por ti y por tu seguridad. Tu madre estuvo de acuerdo siempre y cuando tú te comprometas hoy mismo conmigo y te hagas mi novia formalmente. De ahora en adelante yo seré tu guardián legalmente hasta que cumplas los dieciocho años.

-¿Estás loco? Tú sabes que yo no te quiero. Yo no tengo sentimientos por ti.

-Lotis, no tienes que quererme. Yo seré paciente y me ganaré tu amor. Sólo dame una oportunidad y date la oportunidad de salir de aquí. No te queda de otra.

-Es que esto no es justo. Yo no he hecho nada malo. ¿Por qué se me trata como una criminal? ¿Por qué mi madre me hace esto?

-Lotis, tu mamá sólo quiere lo mejor para ti. Y yo quiero que tú salgas de este lugar. ¿No debe ser tan difícil amarme?

-Ya veremos, pero por favor, no me obligues a nada. Dame tiempo.

De pronto apareció una guardia en la puerta y dijo: Todos los papeles están listos para ser firmados. Lotis, ve y cámbiate de ropa y reclama tus cosas. Espero no verte más por aquí.

Lotis se despidió de las pocas amigas. Recogió sus cosas y salió de aquel lugar. Aquella tarde Franco celebró con champagne el compromiso oficial con Lotis. Testigos de aquel compromiso fueron Camelia, Tuli, Jacinto, Violeta y Narciso. El compromiso fue sellado con un beso y una sortija.

-Te amo, Lotis –le susurró Franco al oído. Lotis cerró los ojos y por su mente pasó el rostro de su querido Amado.

-Dame tiempo –añadió Lotis y corrió a su cuarto. Hundió su rostro en la almohada para que no pudieran escuchar un gemido que le desgarraba su interior. Así se quedó dormida.

19

Perdóname, perdóname,
perdóname si hay alguien que quiero ese eres tú...

Iris y Damián tenían poco más de un año de casados. Iris todavía no salía embarazada a pesar de no hacer nada para evitarlos. Su mayor deseo era convertirse en madre. Damián le echaba la culpa. Constantemente le decía que ella era machorra. A pesar de recriminarle la falta de hijos, le amaba. Siempre hacían planes. Salían a todos los lugares agarrados de la mano como si fueran novios. Vivían en una casita a la orilla de la carretera cerca de Puente Blanco. Una vez a la semana visitaban a Camelia.

Lotis ya no salía de la casa. No iba a la escuela. Recibía la visita de su prometido todas las noches. Durante el día, limpiaba la casa, y ya de tarde se sentaba en el balcón hasta ver pasar a Amado. Todas las tardes pasaba por el frente del balcón. Venía del trabajo. Siempre llevaba un paquete de cervezas en las manos. Luego se bañaba y se sentaba en el balcón de su casa a tomarse sus cervezas y a escuchar baladas románticas. Desde allí se miraban. A las seis de la tarde cesaba la música, cerraba la puerta y no se veían más hasta el próximo día. Luego Lotis se retiraba a arreglarse para recibir a su prometido. Una hora después Franco tocaba la puerta. Ella lo llevaba hasta el balcón y allí transcurría el resto de la visita. A veces Franco le llevaba a dar una vuelta. Desde que se habían comprometido no había intentado propasarse con ella. La trataba con respeto, con delicadeza. Estaba muy ilusionado haciendo planes para el matrimonio por la iglesia. Poco a poco había ido comprando las cosas para la casa y las estaba almacenando en la casa de la abuela con quien había vivido toda su vida. No se cansaba de hacer planes. Franco había fijado la fecha de la boda para la primavera. Lotis le escuchaba con el pensamiento en otros tiempos, en otros lugares y en otras personas. Pensaba: Faltan casi nueve meses. De aquí allá pueden pasar muchas cosas. Quizás Franco se arrepiente, se enamora de otra muchacha y la deja libre de aquel compromiso absurdo. Quizás recapacitaba y se daba cuenta de que ella era una niña para él. Tenía catorce años y él le llevaba diez años. Así transcurría el tiempo.

Mientras tanto, Camelia estaba feliz con el noviazgo de Lotis. Franco era todo un caballero y siempre se pasaba trayéndole baratijas de las que vendía en su negocio.

Una mañana, Lotis se encontraba sola en la casa cuidando a sus hermanos. Tocaron la puerta.

-¿Dónde está tu mamá? –preguntó una mujer desconocida.

-Ella no se encuentra. Está trabajando, limpiando casas.

-¿Eres tú la hija mayor? –preguntó.

-No. Mi hermana Iris es la mayor.

-¿Dónde está ella?

-No vive aquí. Ella se casó y vive con su esposo.

-Entonces tú eres la mayor. Yo necesito hablar contigo. Es necesario que me escuches con mucho cuidado. Tu mamá necesita ayuda. Está enferma. ¿Entiendes?

No. Lotis no entendía.

-Enferma. ¿Qué tiene? Yo la vi muy bien está mañana cuando salió a trabajar.

-Escúchame. Ella está enferma. Ha estado enferma desde muy jovencita. Ella tiene un expediente muy grande en el Hospital Regional de Bayamón. Es necesario que tome medicamentos, acuda a las citas mensuales y vea al psiquiatra regularmente. Ella tiene esquizofrenia.

-¿Esquizo…qué?

-Esquizofrenia. Es una enfermedad mental.

Lotis no entendía el significado de la palabra. Pero ahora veía todo con mucha claridad. Su mente se transportó a muchas situaciones vividas en un pasado muy remoto. Ahora entendía los arranques repentinos que sufría su madre. Ahora sabía por qué muchos de los vecinos no se llevaban con ella. Los cambios de humor tan repentinos y violentos que sufría. El delirio de persecución constante. Siempre veía hombres, prófugos y demonios, persiguiéndola. Otras veces formaba conversaciones con personas desconocidas y les decía que ella era multimillonaria: "Tengo muchas propiedades en el pueblo de Orocovis. Mi padre era terrateniente y cuando murió me dejó una fortuna," afirmaba Camelia con mucha seguridad.

Las personas se lo creían hasta que ella mencionaba que era la dueña del pueblo donde nació y de la Isla de Puerto Rico. La trabajadora social interrumpió los pensamientos de Lotis.

-Tienes que ayudar a tu mamá. Si ella no recibe tratamiento nos veremos forzados a quitarles los niños, incluyéndote a ti. Entonces los pondremos en diferentes hogares de crianza.

-Dígame usted ¿cómo puedo ayudar a mi mamá?

-Necesitas convencerla para que vaya al médico. Deberás acompañarla a las citas. Habla con tu hermana mayor para que te ayude. También deberás asegurarte de que ella se tome sus medicamentos. Tus hermanos deberán asistir a la escuela. Yo volveré dentro de un par de meses a verificar que ella está siguiendo mis indicaciones. Cuando ella regrese del trabajo, cuéntale que yo estuve aquí y dile de lo que hablamos. Deberás llamar por teléfono y hacer una cita para que vea al psiquiatra lo antes posible-. Le dio el número de teléfono a Lotis y se marchó.

Cuando Camelia llegó aquella tarde, Lotis la puso al tanto de la conversación con la trabajadora social.

-Mami, tienes que ir al médico o se llevan a los muchachos. Yo te acompañaré.

Camelia estuvo de acuerdo. Una semana después Lotis la acompañó al Hospital Regional de Bayamón. Camelia conocía el camino muy bien. Cuando entraron en el hospital, los enfermeros, los doctores y otros pacientes la saludaron con mucha familiaridad.

-Te estábamos extrañando, Camelia. ¿Dónde te habías metido? –preguntó la enfermera de turno. La tomó del brazo con mucha ternura y paciencia y se la llevaron para uno de los cuartos. Al rato salió cargada de frascos con medicamentos. Cuando llegó a la casa, Lotis le recordó que se tenía que tomar las pastillas. Camelia tomó el frasco, se fue al baño y tiró las pastillas por el excusado.

-Yo no necesito pastillas. Esas pastillas me ponen mala de la cabeza –protestó.

Camelia se disponía a retirarse a su dormitorio cuando sintió unos toquecitos en la puerta. Abrió. Era el Feo. El rostro de Camelia se le iluminó. Hacía semanas que no sabía de él.

¡Ramón! ¿Dónde has estado? Tú te desapareces y apareces cuando se te da la gana. ¿Con quién andabas? –preguntó Camelia.

-Déjame mujer que estoy cansao. Por ahora quiero dormir. He tenido un viaje largo. He estado muy ocupado pero lo que estaba haciendo lo hice por ti y los chamacos. Mañana te cuento. Ahora me voy a dar un baño y a descansar –contestó.

No hubo más preguntas ni reclamos. Ella sabía que no debía cruzar la línea con el Feo.

Amaneció. Camelia estaba muy contenta.

-Lotis, necesito que vayas y le pases razón a Iris y a Damián que los necesito aquí lo antes posible –ordenó Camelia.

Lotis se fue a buscar a su hermana y a su cuñado. Pronto llegaron. Camelia había empaquetado algunas cajas de ropa y alimentos.

-Iris, necesito que tú y Damián se queden aquí con Tuli y Lotis. Yo me voy a llevar a Victoria, Narciso y a Jacinto.

-¿De qué rayos me estás hablando? Yo tengo que contar con mi marido. Tú no puedes tomar decisiones por nosotros –protestó Iris.

-Pues ya está decidido. Esta es la oportunidad que estaba esperando y la voy a tomar. El Feo me dijo que invadió unos terrenos por la isla y que me construyó un rancho para vivir con mis hijos. Yo estoy cansá de vivir en este caserío. Aquí hay muchas drogas y vicios. Tengo miedo que mis hijos se me pierdan. Me voy pa'l campo. Tú puedes quedarte aquí con tu marido y cuidando de tus hermanos. Tuli está en la escuela y Lotis está comprometida para casarse. Yo vendré a verles de vez en cuando.

La decisión estaba hecha y tomada. Iris habló con su esposo y decidieron instalarse en el apartamento de Camelia. Camelia se marchó con el Feo, llevándose con ella a los tres hijos más pequeños. Por allá estuvieron cerca de tres meses. Pasaron hambre, trabajo y necesidades. El rancho había sido construido con pedazos de maderas sobrantes. No había alumbrado porque no contaban con sistema eléctrico. El agua potable no llegaba a las viviendas. La comunidad buscaba agua de una quebrada que se encontraba muy cerca de ese sector. Tampoco tenían servicio sanitario. Todos los fines de semana Damián, Iris, Lotis y Franco se iban al campo a ayudar al Feo a construir una letrina. Al cabo de algunas semanas el poso muro estaba terminado y se finalizó la letrina. Camelia se veía muy feliz. No extrañaba a sus otros tres hijos. Una noche después de terminar de trabajar en el rancho, el Feo se fue de parranda con algunos amigos del barrio. Los celos se apoderaron de Camelia. Ella recogió sus pertenencias y se marchó con sus tres hijos dispuesta a no regresar más al rancho. Camelia llegó a su departamento y les exigió a Damián y a Iris que se fueran de su casa, que ella no estaba dispuesta a perder su apartamento. Iris y Damián se refugiaron en la casa de la madre de Damián. Tarde en la noche, el Feo regresó al rancho. Lo encontró vacío. Tomó un tanque de gasolina. Roció gasolina por doquier y le prendió fuego. Luego fletó un carro público y llegó al caserío. Tocó la puerta. Camelia abrió. No le dio oportunidad de dar explicaciones. La agarró por el cabello. Envolvió el cabello en su mano, mientras con la otra mano intentaba sacar una cuchilla del bolsillo del pantalón.

-Te voy a matar, perra pa' que sepas que con los hombres no se juega –gritaba enfurecido.

Lotis, Tuli, Jacinto, Narciso y Victoria se le arreguindaron por todas partes. Gritando y llorando le rogaban: "Por favor Feo, no mates a mi mamá. No le hagas daño". Él reaccionó. Guardó la navaja y se marchó. Por mucho tiempo no se supo nada del Feo.

20

Una flor sin rocío se morirá,
el fluir de los ríos se detendrá
y nunca más volverá la primavera
aunque mi corazón te espera,
sé que nunca más vendrás...

LOTIS SE ENCONTRABA IRRITABLE. Veía como pasaban los días y Franco continuaba con los planes de boda. No encontraba la forma de romper aquel compromiso tan absurdo al cual su madre la había sometido. No lo quería. Sentía repugnancia por él. Detestaba sus besos y sus caricias. Lo veía sólo como un amigo. No podía imaginarse una vida al lado de aquel hombre, que ahora además de ser su prometido, era su guardián legal. Tomó una decisión. Pasó toda la tarde planificando cómo iba a abordar el tema cuando Franco llegara a visitarla aquella noche.

Y esa noche:

-Franco, necesito hablar contigo. Sé que tú estás muy enamorado de mí, y que estás haciendo planes para casarte conmigo, pero yo quiero ser honesta contigo. Yo verdaderamente no me quiero casar porque yo no te merezco. No soy virgen. Perdí mi virginidad hace algunos meses. Entiendo que tú buscas a una mujer pura. Quiero dejarte libre para que la consigas.

La miró con mucha tristeza y luego preguntó, ¿Fue Amado?

-Sí.

Respiró profundamente y agregó: Mi vida, no te preocupes. Yo ya me lo sospechaba. Nunca quise preguntarte nada porque la verdad no me importa. Ahora debo admitir que el hecho que tú hayas sido honesta conmigo te da más valor ante mis ojos. Esto no altera los sentimientos que yo siento por ti. Aunque sí cambiará nuestros planes futuros. Ahora mismo hablo con tu mamá y le digo que tú te entregaste a mí y que yo quiero que nos casemos lo antes posible para limpiar tu honra.

-Espera Franco. Yo no me quiero casar contigo. ¿Qué pretendes?

-Mira Lotis, yo te he respetado todo este tiempo. He tratado de ganarme tu amor limpiamente. Te deseo con todas mis fuerzas. Entiéndeme. Soy un hombre de experiencia. Y te necesito.

-Tú lo que eres es un canalla. Yo no te amo. Nunca voy a amarte. Mi corazón le pertenece a Amado. Siempre seré de él. Si tú le dices esa mentira a mi madre para que me obligue a casarme contigo yo me escapo.

Una sonrisa malévola asomó en sus labios. -Y si tú te escapas, la policía te busca y te encierran de nuevo. Acuérdate que yo soy tu guardián legal hasta que cumplas tus dieciocho años. ¿Verdad amor mío? –le levantó la barbilla y le dio un beso en la frente. Llamó a Camelia.

-Doña Camelia, necesito hablar con usted.

-¿Qué se le ofrece, Franco?

-Quiero decirle que su hija Lotis y yo hemos decidido casarnos lo antes posible.

-¿Y eso? ¿Ya tienes todo listo para el matrimonio por la iglesia?

-No. Sucede que Lotis y yo estamos en una relación más sería. Usted me entiende, ¿no?

-De modo que usted abusó de mi hija. Le robó su inocencia. Pues ahora soy yo la que decido. Mañana mismo se casan.

Lotis no podía creer lo que escuchaba. ¿Cómo se atrevían a disponer de su vida así porque sí sin preguntarle a ella? No tenía caso protestar. La maldita honra era más importante que la felicidad. Se refugió en su cuarto. Se sentía como un reo condenado a muerte el cual le quedan pocas horas de vida. Esa noche le pidió a Dios que no permitiera que se cometiera aquella injusticia con ella. Lloró hasta quedarse dormida.

Madrugaron bien temprano. Llegaron a la corte y pidieron hablar con el juez.

-Su Señoría, pido a usted que me haga el favor de casar a mi hija con este señor. Pues verá, él le debe la honra a mi hija.

-Señora, ¿Qué edad tiene su hija?

-Acaba de cumplir catorce años.

-¿Y qué edad tiene usted, señor?

-Yo tengo veinticuatro años, Señor Juez –contestó Franco.

-Señora, no se ha dado cuenta que usted me está pidiendo que case a una niña.

-Pero Señor Juez…su honra.

-Yo le entiendo perfectamente. Lo que sí le voy a decir es que la voy a casar, pero por favor, después del matrimonio, llévesela a su casa, y al año y un día pida la anulación de este matrimonio.

Un abogado y una secretaria que estaban allí presentes, fueron testigos del matrimonio y fueron quienes prestaron sus anillos para la celebración. Camelia estaba feliz. Franco quería celebrar. Lotis le pidió que por favor la llevaran a la casa.

Durante la trayectoria, Camelia no paraba de comentar sobre los acontecimientos.

Decía: Todo quedó muy bonito. Ahora el que se casa, casa quiere. A propósito, ¿a dónde van a vivir? Porque en mi casa no pueden quedarse.

-No se preocupe, Doña Camelia, que Lotis y yo vamos a vivir en el apartamento de mi abuela por ahora en lo que yo le puedo rentar una casita.

Mientras dialogaban, Lotis iba callada, pensando: Vamos a vivir en los altos del piso de los padres de Amado. Él vive en el primer piso y la abuela de Franco vive en el segundo piso. ¿Cómo iba a evitar no cruzarse con su amado en las mismas escaleras a cualquier hora del día? ¿Qué pensaría él si supiera que ella se había casado? Era mejor no pensar más.

Franco la llevó y la instaló en el apartamento de su abuela. Luego se fue a celebrar con sus amigos. Hablaba y se jactaba de lo que iba a hacer aquella noche con su joven esposa. Entrada la noche, Franco subió al apartamento borracho. Allí, asustada, y utilizando una sábana como escudo protector, estaba Lotis. No pesaba más de ochenta y cinco libras. No media más de cinco pies. Parecía una muñequita de porcelana a punto de ser quebrada. Franco le arrebató la sábana de un tirón. La haló de las piernas. Ella luchaba por defenderse. El olor a alcohol invadió la habitación. Le arrancó su vestimenta. Mientras más luchaba, más fuerza cogía aquella bestia humana. Allí en la habitación, un piso arriba de la de su amado, fue violada, ultrajada sin ninguna consideración. Una noche que había imaginado una y mil veces que iba a ser igual o mejor como la noche que había vivido con Amado en aquella vieja casucha. Los ataques se repitieron. Franco era insaciable. Siempre acariciándole con aquellas manos ásperas y con residuos de grasa entre las uñas. Los ataques eran cortos pero constantes. Terminado el acto, se dormía profundamente mientras que Lotis ahogaba el llanto para no despertarlo. Adolorida. Deseando desaparecer.

Unas semanas después del matrimonio, mientras la abuela de Franco se bañaba, y Franco trabajaba, tocaron la puerta. Eran unos toquecitos leves. Lotis abrió. Allí frente a ella se encontraba el ser más hermoso que existiera en el planeta: Amado. El corazón le dio un vuelco. No fueron necesarias las palabras. La tomó de la mano y la condujo hacia el pasillo. Allí se abrazaron y se besaron apasionadamente como queriendo borrar el rastro de los besos y caricias que había recibido la noche anterior. Cuando por fin se pudo separar de él, temblorosa, le dijo: Amado, por Dios, qué hacemos. Por favor vete. Si Franco llega te va a matar.

-Te amo, Lotis. Siempre te amaré.

Entonces corrió escaleras abajo.

En la tarde, cuando Franco llegó, la abuela le comentó: Franco, es necesario que te lleves a Lotis a otra parte. Si quieres preservar tu matrimonio.

Esa semana Franco se mudó con Lotis a otro pueblo. Amado se entregó más a la bebida.

La vida de Lotis cambio aún mas. Franco la tenía constantemente vigilada. Era un hombre celoso.

Trabajaba en una funeraria. Se la llevaba a trabajar con él. Lotis iba buscando cadáveres y transportándolos a la funeraria en compañía de Franco. Los fines de semana se la llevaba a vender budines en la avenida para mantenerla bajo vigilancia. Cuando estaban en la casa, no le permitía salir al balcón. Las puertas debían permanecer cerradas a todas horas. Desde muy niña, Lotis había aprendido a hacer las tareas del hogar. Con su padre, había aprendido a cocinar algunos platos. Lo demás lo aprendió utilizando un libro de cocina. Franco esperaba encontrar todo en orden cuando llegara a la casa. Demandaba que se le atendiera a cuerpo de rey. Tenía que traerle las pantuflas, servirle la comida, mantener la casa limpia e irse a la cama cuando Franco se lo pidiera. Una noche después de cumplir con sus deberes, se sentó a mirar televisión. De pronto escuchó a Franco.

-Lotis, vamos a dormir.

-Franco, no tengo sueño. La verdad es que es muy temprano y quiero terminar de ver esta película.

Se levantó furioso. Por sus ojos brotaba la cólera.

-Mira canto de perra...tú vas a hacer lo que yo te diga. Y yo deseo acostarme contigo ahora. Vamos pa' la cama.

Apagó el televisor y la tomó del brazo para forzarla. Ella se soltó y por primera vez se le enfrentó.

-No me vas a forzar esta noche. No te lo voy a aceptar. Prefiero estar muerta que ser tuya. ¿Me entiendes?

Franco la tomó por sus largos cabellos. Colocó su cabeza entre ambas manos y procedió a golpearla contra la pared de cemento como se golpea un coco para quebrarlo. Golpeó y golpeó con fuerza, repetidas veces, tratando de quebrantar la resistencia de Lotis. A medida que la golpeaba, le preguntaba, ¿estás lista para acostarte conmigo?

Lotis sangraba por boca, nariz y ojos. Ya no sentía dolor.

-No, aunque me mates –respondió decidida a entregar su vida.

Esa vez le ganó la batalla. Cansado de golpear, se rindió y le dijo: Muérete perra, tú te lo pierdes.

Lotis cayó al piso y se arrastró hasta llegar debajo de la cama. Allí se acurrucó, y con la frialdad del piso de cemento, se quedó profundamente dormida.

Al día siguiente Franco le despertó.

-Levántate y prepárame el desayuno que me voy a trabajar. Tienes prohibido abrir la puerta y salir al balcón. El teléfono está desconectado-. Lotis estaba desfigurada. El cautiverio duró poco más de un mes.

Al paso de las semanas, Iris estaba angustiada porque no sabía nada de su hermana. Franco iba por el caserío a visitar a su abuela pero cuando Camelia o Iris le preguntaban por Lotis, con una sonrisa a flor de labios, le contestaba: Ella está bien.

Esperaba con ansias locas que los hematomas provocados por los golpes desaparecieran. Y como el tiempo borra todo lo superficial, así sucedió.

21

Por ese palpitar que tiene tu mirar,
yo puedo presentir que tú debes sufrir,
igual que sufro yo con esta situación
que nubla la razón y que obliga a callar...
yo te amo.

LOTIS CUMPLÍA UN AÑO de aniversario. Aquella mañana se sentía enferma. Había perdido el apetito y todo le provocaba náuseas. El malestar continuó por varios días. Franco la llevo al hospital. Exámenes de sangre demostraron que tenía seis semanas de embarazo. Franco estaba preñado de felicidad. La familia de Lotis recibió la buena nueva con regocijo. Lotis experimentaba una mezcla de sensaciones. A veces se sentía dichosa porque iba a ser madre. Otras veces la inquietud se apoderaba de ella. Sentía miedo. Temía no ser una buena madre. Le atormentaba pensar en el momento del parto. Iris siempre había sido su confidente y desde el momento que supo que Lotis iba a ser madre se desvivía por complacerla, cuidarla y cumplirle todos los antojos. Damián por su parte se mostraba hosco con Iris. Después de dos años de matrimonio, seguía culpándola por la falta de hijos. No perdía oportunidad para restregarle en la cara la falta de un bebé.

Siempre que se reunían, Damián hablaba del mismo tema.

-Por lo menos tu hermana le va a dar un hijo a Franco. Tú, Iris, eres una buena para nada. Yo me casé con una machorra –reclamaba Damián.

-Damián, por favor, párale. Deja de estar insultando a mi hermana al frente de mí. Si ella no ha quedado embarazada, por algo será. ¿Tú no te has puesto a pensar que a lo mejor el estéril eres tú? –salía Lotis a la defensiva.

-¿Quién, yo? No mi'jita. Yo estoy bien. Lo que pasa es que escogí a la persona equivocada para casarme. Yo soy todo un hombre.

-¡Ay! Sí, ya salió lo del machismo. A ver ¿tú te has ido a examinar con el médico?

-Eso a ti no te importa.

-Sí me importa, porque tú estás ofendiendo a mi hermana - aclaró Lotis.

-Bueno, ya párenle los dos. Mi hermana tiene razón. Tú no has ido a ningún médico a revisarte. El médico dice que yo estoy bien. Así que el problema no soy yo, y no vivo tirándotelo en la cara –intervino Iris.

La conversación estaba entrando en calor y Lotis decidió cambiar el rumbo de la misma.

-Bueno, vamos a soltar ese tema. Les propongo algo. Como ustedes desean mucho convertirse en padres, pues yo les voy a dar a mi bebé para que me lo bauticen cuando nazca. Así que desde ahora considérense los padrinos de mi bebé. Eso, con todas las responsabilidades que conlleva claro está, si yo falto, ustedes se quedan con mi hijo. ¿Estamos? Digo, eso si Franco lo aprueba –propuso Lotis.

-Por mí no hay ningún problema –respondió Franco.

Eso les hizo feliz.

Camelia preparó la canastilla para el bebé. Toda la ropita de bebé que le daban en las casas de familia la lavaba y la planchaba para tenerla lista. Lotis, por su parte, visitaba a Iris con más frecuencia, pues allí se alimentaba apropiadamente.

A pesar del tiempo transcurrido, el recuerdo de Amado continuaba latente en el corazón de Lotis. Cada vez que iba a visitar a Camelia, se sentaba en el balcón con la esperanza de verlo pasar. Casi siempre sus deseos se le cumplían.

A veces pasaba ebrio y no se percataba que ella estaba allí mirándole, y deseando que ese bebé que llevaba en su vientre se pareciera a él.

Otras veces pasaba y la veía. Se detenía al frente del balcón y le preguntaba: ¿Cómo está mi reina? ¿Cómo está ese bebé?

Lotis sólo le sonreía. Nunca le contestaba. Le miraba y le transmitía un pensamiento. Pensaba: Estamos muy bien dulce amor mío.

Ante su silencio, él le decía: Cuídate amor mío y cuida el bebé. Luego continuaba su camino.

Los nueve meses de embarazo los pasó prácticamente sola. Franco la llevaba a la casa de Camelia o de Iris desde temprano en la mañana y no la recogía hasta tarde en la noche. Se pasaba de parranda en parranda con los amigos. A veces no llegaba a recogerla y esperaba que Lotis regresara por su cuenta.

La familia de Lotis notaba la indiferencia de Franco hacia su esposa. Una tarde, Lotis fue a visitar a Iris. Anocheció y Lotis le anunció a Iris que debía marcharse. Iris le pidió a Damián que acompañara a Lotis hasta la entrada del caserío. Iris se quedó en la casa. Damián aceptó encantado. Caminaron por un buen rato. Damián tomó el brazo de Lotis y se lo enroscó en su brazo. Lotis se incómodo.

-¿Qué haces, Damián? –Lotis le cuestionó.

-Lotis, no te dé pena que sólo lo hago para que los mequetrefes del barrio piensen que eres mi esposa y no se metan contigo.

Prosiguieron su camino. Damián decidió cortar camino por un parque oscuro. Minutos antes de salir a la claridad se detuvo. La tomó en sus brazos y le dio un beso.

Lotis lo apartó bruscamente.

-¿Cómo te atreviste, Damián? –le reclamó indignada.

-Lotis, no sabes lo que yo daría porque ese hijo que llevas en tu vientre fuera mío. Tú sabes que tu hermana no ha podido quedar embarazada. Y yo deseo un hijo. Además, Franco te tiene abandonada.

-Todo eso es cierto, pero tú eres el esposo de mi hermana y yo no te lo permito. Así fueras el último hombre de este planeta, yo no pondría mis ojos en ti. Esto ya lo hemos hablado antes. Por lo tanto te voy a pedir una vez más que me respetes. No me obligues a decírselo a mi hermana. Además, no te da vergüenza. Tengo ocho meses de embarazo, al menos por eso deberías de respetar.

-Lotis, por favor, dame una oportunidad.

-Por favor, Damián, no insistas. Regresa a la casa de mi hermana. Ella te está esperando –y se alejó a toda prisa.

En los días que siguieron, Lotis no volvió a la casa de Iris. Quería evitar a toda costa tener otro encuentro como aquel.

Por fin nació el bebé. Fue un varón. Todo el que lo veía decía que el niño se parecía mucho a Amado. Las amigas íntimas le preguntaban a Lotis.

-¿Estás segura que ese bebé no es de Amado? ¡Por Dios, si es la misma cara de él!

-Aunque mi mayor deseo sería que ese fuera el caso, desafortunadamente no lo es –aseguraba Lotis.

Tenía el pelito rubio y rizado, ojos color café claro y tez blanca.

Amado también reconoció el parecido que tenía el bebé con él y se sintió muy orgulloso. Aunque sabía que no era su hijo, desde que lo vio por primera vez, en su corazón surgió un sentimiento paternal hacia el bebé.

El gran parecido del bebé con Amado creaba dudas en el corazón de Franco. Por eso no perdía oportunidad para maltratar al bebé y a Lotis.

Vivían en una pensión. Todas las noches le ordenaba a Lotis que se fuera a la azotea con el bebé en los brazos porque no le dejaba dormir. Otras veces colocaba la cuna del bebé en el baño y le tiraba todas las almohadas encima para no escucharlo llorar. Cuando Lotis se paraba a socorrerle, le ordenaba que se saliera del cuarto y que pasara la noche afuera con el bebé.

Después del nacimiento del niño, Amado desapareció.

Con la llegada del niño los gastos aumentaron y Lotis decidió irse a trabajar. Iris le cuidaba el niño. Tenía dos trabajos de lunes a domingo. Salía del restaurante donde trabajaba como dependienta y se iba a una tienda por departamentos a trabajar como cajera. A las nueve de la noche recogía al bebé y lo llevaba a la casa. Entonces limpiaba, cocinaba y hacía todas las tareas domésticas para el otro día seguir con la misma rutina.

-Franco, ¿por qué no me enseñas a conducir? Yo necesito un carrito para moverme de un lugar a otro. Eso de estar cogiendo pasaje de Cataño a Buchanan todos los días y a veces bajo lluvia y con el bebé, no es fácil –le comentaba a Franco.

-Óyeme, tú fuiste la que decidiste ponerte a trabajar. Pues atente a las consecuencias. Yo no te voy a enseñar a guiar por que tú eres tan y tan bruta que lo único que puedes hacer es estrellar mi carro contra un poste –decía Franco entre carcajadas.

-Por lo menos deberías ayudarme a llevar y a recoger el niño a la casa de mi hermana.

-Mira, ya no me fastidies más con el mismo tema. Te dije que te las arregles como puedas. Yo tengo suficiente con mi trabajo. Además, la mujer debe estar en la casa atendiendo sus hijos y su marido. Eso de que tú andes para arriba y para abajo todo el tiempo me fastidia. Pero si eso es lo que quieres, entonces no te quejes y déjame tranquilo.

La última palabra le correspondía a Franco, y Lotis, para evitar que la situación trascendiera a peores términos, optaba por permanecer callada.

22

Creí que eras distinto, creí que eras sincero,
y te entregué mi vida sin ninguna condición,
pero todo fue un sueño...

Las fiestas patronales estaban en el pueblo. El pueblo estaba todo alumbrado. La muchedumbre caminaba de un lado para otro sin rumbo fijo. La plaza estaba rodeada de picas. Alrededor de cada pica, hombres y mujeres apostaban su suerte con monedas. Más adelante, los quioscos de frituras. El ambiente estaba impregnado con el olor a morcillas, cuajito, guineítos, alcapurrias, bacalaítos, rellenos de papa y los sabrosos pastelillos. Seguían los quioscos con la famosa piña colada y toda clase de bebidas. A la orilla de la playa se encontraban las machinas. Todo era muy colorido. En el mismo centro de la plaza, la tarima con el templete. Las mejores orquestas eran contratadas por el alcalde para deleitar a los catañeses por quince días. Los fuegos artificiales anunciaban el inicio de las fiestas de nuestra patrona la Virgen del Carmen. Luego el desfile de reinas. Asistían niñas y adolescentes representando cada pueblo de la isla. Llevaban vestidos típicos y elegantes. Más adelante el famoso Guariquitén. Los mejores bailes se daban en aquel lugar. Estaba cubierto con pencas de palmas. Una brisa fresca con olor a salitre invadía el lugar por la cercanía al mar.

Lotis llevaba rato buscando a Franco en las fiestas. Arrastraba el cochecito del bebé y a todo el que veía le preguntaba si habían visto a Franco. Estaba agotada y quería regresar a la casa. Se detuvo frente a la tarima y desde allí divisó a Iris. Se abrió paso entre el gentío y llego hasta ella.

Iris tenía el vientre enorme. Estaba embarazada, próxima a alumbrar. Se saludaron.

-Iris, ¿no has visto a Franco? Llevo rato buscándolo y no lo encuentro. Él vino conmigo pero en lo que monté al niño en el carrusel se me desapareció.

-Cállate que estoy en las mismas. Damián me dejó aquí esperándolo en lo que iba a comprar una cerveza y todavía es la hora que no llega.

-¿Qué te parece si nos damos una vuelta por el Guariquitén? Quizás alguien les haya visto por allá

-Pues vamos.

Llegaron al Guariquitén y allí encontraron a Carmen, la amiga de Lotis.

-Carmen, ¿por casualidad has visto a Franco o Damián?

-Hace un ratito estaban los dos aquí bailando con unas muchachas.

Miraron pero no encontraron rastro de ellos. Decidieron seguir el camino. Abriéndose paso llegaron hasta la orilla de la playa. Había muchas parejitas sentadas a la orilla. En el camino se encontraron con un amigo íntimo de Franco.

-Ángel, ¿has visto a Franco?

-Hace como veinte minutos pasaron por aquí Franco y Damián con Vickie y Chabela. Iban hacia el estacionamiento.

En ese momento la sangre de Iris estaba que hervía. Se sentía ultrajada, engañada. Cómo se atrevía Damián a dejarle en plena fiestas patronales para irse a aventurar con la Chabela. Sabía que Chabela no era de confiar. Era una mujer fácil. Había sido la amante de muchos hombres en el caserío. En cuanto la Vickie, tampoco se quedaba atrás. Era una oportunista que lo único que buscaba era pasar un buen rato.

-Iris, será mejor que nos vayamos. Yo no creo que estos lleguen esta noche. Ellos la van a coger larga –le dijo Lotis.

-Este desgraciado me las va a pagar. Mira que dejarme plantada sabiendo que en cualquier momento se me puede presentar el parto.

-Ay Iris, no te preocupes. No dejes que eso te quite el sueño. Todos son iguales. No te acuerdas que cuando a mí se me presentó el parto, Franco tampoco aparecía por ningún sitio. Luego supe que estaba en la escuela superior tratando de enredar a muchachitas ilusas como yo. Yo lo dejo que lo haga, a ver si embaraza a otra, así lo obligarían a divorciarse de mí para que se case con la chica y le limpie la dichosa honra. O, a lo mejor no le doy el divorcio para que se lo lleven preso.

-Eso estaría bien si ellos no nos estuvieran exponiendo a contraer alguna enfermedad venérea. Pero a ellos, eso no les importa.

Conversando llegaron al apartamento de Iris.

Iris preparó café y se dispusieron a esperar por sus maridos.

-Iris, y ¿cómo te ha tratado Damián durante estos meses? ¿Todavía te insulta y te habla malo? Yo no puedo entender por qué tiene esa boca tan sucia.

-Pues fíjate que desde que salí embarazada se está comportando mejor. Independientemente de lo que pasó esta noche. Yo pienso que su comportamiento anterior tenía mucho que ver con el hecho de que yo no salía embarazada. Pero ahora todo nos va mejor.

-Espero que así sea. No me gusta cuando te golpea.

-Tampoco me gusta cuando Franco te golpea a ti.

-Hace tiempo que no lo hace. Como yo no paso mucho tiempo en la casa pues no tiene oportunidad. Sé que mientras estoy trabajando, él se pasa en la esquina piropeando las chicas y esperando que alguna caiga en su tela de araña.

-¿Y qué piensas de eso? ¿Cómo te sientes al respecto?

-A decir verdad, eso me molesta y me duele, no porque lo quiera, sino más bien porque creo que yo me merezco un poco de respeto. Yo no pude ser feliz con Amado, más sin embargo, él por el simple hecho de ser hombre puede hacer lo que se le dé la regalada gana y esta sociedad lo acepta. Su comportamiento es completamente normal. ¡Cómo me hubiera gustado ser hombre! Franco es como el perro del hortelano, ni come ni deja comer. Un día de estos me voy a largar y me va a coger bien lejos. Pero mejor cambiemos el tema. ¿Cómo están mami y los muchachos? Hace una semana que no los veo.

-Bueno, pues mami está bien. Tú sabes. Todavía sigue teniendo peleas con los vecinos. A veces coge los platos de arroz y los derrama en el pasillo. Otras veces me dice que vio al Feo meterse en el apartamento de la vecina del frente.

-¿Crees tú que sea verdad? Iris, perdóname, pero no creo que eso sea verdad. Acuérdate lo que me dijo la trabajadora social que mami estaba mal de la mente.

-Ay Lotis, yo no sé decirte si es verdad o no porque tú sabes lo mujeriego que es el Feo y lo atrevidas que son las mujeres por aquí. Fíjate que las otras noches la Chabela me le estaba haciendo ojitos a Damián. Estoy decidida a enredarme con ella si continúa haciéndolo.

-Pues yo me alegro de estar lejos de aquí. Así me evito todos esos problemas. ¿Y los muchachos?

-Bueno, Jacinto, Narciso y Violeta a cada rato vienen por ahí. Me gusta que vengan especialmente cuando Damián no está. Pues tú sabes lo odioso que se pone cuando los ve. A mí me dan pena. Yo les llamo y les doy comida de vez en cuando porque tú sabes cómo es mami que no cocina. Además, ellos se levantan desde temprano, cogen calle y no se les ve el pelo hasta por la noche. Los otros días pasé un verdadero susto. Tuli vino y me contó que estaba corriendo una bicicleta en los aros solamente. Él estaba en la carretera. De pronto vino un camión. Tuli trató de frenar pero figúrate que no lo pudo hacer porque la bicicleta no tenía gomas. Y que dizque por un pelo no terminó debajo de las ruedas del camión. Ese tiene un ángel que lo cuida.

Pasaba la medianoche cuando el carro de Franco se detuvo frente del apartamento de Iris.

-Ahí llegaron esos infelices –dijo Iris.

Franco tocó el claxon para que Lotis bajara.

-Será mejor que me vaya. Es tarde y estoy cansada. Tú mejor acuéstate a dormir y no te pongas a discutir con Damián. Recuerda que todos los malos ratos le afectan al bebé y tú has esperado mucho para tener ese bebé para ahora también poner la vida de él en riesgo. No vale la pena.

-Está bien. Cuídate. Nos vemos-. Se despidieron con un beso y un abrazo.

Temprano en la madrugada, Iris fue admitida en el hospital. Parió un hermoso niño. El nacimiento de su hijo fue suficiente para la reconciliación del matrimonio.

23

Lo que tiene que ser, será, será.
Y lo que ha de llegar vendrá, vendrá.
Y comprendo que me sobran
caminos y fe y vida para amar…

ERA UN DÍA DE SEMANA. Lotis había salido temprano del trabajo y se dirigía hacia la casa de Iris a recoger el niño. Se disponía a tomar *la pisa y corre* de Cataño a Bayamón, cuando volteó y se encontró con la hermana de Amado.

Se saludaron y Lotis decidió esperar la próxima guagua para aprovechar y ponerse al día con el paradero de Amado.

-Pues Ely, cuéntame, ¿Qué es de tu vida? ¿Dónde vives? ¿Qué es de la vida de tu hermano?

-Pues te diré que vivo en Las Palmas. Me separé de mi esposo. Estoy sola con mi hijo. Amado anda por Nueva York con Carmín mi hermana mayor. Y, ¿tú? ¿Todavía sigues casada con el ogro de Franco?

-Sí, todavía sigo con él. Y Amado, ¿no se ha casado? ¿Está enamorado? ¿Tiene novia?

-Bueno, hasta donde yo sé, no. No tiene novia. Según tengo entendido, sigue muy enamorado de ti. Mi pobre hermano nunca se resignó a perderte.

-Lo malo de todo esto es que yo también siento que lo amo con todo mi ser. Pero tengo que resignarme. Lo nuestro es un amor imposible.

En ese momento el rostro de Lotis se transformó. Se puso pálida.

-Ely, tengo que irme. Ese que viene en ese carro es Franco. Y estoy segura que me vio hablando contigo. Por favor, si le escribes a Amado, dile que lo amo y que por favor se cuide.

-Así se lo diré. Lotis, si algún día llegaras a necesitarme, no dudes en buscarme. Estoy en el edificio dos de las Palmas. Todos me conocen. Sólo pregunta por Ely. Cuídate.

-¡Chao!

-¡Chao!

Franco estaba que echaba chispas por los ojos cuando Lotis se acercó al auto.

-Móntate –ordenó.

-¡Hola! Ya iba a recoger al niño. Estaba esperando la salida de la próxima pisa y corre.

-Sí. Eso vi. También vi que estabas muy animada hablando con la alcahueta de la hermana de Amado. Se puede saber qué estaban hablando –preguntó al mismo tiempo que el tono de voz iba en aumento.

-Nada importante. Estábamos…"

No la dejo terminar. Le metió una bofetada en pleno rostro que le dejó los oídos zumbando. Condujo hasta la playa y se detuvo. Se bajó. Aventó la puerta y se dirigió a la puerta de Lotis. La abrió y la tomó por los cabellos. La arrastraba mientras ella lloraba, pataleaba y luchaba por defenderse de aquella fiera. La llevó hasta la orilla de la playa. La playa estaba desierta. La pateó repetidas veces, gritándole, "Perra, maldita, te voy a enseñar a respetar a los hombres. La vergüenza que no te puso tu *pai,* te la voy a poner yo. Dime, ¿estabas preguntando por el rufián de tu amorcito querido? Dime, contéstame. ¿Todavía lo amas, no es cierto? ¿Piensas en él cuando te hago el amor todas las noches?

-No, yo no sé nada de Amado. Por favor, ya no me pegues.

Continúo maldiciéndola. Comenzó a escavar un hueco en la arena de la playa. Lotis ya no tenía fuerzas para defenderse. La tomó y la arrastró hasta el hueco y comenzó a cubrirla con arena. Allí la sepultó. Luego se alejó del lugar.

Minutos más tarde removía la tierra desesperadamente. Rogándole a Dios con el pensamiento que su esposa estuviera viva. La sacó. Comenzó a sacudirle la arena de su cuerpo, de la cara y de su ropa. La sangre que brotaba de los labios se mezclaba con la arena. Lotis no reaccionaba.

-Lotis, amor mío, reacciona. Perdóname por favor. Me cegué. No quise hacerte daño. Por favor, perdóname. No puedo imaginarme la vida sin ti. Sólo de pensar que tus pensamientos le pertenecen a otro me enloquezco.

Minutos más tarde, Lotis despertaba. Lloraba. No decía nada. La llevó hasta el carro. Le abrió la puerta y la ayudó a montarse. Luego pasó a la casa de Iris. Subió. Recogió al niño y se los llevó a la casita que rentaba en Juana Matos. Aquella noche, Lotis decidió que a la primera oportunidad se marcharía.

La siguiente mañana no fue a trabajar. Estaba muy golpeada para presentarse así en su trabajo.

Franco no le hablaba. Transcurrieron varias semanas. Decidió salir de la casa.

-Franco, tengo cita con el médico. ¿Me llevas?

-No, vete tú. Yo me quedo con el niño. No demores.

Se arriesgaría. Tenía que establecer contacto con Ely. Tomó una pisa y corre y se dirigió a las Palmas.

Cuando llegó a la casa de Ely, la puso al tanto de los últimos acontecimientos.

-Ely, me quiero ir a Nueva york con mi hijo. ¿Tú crees que tu hermano me quiera ayudar?

-Pues claro que sí. Tú eres el gran amor de su vida. Yo le escribí y le dije que había hablado contigo. Él sólo piensa en ti y no pierde las esperanzas de que puedan volver a estar juntos otra vez.

-Entonces dile que muy pronto nos vamos a reunir. No sé cómo le voy a hacer. Tengo que conseguir los pasajes para mí y para mi hijo. Voy a escribirle a mi padre para ver si me ayuda.

Al cabo de dos semanas, Lotis consiguió los pasajes. Habló con Ely. Le pidió que le ayudara a preparar las maletas y que le permitiera guardarlas en su casa. El día del viaje, salió para una cita médica con el niño y no regresó.

24

Ella es mi amor, sólo por ella vivo la felicidad,
yo sé que nunca a nadie más podré yo amar,
porque la quiero de verdad, si un día me faltas tú,
que Dios me ayude a morir,
ya que no volveré a ser en esta vida feliz...

ERA LA PRIMAVERA. La temperatura estaba fresca. Su llegada a la ciudad de los rascacielos fue fenomenal. Se sentía transportada a otra galaxia. Octavio la esperaba en el aeropuerto con Inés, su nueva esposa. Se abrazaron. Por el camino miraba los grandes edificios.
Las calles sucias. Escuchaba el ruido de los trenes. Llegaron al apartamento del Bronx a eso
del medio día. Luego Octavio se sentó a almorzar. Se despidió y se fue al *candy store*. Lotis se
quedó conversando con Inés.

-Inés, necesito que me ayudes a convencer a mi papi. En realidad yo no vengo a vivir
con ustedes. Yo no quiero ser una carga. Yo vine a reunirme con mi esposo.

-¿Y quién es tu esposo?

-Se llama Amado. Y está aquí. Mi papá lo conoce. Él le conoció cuatro años atrás.

-Pero, ¿y tu esposo no está en Puerto Rico?

-El hombre con quien mi madre me obligó a casarme, yo no lo considero mi esposo.
Mi verdadero esposo es Amado, porque nosotros estamos unidos por Dios. Y queremos estar
juntos.

-¿Y el papá del niño, sabe que tú estás por acá?

-No. Ni lo va a saber. Él no sabe donde vive mi padre. No creo que se atreva a llegar hasta
acá. Sabes, yo he sufrido mucho con ese señor. Pero mejor ni hablar de eso. Quiero dejarles
saber que Amado tiene la dirección de ustedes y que si no fue al aeropuerto a buscarme fue
porque tenía que trabajar. Además, le pedí que me permitiera hablar primero con mi padre
para dejarle saber de mis planes. Él viene como a las seis.

-Está bien. Termino aquí y bajo al *candy store* para hablar con tu papá. Tú no te preocupes.
Yo me encargo.

-Inés y Lotis se llevaron muy bien desde el primer momento. Era una señora muy
hermosa y encantadora.

Horas más tarde, Octavio, Inés y Lotis conversaban en la pequeña salita del apartamento, mientras Pito, el niño de Lotis, correteaba por la sala tratando de halarle el rabo al gato de Inés.

Rin, rinnnnnnnnnn. Sonó el timbre de la puerta. El corazón de Lotis dio un sobresalto. Pensó: "Será Amado que viene a buscarme". Su cara se iluminó. Por fin su sueño se iba a hacer realidad. Inés abrió la puerta y le invitó a pasar. Estaba más guapo que nunca, más alto, más varonil, más hombre. Sus ojos marrón claros le brillaban. Saludó a Octavio.

-¿Cómo está Don Octavio?

-Bien muchacho. Pásale. Siéntate. Y tú, ¿cómo estás?

-Pues figúrese usted, feliz porque Lotis está aquí. Nunca pensé que esto fuera posible-. Hablaba y la miraba con una mirada llena de amor, de esperanzas.

Se le acercó a Pito y lo tomó en sus brazos.

-¿Y cómo está este hombrecito?

-Pues se la ha pasado molestando al pobre gato desde que llegamos –se apresuró a decir Lotis.

-¿Cómo estuvo el viaje?

-Bastante bien.

-Pa', necesito hablar contigo –dijo Lotis en un tono serio, dirigiéndose a Octavio.

-¿Qué sucede? –contestó Octavio.

-Amado vino a buscarme a mi hijo y a mí. Nosotros nos queremos y vamos a vivir juntos.

-A ver, a ver, ¿Cómo está eso? ¿Dónde? Es que acaso tú tienes sitio para llevarte a mi hija –le preguntó directamente a Amado.

-Pues verá, Don Octavio, ahora mismo yo estoy trabajando y vivo en la casa de mi hermana. Mi hermana está de acuerdo que Lotis, el niño y yo, vivamos en su casa en lo que yo le puedo poner un apartamento a Lotis.

-Pues yo lo siento mucho, mi hijo, pero Lotis no va contigo a ningún lado hasta que tú no le tengas un apartamento para ella y su niño. Aquí a ella no le va a faltar absolutamente nada. Yo estoy dispuesto a proveer para ella y su hijito. Así que lamento decirte que ella no va a ningún lado.

-Pero Don Octavio, nosotros nos amamos.

-Eso yo lo entiendo perfectamente. Pero mi hija sale de aquí solamente para su apartamento.

Lotis se le acercó a Amado y le dijo: -Mi vida, ¿podemos hablar un momento afuera tú y yo?

-Claro, mi reina.

-Inés ¿puedes velarme al niño? –le preguntó a Inés.

-Sí, ve sin cuidado.

Se tomaron de la mano y salieron al pasillo. Se abrazaron y se besaron apasionadamente. Amado tomó el rostro de Lotis entre sus manos y lo llenó de besos.

-Mi reina, no sabes la falta que me has hecho todos estos años. Esto es un milagro. Se lo pedí tanto a Dios que me lo concedió. Sin ti la vida no es vida. Sin ti me faltan las fuerzas para seguir viviendo. Tú eres la luz de mi existencia. Nunca pude aceptar tu pérdida. Tú y yo estamos destinados a pertenecernos el uno al otro. ¿Lo entiendes?

-Lo sé mi amor, y por lo mismo estoy aquí. No podía aceptar que nuestro amor se acabara. Entre nosotros surgió una chispa de amor aquella tarde que nuestras miradas se cruzaron desde nuestros balcones. ¿Te acuerdas? Luego la pasión se encendió aquella noche que me besaste en el parquecito del caserío. Sin tus palabras y sin tus besos mi vida no tendría sentido. Necesito que me ames. Quiero que con tus besos borres de mi cuerpo las huellas de aquel maldito.

-Calla, mi reina. No lo menciones. Piensa sólo en mí. Eso es lo que he hecho para seguir viviendo todo este tiempo y no volverme loco. Pensaba en ti las veinticuatro horas del día. ¡Oh Dios, esta sed que tengo, sólo la saciaré cuando viva contigo! –la apretó contra su pecho y así la sostuvo por unos minutos. Luego respiró profundamente y la apartó.

-Lotis –le dijo–, mi vida, si hemos esperado todo este tiempo para estar juntos, qué más da esperar unos días más en lo que consigues el apartamento.

-Mi reina, te prometo que la próxima vez que venga, vengo a recogerte a ti y a nuestro hijo. Yo le voy a demostrar a tu padre que soy un hombre responsable, que sólo quiero lo mejor para ti. Por lo tanto, espérame. A propósito te traje algo-. Le tomó las manos y le colocó un papel doblado-. No lo abras todavía. Espera que me vaya y cada vez que me extrañes, ábrelo y léelo. Te amo mi reina.

Se besaron nuevamente. Entraron.

-Don Octavio, yo me voy. Tengo muchas cosas que hacer pero le prometo que pronto volveré a buscar a Lotis y al niño. Pasen todos buenas noches –dijo mientras se marchaba.

Octavio decidió hablar seriamente con Lotis.

-Lotis, ¿tú estás segura que quieres ponerte a vivir con este hombre? Porque mejor no se dan un tiempo. Tú acabas de salir de una mala relación. No sé. Ustedes son muy jóvenes. Amado no puede tener más de dieciocho años y tú apenas diecisiete.

-Papi, él recién los cumplió. Nosotros nos queremos.

-Pero mi'ja, vive tu vida primero. Mira, tú solamente tienes ese nene. Yo te ayudo a criarlo. Te prometo que a tu hijo no le ha de faltar nada. Además, si tú te quedas aquí con nosotros, te prometo que te llevo a viajar por todos los estados. Hay tantas cosas por ver. Por favor, piénsalo.

-Pa', no hay nada que pensar. Me voy con él, entiéndeme por favor, lo amo.

-Está bien. Será como tú quieras. Acuérdate que cualquier cosa que necesites puedes contar conmigo –la abrazó y le dio un beso en la frente.

-Lo sé, pa' -. Por primera vez se sintió protegida.

Se retiraron a sus habitaciones. Allí buscó con ansias el papel que Amado le había puesto en las manos. Lo desdobló y luego leyó aquellos versos inspirados por el amor.

Poesía junto a la puerta

¡Qué linda fue aquella noche!

Que al acostarme soñé,

con una linda muñequita,

que al despertar la encontré,

estaba junto a la puerta,

y muy tieso me quedé.

¡Yo que la hacía muy lejos!

Dios me la concedió,

gracias le doy ahora,

porque muy contento estoy.

¡Gracias, Dios mío gracias!

Por traerme a mi muñequita,

a quien tanto amaba yo.

Amado

Suspiró y apretó aquel papel contra su pecho. Cuánto amor encerraba aquellas líneas. Se durmió pensando en su Amado.

Transcurrió una semana. Tal y como lo prometió, Amado regresó a buscarlos. Le entregó la dirección a Octavio y le invitó a que les visitara.

25

Amada mía, grata sorpresa la que me has dado,
reina de luz y de esperanza,
tienes el don de dar la calma, lo eres todo para mí...

ABORDARON EL TREN en la estación de *Intervale*. Era la primera vez que Lotis tomaba el subterráneo. Lo había escuchado muchas veces desde el apartamento de su padre, pero no había tenido oportunidad de viajar en él. Un olor a sudor mezclado a tabaco invadía el coche donde viajaban. La gente rozaba sus cuerpos unos a otros. De pronto entre la muchedumbre se escuchó el ritmo de unas congas. Dos jovencitos saltaron de cada uno de los extremos del coche, y al ritmo de las congas, comenzaron a hacer un espectáculo en el centro del coche. Algunos de los pasajeros continuaron leyendo su periódico como si nada. Otros miraban estupefactos la función. Amado llevaba a Pito sentado en sus piernas. El ruido de las congas combinados con el estrépito sonido que producía aquella locomotora al deslizarse por las vías subterráneas provocó irritación en el niño. Comenzó a llorar incontrolablemente. Lotis lo tomó en sus brazos y le apretó contra su pecho. A medida que el sonido de las congas disminuía y el espectáculo llegaba a su fin, el niño se tranquilizaba. Los ejecutantes pasaban con las congas boca abajo recogiendo monedas. Amado le lanzó unas monedas en las congas. El tren llegó a *Saint Ann's* y salieron. Caminaron por dos cuadras. El aire estaba impregnado con humo. Había muchos edificios abandonados y carbonizados en el área. Llegaron a un edificio de apartamentos en *Saint Ann's*. Amado cargaba a Pito en sus brazos. Subieron.

El departamento era precioso. Estaba localizado en un quinto piso. Tenía dos cuartos de dormitorios, un baño, una sala espaciosa y la cocina. Desde las ventanas del cuarto se divisaba las marquetas de la Tercera Avenida.

-Ven mi reina. Déjame enseñarte el cuarto del niño.

Tenía una cama cuna que le habían regalado. Colocaron a Pito en la cuna, quien de inmediato se quedó dormido por los ajetreos del día. Luego tomó a Lotis de la mano y se la llevó hasta su habitación. Había sólo un colchón en el piso. No importaba. Estaba con él.

-Te prometo, mi cielo, que poco a poco lo vamos a amueblar. No te va a faltar nada.

Se tiraron en el colchón y se dedicaron a amarse intensamente. Entre risas, juegos, caricias y besos, pasaron la tarde. Allí descubrieron el paraíso.

-Ámame una vez más. Demuéstrame que esto no es un sueño, mi príncipe –susurraba Lotis al oído de Amado.

Se amaron una y mil veces. Cuando el cansancio les venció, se quedaron dormidos, agotados uno al lado del otro, entrelazados, tal y como Dios les trajo al mundo. Les despertó el llanto del niño. Se vistieron y lo llevaron con ellos al colchón a compartir su alegría. Hablaban. Hacían planes. Tenían una vida delante de ellos.

-Lotis, cásate conmigo –le pidió Amado.

Una tristeza opacó el momento. La sombra de Franco.

-No puedo. Estoy casada con Franco por lo civil. Y aunque ese matrimonio no tiene ningún valor para mí, tengo que hallar la forma de divorciarme de él. Démosle tiempo al tiempo. No sabes que para mí tiene más valor aquel matrimonio que celebramos frente a la escuela hace cuatro años. Sobre una Biblia, juramos amarnos más allá de la muerte. Por el bien mío y de mi hijo, Franco no debe de saber de nuestro paradero. No sé de lo que sería capaz. Tengo esperanzas que algún día me pueda liberar por completo de él.

Transcurrieron un par de meses. Su amor aumentaba. Tal y como Amado había prometido, no demoró mucho tiempo en amueblar el departamento. Compró un juego de sala, una mesa de comedor y un hermoso juego de cuarto. Todo era de segunda mano, pero no importaba, porque el día que Octavio decidió ir a visitar a Lotis y a su nieto, salió de allí satisfecho porque vio a su hija muy feliz. Disimuladamente abrió la nevera para ver si había alimentos y vio que la nevera estaba a punto de estallar de tantos comestibles. Lotis se sentía inmensamente feliz, pero extrañaba a sus hermanos. Al cabo de dos meses recibió carta de Iris.

23 de junio de 1977.

Querida hermanita:

La presente es para decirte que por acá todo está bien. Franco sigue viniendo hasta mi casa tratando de indagar de tu paradero. Se le ve muy triste. Hasta parece que ha perdido peso. De mami te diré que sigue trabajando muy duro y como siempre peleando con los muchachos y con los vecinos. De Damián te diré que todavía sigue haciendo chiripas. La situación económica por acá va de mal en peor. De los muchachos te digo que Tuli y Jacinto vinieron a casa los otros días y me pidieron que te escribiera y te mandara a decir si ellos pueden irse a vivir contigo para allá fuera. Lotis, por favor, si tú puedes sacarlos de este ambiente, ayúdalos. Temo que nuestros hermanos se pierdan. Aquí la droga sigue aumentado. Muchos jóvenes mueren a diario abaleados por la policía o por los narcotraficantes. Lotis, si está en tus manos ayudarlos, por favor hazlo. Ahora me despido. Cuídate.

Tú hermana que desea más verte que escribirte,

Iris.

Habló con Amado.

-Amado, sé que estamos comenzando. Pero yo extraño mucho a mis hermanos y me gustaría sacarlos de aquel ambiente.

-No digas más mi reina, si ese es tu deseo, tus hermanos vendrán a vivir con nosotros. Yo sólo deseo que tú seas feliz.

Fue cuestión de semanas cuando Lotis mandó a buscar a sus hermanos.

Mientras tanto, Lotis y Amado continuaban disfrutando de su amor. Era como un río de agua viva que no cesaba de fluir. En las tardes, después que Amado llegaba del trabajo, se iban al parque con el niño. Amado le cargaba en su cuello. No le permitía caminar. Luego se iban a andar por toda la Tercera Avenida de la 149. Paseaban por las tiendas.

Se detenían ante los escaparates.

-¡Qué bonita blusa! –decía Lotis.

-Espérame aquí mi reina-. Entraba a la tienda y al rato salía con una bolsa en la mano.

-Aquí tienes mi reina. Sé que te va a quedar divina.

Seguían caminando. En las noches frescas acostaban al niño y luego subían a la azotea del edificio a disfrutar de las noches veraniegas más románticas. Bajo las sombras del cielo contemplaban las noches de luna llena bajo una cobija de estrellas. Ponían la radio. Cantaban y bailaban. Celebraban su amor. Tomaban unas copas de vino y brindaban. Horas más tarde se entregaban en una lujuria de amor.

-Mi amor, ¿ves aquella estrella que brilla a lo lejos con mayor intensidad? Esa es mi estrella. Si algún día por cosas del destino nos separamos, en las noches estrelladas como ésta, búscame entre las estrellas que yo estaré pensando en ti –decía Lotis.

-Tú no vas para ningún sitio. Ahora te pregunto, ¿Qué harías tú si yo me muriera mañana? –preguntaba Amado.

-Yo me iría contigo.

-Más te vale.

-Eres un egoísta, engreído. Pero por lo mismo te amo. Creo que nuestro amor es tan inmenso que sería capaz de transcender las distancias y el tiempo. Presiento que esta vida no nos va alcanzar para vivirlo. Por eso te voy a sugerir algo. Prométeme que si tú mueres primero, me vas a esperar en el cielo. Y si yo me voy primero, haré lo mismo. Y que una vez estemos allí, entre aquellas nubes de algodón, fabricaremos nuestro nido de amor –añadió Lotis señalando las nubes.

-Ay, mi reina, ¿y quién piensa en morirse? Ya dejemos de estar hablando de la muerte y disfrutemos de este paraíso terrenal.

-Por favor, prométemelo. Muy bien, te lo prometo. Sólo que no vayas a demorarte mucho, no vaya a ser que me enamore de otra angelita allá arriba –comenzaba a reírse a carcajadas mientras que Lotis le pegaba.

Ah sí, pues a mí no me beses si piensas serme infiel en el cielo-. Lotis fruncía el ceño y le miraba enojada.

Amado se le acercaba y la contentaba con besitos de piquitos por toda la cara.

-Venga para acá mi reina y déjese amar. Usted sabe que mi corazón le pertenece sólo a usted. Y claro que la espero el tiempo que sea necesario. No más no me hagas esperar mucho.

-Vale.

-Ahora bésame mucho y disfrutemos de esta noche hermosa.

La apretaba contra su pecho hasta casi dejarla sin respiración. Luego le preguntaba: ¿De quién es mi reina?

-Soy del pueblo –decía y sonreía al ver la expresión de Amado.

Éste, sin vacilar ni un instante le contestaba: Entonces yo me llamo Pueblo. Entre risas y besos continuaban con sus juegos improvisados.

Casi amaneciendo, bajaban al apartamento. Amado llenaba la bañera de agua tibia. Preparaba el baño con burbujas y pétalos de rosas. Ponía velas aromáticas e invitaba a Lotis a sumergirse en la bañera. Se contentaba con sólo mirarla sumergida entre tanta espuma. Era su reina, su amor, su diosa de Venus. La miraba por largo rato como queriendo grabar su bello rostro en su mente. Ese ritual se repetía con frecuencia. No se podía ser más feliz.

26

Perdóname... perdóname... perdóname,
si alguna noche la pasé lejos de ti,
en otros brazos, otro lecho y otra piel...

TULI Y JACINTO llegaron durante el verano. Lotis se sentía aún más dichosa. Juntos formaron una pequeña familia. Decidieron mudarse para un apartamento de tres cuarto en el mismo edificio donde vivía Octavio. Tuli y Jacinto fueron matriculados en la escuela intermedia. Jacinto comenzó en el sexto grado y Tuli en octavo. Todos los días madrugaban y se iban para la escuela. Estaban muy contentos. Cuando salían de la escuela pasaban al *candy store* para comerse un sándwich y tomar un refresco. Eran jóvenes caseros. Se la pasaban al frente del televisor mirando los programas que ninguno de los tres entendía. El único que entendía y hablaba inglés era Amado. Él había vivido un tiempo con su madre en los Estados Unidos hasta que ésta falleció y luego se mudó con su padre a Puerto Rico. Una mañana Lotis se despertó con náuseas. Pasaban los días y las náuseas matutinas seguían aumentado. Preocupado, Amado la llevó al médico. Le hicieron análisis de sangre.

-Vas a ser mamá. Tienes aproximadamente unas seis semanas.

El rostro de Amado se le iluminó. Un hijo, producto de su amor. No lo podía creer.

-¡Me vas a dar un hijo! ¡Dios mío, otro hijo de la mujer que más amo!

Se besaron y abrazaron.

Lotis no pudo hablar. Se limitó a refugiarse entre los brazos de Amado. No estaba preparada para convertirse en mamá por segunda vez. Tenía mucho miedo.

A partir de aquel acontecimiento, las relaciones entre Lotis y Amado fueron cambiando. Discutían. Peleaban. Se herían. Lotis pasaba mucho tiempo deprimida. Abandonó la limpieza del apartamento. Se la pasaba con náuseas y vómitos. No comía. Le molestaba la presencia de Amado. Le molestaba el olor de su cuerpo.

-Te odio. No te soporto. Tú apestas. Estoy cansada de estar entre estas cuatro paredes. Mi cuerpo está completamente deformado. Sé que te vas a buscar otra mujer porque yo me veo horrible –se quejaba Lotis.

-Mi reina, mi cielo, por favor, eso no es verdad. Yo te amo. Dime qué debo hacer para demostrártelo. Es natural que te sientas mal. Yo he leído que tu cuerpo está pasando por muchos cambios. Es necesario que te tranquilices. Te juro por lo más sagrado que te ves bellísima.

-Ay, por favor. No me jures nada. Acuérdate que éste no es mi primer embarazo. Para Pito también me deformé y el estúpido de Franco se encargaba de recordármelo diariamente. Así que por favor no mientas. No debí haber quedado embarazada. No estoy preparada para esto. Tengo mucho miedo. ¿Cómo vamos a hacer para cubrir los gastos del parto?

-No pienses en nada. Todo va a estar bien. Te lo prometo. Por favor, confía en mí. Si yo tengo que trabajar dos trabajos, lo hago, pero no quiero que te mortifiques-. Amado la apretaba contra su pecho pero Lotis comenzaba a llorar desconsoladamente.

A medida que el embarazo avanzaba, Lotis se volvía más irritable. Las peleas y disgustos continuaron. Una noche, al cabo del tercer mes de embarazo, Lotis le pidió a Amado que se marchara del apartamento. Amado, para no hacerla enojar más, decidió irse a vivir a la casa de la hermana. Durante la primera semana, venía todos los días después del trabajo a tratar de hablar con ella. Tocaba la puerta, pero no le abría. Decidió no venir por unos días. Al cabo de una semana, Lotis sentía que se moría sin la presencia de su amado. Ante su ausencia, una noche vistió a Pito, tomó un taxi y decidió ir en busca de él. Pensaba pedirle perdón y suplicarle que volviera a su lado. Llegó al apartamento de Ely. Tocó la puerta. Ely le abrió. Sorprendida le dijo: Lotis, ¿y ese milagro? ¡Tú por aquí y a esta hora!

-Vengo a hablar con Amado. ¿Puedo pasar? ¿Dónde está?

Un poco turbada le contestó.

-No está. Salió. Pero puedes pasar. Espéralo en su cuarto. No debe demorar.

Lotis se fue al cuarto de Amado. Allí estaban sus cosas. Sus camisas colgando en el armario. Su maleta abierta sobre la cama. Una camiseta del nene estaba entre sus cosas. El retrato de Lotis estaba encima de la mesita de noche. Era evidente que hacía poco que estaba pensando en ellos, en su familia. Salió del cuarto.

Fue a la cocina donde se encontraba Ely.

-Ely, ¿dónde está Amado?

En ese momento se escucharon voces y risas de una pareja subiendo por las escaleras. Lotis escuchó claramente la voz de Amado y la risa de una mujer. Las voces se alejaron mientras los pasos se escuchaban escaleras arriba. Luego se cerró la puerta del apartamento del piso anterior. Las risas y voces se escuchaban más claras. Un estéreo sonó con música romántica. Bailaban.

-¿Dónde está Amado? Ese era él, ¿verdad? ¿Por qué no entró al apartamento? –preguntó Lotis con voz desesperada.

-Mira Lotis, mi hermano estaba sufriendo mucho por ti y por el nene. Conoció a esta mujer de unos treinta y cinco años que vive en el apartamento de arriba y llevan unos días saliendo juntos.

Sintió un nudo en la garganta. Los ojos se le nublaron. Se sentía humillada. Traicionada.

-No digas más, por favor. No le digas a él que estuve por aquí. Nos vemos –dijo Lotis y se apresuró a salir.

Tomó un taxi en la esquina del edificio. Llegó a su apartamento y se encerró en su cuarto a llorar. Esa noche tomó una decisión que le daría un nuevo curso a su vida.

Amaneció. Se fue a la clínica.

No puedo tener este bebé. Soy una madre soltera y no me siento preparada para tener otro hijo sola –le informó al médico.

Dos días después ingresaba en el hospital, donde le provocaron un aborto.

Inés y Octavio la fueron a buscar a la clínica.

-¿Cómo te sientes mi hija?

-Cansada, triste, destrozada. Pa', no quiero seguir aquí. Necesito regresar a Puerto Rico. Por favor, ayúdame.

-¿Cuándo quieres irte hija mía?

-Me quiero ir el sábado. Por favor, saca el pasaje para mis hermanos, mi hijo y yo, que nos vamos todos. Necesito poner mar entre Amado y yo. No soporto la idea de saberlo en los brazos de otra mujer.

-Muy bien, hija de mi corazón. Así será. ¿Y qué quieres que haga con los muebles de tu apartamento?

-Véndelo todo y quédate con el dinero para que repongas el dinero que vas a gastar en los pasajes.

Era un viernes en la noche durante un frío mes de diciembre. Las maletas estaban listas. Viajarían el sábado en el vuelo de las cinco de la mañana. Tocaron la puerta. Era Amado. Lotis no le permitió entrar. Lo recibió en el pasillo.

-Lotis, apenas hace una hora que me enteré que fuiste a buscarme el domingo en la tarde a la casa de mi hermana. Me dio coraje con mi hermana porque no me lo dijo antes, sino yo hubiera venido esa misma noche.

-Tú no ibas a venir esa noche porque tú estabas muy ocupado con la señora de arriba.

-Lotis, te juro por lo más sagrado, que yo no tengo ningún sentimiento por esa mujer. Anoche mismo estaba con ella en un club nocturno y no me sentía bien porque te tengo a ti y a Pito todo el tiempo en mi mente. Como ella tiene carro, le pedí que me trajera hasta aquí. Ella me trajo, pero al final no me permitió bajarme del carro. Me pegó. Me rompió la ropa encima. Está obsesionada conmigo. Y al final opté por acompañarla a su casa para que se tranquilizara. Ella sabe que tú eres mi esposa. Sabe que yo te amo. Y que nada nos podrá separar. He venido para cuidar de mi familia. Quiero estar aquí con ustedes. Necesito estar contigo durante tu embarazo. No me importa si tú me pides que me vaya de tu lado, no te voy a escuchar y te voy a ignorar. Porque yo te amo. Juntos vamos a sobrepasar esta etapa de nuestras vidas.

Y la abrazó. Ella no se resistió.

Los ojos de Lotis se llenaron de lágrimas. Pensó: ¡Cuánto hubiera deseado escuchar aquellas palabras unos días antes! Ahora ya era muy tarde. Lo apartó y mirándole a los ojos con voz baja le dijo:

-Amado, me voy mañana.

Pero él no le escuchaba.

-¿Cómo está mi bebé? ¿Se mueve? –le preguntó al mismo tiempo que le colocaba la mano en el vientre todavía hinchado.

No pudo decirle la verdad.

-Está bien. Escúchame, por piedad. Me voy mañana. Mis hermanos, mi hijo y yo nos regresamos a la isla.

-No, por favor. No me digas eso. No te vayas. Te necesito para seguir viviendo. Perdóname. No vuelvo a abandonarte. Esa mujer y yo no somos nada. Por lo que más quieras no te vayas.

-Ya es muy tarde, Amado. No puedo quedarme. No tiene ningún sentido.

-¿Y nuestro amor? ¿Y nuestro hijo? ¿Eso no vale?

Se armó de fuerzas y lo apartó suavemente.

-Amado, no me hagas este momento más difícil. Por favor, vete.

No pudo contenerse más y salió corriendo hacia su apartamento dejándole allí. Cerró la puerta y se refugió en su cuarto. Lloró toda la noche por los errores cometidos, pero ya no había marcha atrás.

A la mañana siguiente volaron a Puerto Rico.

Cuando Octavio e Inés regresaron del aeropuerto, encontraron a Amado arrinconado al frente de la puerta del apartamento de Lotis.

-Don Octavio, ¿dónde está mi Lotis?

-Mi hijo, Lotis tiene que estar llegando a Puerto Rico con sus hermanos y con su hijo. Amado pensó: "Se llevó a mis hijos".

Se notaba que había pasado la noche bebiendo. Tenía grandes ojeras y los ojos rojizos de tanto llorar.

-Traté de convencerla para que se quedara, pero no me quiso escuchar.

-Fue un golpe muy duro para ella saberte en brazos de otra mujer.

-Nunca hubo nada entre ella y yo.

-Mi hija te amó de verás.

-Yo la amaré por siempre.

Se despidieron y nunca más se volvieron a ver.

27

Ha pasado el tiempo desde que tú me dejaste
perdido en las tinieblas, llorando por tu ausencia.
Por tu amor estuve a punto de perder la vida
y yo corté mis venas porque no comprendía...

LLEGARON AL CASERÍO de Juana Matos poco después de las doce. La noticia de su llegada se había regado por todo el caserío. Franco no demoró en llegar a la casa de Iris y Damián. Jacinto y Tuli regresaron al apartamento de Camelia. Lotis se iba a quedar en la casa de Iris el tiempo que fuera necesario para ubicarse. Franco tocó la puerta. Iris abrió.

-¿Puedo hablar con tu hermana? –le preguntó a Iris.

Iris miró a Lotis buscando su aprobación.

-Déjalo pasar, Iris. De verás necesitamos hablar.

-Lotis, ¿Cómo estás? –preguntó como si apenas hubiera pasado unas horas de ausencia.

-Yo estoy bien. Pero no preguntes por mí, pregúntame por tu hijo.

Hasta ese momento se fijó en el niño que arrastraba un carrito por la sala. Lo tomó en sus brazos y el niño comenzó a gritar y a llamar a papá. Lotis se lo arrebató de los brazos.

-Lotis, estás más bella que nunca. Yo quisiera que salieras conmigo a dar una vuelta para que podamos hablar más en privado.

-No creo que sea lo más conveniente. Al menos no en este momento. Prefiero quedarme aquí con mi familia.

-De acuerdo. Como tú digas.

Así pasaron aquel día y muchos otros. Franco seguía insistiendo en salir a dar una vuelta. Al cabo de varias semanas, Lotis aceptó.

La llevó al pueblo. Caminaron por la plaza. Luego la llevó a comer. Hablaron de todo y de nada. Él la tomaba de la mano.

-Quiero comenzar contigo desde cero. Quiero hacerte feliz. Quiero que seas mi novia de nuevo. Te juro que esta vez las cosas van a ser diferente. No quiero saber donde estuviste estos ocho meses. Ni lo que hiciste. Sólo me importa que tú estés aquí conmigo de nuevo. Dame otra oportunidad para demostrarte cuánto te amo.

-Franco, yo no te amo. Nunca te amé. Y no creo que pueda comenzar a amarte ahora.

-Por favor Lotis, me conformo con tu compañía. Estoy dispuesto a darte tiempo para conquistar tu corazón.

-No sé. No creo que esto vaya a funcionar. Si no funcionó antes, ¿qué te hace pensar que va a funcionar ahora?

-Lotis, tienes que hacer un esfuerzo por nuestro hijo. Démonos otra oportunidad. Ahora mismo tú estás viviendo en la casa de tu hermana. Quizás a tu hermana no le importa, pero a tu cuñado Damián sí le importa. Él les ve como una carga. No le parece bien la idea que tú estés en la casa de ellos y que no aportes nada. ¿Cuánto tiempo crees tú que él vaya a aguantar antes que diga que te tienes que ir?

-No puedo aportar nada porque no tengo trabajo. Pero estoy pensando regresar a la escuela y trabajar para tener mi propio lugar.

Lotis, si lo que quieres es estudiar, puedes hacerlo conmigo. Te prometo que te cuido el nene para que vayas a la escuela nocturna. También rentaré una casita y nos pondremos a vivir de nuevo.

-No sé. Dame tiempo para pensarlo.

Esa tarde cuando regresó del paseo con Franco, Damián los estaba esperando. Fue muy claro.

-Franco, tienes una semana para que le busques casa a Lotis. Ella es tu responsabilidad y yo tengo bastante con mi familia-. No dijo nada más. La decisión había sido tomada. Era Franco o la calle. Optó por mudarse con Franco.

Mientras tanto, allá en la ciudad de los rascacielos, Amado procuraba mantenerse ocupado para no pensar. Aquella tarde estaba pintando la cocina de su hermana. Había cobrado el día anterior y se había comprado un paquete de cervezas para tomárselas mientras pintaba. No había tenido noticias de Lotis desde su partida. Una semana antes le había escrito a un gran amigo suyo. Era vecino de Juana Matos. Conocía muy bien a Lotis y a Amado. Le pidió que indagara sobre el paradero de Lotis. Le informó que ella estaba esperando un hijo suyo. Y que le dejara saber cualquier cosa pertinente a Lotis y a su hijo. De pronto Ely entró a la cocina.

-Amado, te llegó esta carta de Puerto Rico.

-Lotis.

-No. Es de tu amigo Rubén.

Se apresuró a bajar de la escalera. Encendió un cigarrillo y se dispuso a tomarse un descanso mientras leía la carta.

28 de diciembre de1976

¡Hola! Amado:

Espero que cuando recibas ésta te encuentres bien. Pues te diré que recibí tu carta y estuve indagando sobre Lotis y el hijo de ella. Supe que llegó hace algunas semanas. Regresó con su nene y con sus hermanos. Todo el mundo en el caserío comenta que ella llegó embarazada. Pero mi hermano, lamentablemente, te tengo malas noticias. Según la gente comenta, a los pocos días de haber llegado, se provocó un aborto y dicen que echó el feto en una bolsa de basura y lo tiró al zafacón de la esquina. Dicen que era una niña. Yo no sé qué tan cierto sea esto. Lo único que te puedo asegurar, porque lo he visto con mis propios ojos, es que está saliendo de nuevo con Franco. Bueno Amado, espero que tu curiosidad haya quedado satisfecha. Cualquier otro asunto que necesites, sabes que puedes contar con un buen amigo.

Se despide,

Rubén

Un grito de dolor se escapó de lo más profundo de su garganta. Sintió morir. Arrugó el papel y lo lanzó a la basura.

-¡Oh Dios! ¿Por qué? ¿Por qué, Dios mío?

Sentía un dolor desgarrador. Lloró como un niño. Su hermana no comprendía por qué su hermano sufría aquel dolor tan inmenso.

Lo abrazó para darle consuelo. –Amado, por el amor de Dios, dime que pasó.

-Mató a mi hijita. ¡Me la mató, Ely!

-¿De qué estás hablando? ¿Quién mató a tu hija? ¿Qué hija?

No contestó. Salió desesperado. Caminó y caminó por horas. No quería pensar. Se detuvo en un punto de drogas. Y allí dejó trescientos pesos.

-Dame toda la droga que tengas. Necesito olvidar. No quiero pensar –le ordenó al traficante.

Estuvo deambulando por las calles de la ciudad por muchos días. Endrogado. Un mundo que no había conocido antes, pero que lo hacía escaparse de la realidad. Su hermana trató de sacarlo de ese mundo, pero cada día se metía más y más. Los momentos sobrios que tenía se los pasaba hablando de Lotis y de sus hijos. Se había quedado estancado en el tiempo. Al cabo de algunos meses quiso regresar a Puerto Rico a buscarla.

Esc. Horace Mann

Farmacia Sandín

28

Esa cobardía de mi amor por ella,
hace que la vea igual que una estrella,
tan lejos, tan lejos en la inmensidad,
que yo espero un día poderla alcanzar...

FRANCO HABÍA DECIDIDO buscar una casa fuera del pueblo de Cataño. Sabía que existía la posibilidad que Amado regresara y no quería exponer su matrimonio. Aunque nunca abordó el tema de la ausencia de Lotis por ocho meses, muy a su pesar, sabía que ellos habían estado juntos. Rentó una casita en el Fondo del Saco, en Guaynabo. La misma casita donde Camelia había vivido con Octavio doce años atrás. Hacía unos meses que Lotis se había puesto a vivir con Franco y extrañaba mucho a Amado. Siempre estaba en su mente. Franco por su parte le había destruido todas las fotos que le había encontrado con Amado.

Sus hermanos de crianza, al igual que Victoria, todavía vivían en la misma casa. Ruth, su hermana de parte de padre, era una muchachita dulce, humilde y casera. A pesar de haberse criado sin la presencia de Octavio, se mantenía por el buen camino. Todos los domingos asistía a la iglesia. Era toda una señorita y no se le había conocido un novio. Se desvivía por pasar rato con su madre. Todas estaban solteras viviendo en la casa con su madre, Victoria. Desde la partida de Octavio, la salud mental de Victoria se había deteriorado bastante. En la casa de Victoria, se reunían las muchachas todas las tardes. Las dos mayores llevaban una vida de libertinaje.

Una tarde Lotis se fue a la casa de sus hermanas de crianza. Había una amena reunión. Estaban en el cuarto de la mayor enrolando marihuana. Lotis entró y le ofrecieron un tabaco. Era la primera vez que estaba en contacto directo con substancias controladas. Al principio se negó, pero su hermana mayor terminó por convencerla. Al final aceptó el reto. Inhaló dos bocanadas. Sintió que el mundo se cerraba ante ella. Hizo un esfuerzo sobrehumano para llegar hasta su casa. Sentía sensaciones inexplicables. Miraba a lo largo de la calle y ésta se alargaba o se estrechaba. La música subía de momento y de repente todo quedaba en un silencio sepulcral. Sus manos temblaban. El llanto de su niño se perdía en el espacio. Estaba atrapada en un mundo totalmente extraño. En esas condiciones la encontró Franco cuando llegó. No le reclamó. Por su experiencia supo lo que le sucedía.

-No me siento bien.

-No te preocupes. Yo sé lo que te pasa. Ahora te llevo a dar una vuelta y verás que pronto se te pasa-. No preguntó detalles.

Nunca más se mencionó el asunto. A partir de aquel momento decidió que las drogas y ella no mezclaban. Prefirió no acudir a las reuniones de las jóvenes. Buscó a sus hermanas para convencerlas que se inscribieran en la escuela nocturna con ella. Juntas acudían a las clases. Completó el séptimo grado. Franco le cuidaba el niño tal y como se lo había prometido meses antes. A veces Franco se lo dejaba a Iris. Luego tomaba cualquier cuaderno viejo y se hacía pasar por estudiante para ir a vigilar a Lotis en la escuela nocturna. Desde el regreso de Lotis de los Estados Unidos, evitaba enojarse o discutir con ella. Tampoco se atrevía a pegarle. Trataba de ser más amoroso. En varias ocasiones le había propuesto que se casara con él por la iglesia Católica. Había escuchado en el caserío que Lotis y Amado estaban unidos ante Dios y esto le molestaba. Lotis se negaba. Su corazón le pertenecía a Amado.

Transcurrían los meses y Lotis deseaba conseguir un apartamento en el residencial donde vivía Camelia e Iris. Al cabo de un tiempo, se le concedió su deseo. La administración le otorgó una vivienda en Juana Matos. Tenía más contacto con Jacinto, Tuli, Narciso y Violeta. Tuli continuaba estudiando en la escuela matutina. Jacinto por su parte comenzó a asistir a la escuela nocturna. Junto a Lotis, completó el octavo grado. Una noche, cuando salió de la escuela, Franco la estaba esperando en el carro. Se montó y se dirigieron al pueblo a ponerle gasolina. El encargado del puesto de gasolina era su amado.

-¿Cuánto le pongo? –preguntó Amado.

-Échale cinco pesos –contestó Franco. Removió la tapa del tanque y procedió a llenarlo. No le quitaba los ojos de encima a Lotis.

Terminó de echarle la gasolina y se acercó a la ventana de Lotis.

-¿Cómo está mi reina? –se dirigió a Lotis. Sin esperar contestación se dirigió a Franco. -No importa dónde te la lleves. Ella es mía. Siempre será mía. ¿Entiendes? –le dijo con tono altanero.

-Mira necio, apártate de mi carro. Tú sí que eres un descarado. Atrevido. Apártate o no respondo.

-Amado, por favor, vete –se escuchó la voz temblorosa de Lotis.

-Sólo porque tú me lo pides, mi reina. Pero recuerda que tú eres mía. Siempre mía.

Franco estaba enfurecido y salió del puesto chillando los neumáticos del carro.

-Un día de estos, este infeliz me va a coger con la sangre caliente y va a saber quién soy yo –recalcó Franco.

No se habló más del asunto.

Habían transcurrido dos años desde la llegada de Lotis a Puerto Rico. Una mañana, Lotis se encontraba charlando con Iris en su apartamento.

-Iris, sabrás que no me ha bajado mi menstruación y estoy un poco preocupada.

-Pero, ¿cómo así? Tú estás tomando anticonceptivos, ¿verdad?

-Yo los estaba tomando pero esas pastillas me provocan náuseas y me hacen aumentar de peso. Por eso le dije a Franco que tomara un poco de responsabilidad y que se fuera a hacer una vasectomía. Me dijo rotundamente que no, pero me prometió que usaría los profilácticos. Por eso no entiendo lo que pasa.

-Ay, mi'jita, que se me hace que ya encargaste de nuevo.

-Ay, no, por favor no me asustes. No quisiera ni siquiera pensar en eso.

-¿Y qué vas a hacer si estás embarazada?

-No sé. Yo entiendo que Franco se está portando mejor, pero no sé hasta cuándo. Por otro lado, Pito está creciendo muy solito. A veces pienso que necesita un hermanito o quizás una hermanita.

-Fíjate como son las cosas, tú no quisieras estar embarazada, más sin embargo, qué no daría yo por tener otro bebé. ¡Es que son tan lindos!

-Sí, yo sé que son bellos. Pero al final somos nosotras las que terminamos educándolos, cuidándolos y protegiéndolos. Los hombres sólo aportan el semen. Por eso el refrán, padre cualquiera, madre sólo una.

-A mí no me importaría tener otro.

-Bueno pues, allá tú. Aunque a decir verdad, pienso que no debes de parirle más a Damián. Ese hombre tampoco se merece tener más hijos. Además, últimamente se la pasa bebiendo. Yo juraría que es un alcohólico y que no lo quiere aceptar. Segundo, tú sabes lo necio que se pone contigo cuando está bebiendo. Te insulta como le da gusto y gana. No sé, pero para mí que ese es más atrevido que Franco. ¿Te acuerdas la vez de la escopeta? Tú me mandaste a buscar con Violeta porque él te saco una escopeta y te amenazó con que te iba a matar. ¿Te acuerdas?

Se rieron.

-Claro que sí que me acuerdo. El muy idiota me amenazó y yo le dije, mátame si quieres. ¿Por qué no disparas? El se enojó mucho y se fue para el balcón de atrás-. Lotis e Iris soltaron una carcajada. Recordar aquel episodio les producía mucha satisfacción-. Luego dijo: Tú crees que esta escopeta no está cargada. Pues te voy a demostrar que sí está cargada. La primera bala va al aire y la segunda va a ser para ti. Cuando terminó de hablar, disparó. Escuché que su cuerpo se desplomó en el suelo. Corrí al balcón para auxiliarlo y vi cómo la sangre le brotaba por la boca. Al principio me asusté mucho porque pensé que se había pegado un tiro. Pero me tranquilicé cuando lo escuché maldecir y soltando la escopeta con coraje, la echó a un lado. El muy idiota se había colocado la escopeta muy cerca de la cara y cuando disparó, la escopeta reculó hacia atrás con gran fuerza y le tumbó los dientes del frente. Por eso ahora está mellao. Castigo de Dios-. Esta vez rieron con más fuerza.

-Sí, pero ese no aprende. Todavía te suena de vez en cuando. Por eso te digo, piénsalo bien antes de tener otro bebé –le aconsejó Lotis.

-Sabes Lotis, si lo tengo, no lo hago por él. Lo hago por mí. Me encantan los niños. Especialmente cuando son bebés.

-Bueno, allá tú. Yo por mi parte prefiero que no llueva por estos lados. Porque cuando anuncian lluvia, llueve a cántaros.

Tres meses después, Iris y Lotis iban juntas a recibir cuidado prenatal. En aquellos días, el Feo había llegado de los Estados Unidos. Le propuso a Camelia que se fuera con él a los Estados Unidos para comenzar una nueva vida. La oficina del Bienestar al Niño estaba planificando quitarles los niños a Camelia porque ella no asistía a psiquiatría y rehusaba tomar los medicamentos. Camelia decidió abandonar su apartamento y marcharse con Jacinto, Narciso y Violeta a los Estados Unidos. Atrás quedaba Tuli con la promesa de que en cuanto encontrara un sitio para vivir le mandaría a buscar. Tuli tenía dieciséis años. Quedó sólo en el apartamento, sin comida o dinero para sobrevivir. Pasaban las semanas y no había noticias de Camelia. Todos los días Tuli iba a la casa de Lotis a comer o a buscar víveres para cocinar.

-¿Alguna noticia de mami? –le preguntaba a Lotis

-No, ninguna. No te preocupes. Ellos deben estar bien porque las malas noticias se saben enseguida.

-Es que me hacen falta mis hermanos. Además, ella prometió que me mandaría a buscar. ¿Por qué demora tanto?

-No lo sé. Lo único que puedo decirte es que no estás sólo. Siempre me tendrás a mí –entonces lo abrazaba. -¿Te quedas a comer?

-No. Me tengo que ir. Voy a cocinar. Además, tengo que hacer mis tareas escolares. Hasta mañana.

29

Si me dejas ahora, no seré capaz de sobrevivir...
Te encadenaste a mi cuerpo
y ahora dejas que me hunda en el lodo...
Me cuesta tanto creer que no tengas corazón...

HABÍAN TRANSCURRIDO unos meses desde que Camelia se marchó a los Estados Unidos. Una tarde que Lotis estaba sentada en el balcón de su apartamento, divisó a Iris, quien le gritó desde abajo, -Lotis, abre la puerta que tengo noticias de mami –le anunció, mientras subía las escaleras a toda prisa.

Lotis la invitó a pasar. Eran pocas las veces que su hermana Iris la visitaba. Siempre estaba muy ocupada. Limpiando la casa, cocinando, planchándole la ropa a Damián, desarrollándose en las artes culinarias, perfeccionándose en la costura y miles de oficios más.

-Siéntate en lo que te preparo una tacita de café. ¿No tienes prisa, no?

-Bueno, un poco, sabes, Damián está a punto de llegar y ya tú sabes cómo se pone si no me encuentra en la casa.

-Bueno, qué hay de nuevo.

-Después de tantos meses, recibí carta de Jacinto. Aparentemente las cosas a mami no le van bien por allá. Mira, léela.

28 de febrero de 1978

Querida hermana:

Espero que todos estén bien por allá. Me alegra saber que tu familia y la de Lotis están a punto de aumentar. Eso quiere decir que voy a tener dos sobrinitos más. Pues Iris, de nosotros te diré que estamos ahí, pasándola como se puede. Pues no había querido decirte nada para no preocuparte pero desde que llegamos a Nueva York han sucedido tantas cosas. Al principio todo marchaba muy bien. Cuando llegamos nos fuimos a vivir a la casa del hermano del Feo. Allí estuvimos por unos cuantos meses hasta que el Feo consiguió trabajo y rentó un apartamento muy cómodo en Manhattan. Vivíamos muy bien. Al cabo de algunos meses comencé a notar que mami evitaba salir de su cuarto. Siempre estaba encerrada. Cuando mis hermanos y yo veníamos de la escuela, ella no salía del cuarto. Una tarde la escuché llorando y aprovechando que el Feo no estaba, decidí entrar a su cuarto. Lo que vi me llenó de odio y mucho coraje en contra del Feo. Mami estaba siendo golpeada por él. Tenía muchos golpazos en su cuerpo. Ese día juré que la próxima vez que él tocara a mi mamá, yo lo iba a enfrentar. Sabía que era mucho más fuerte que yo y que yo sólo era un adolescente, pero no me importaba. Le aseguré a mi mamá que él no la iba a volver a tocar. Mami me pidió que no interviniera. Le mentí para que se tranquilizara. Unos días después el Feo volvió a agredir a mami. Le pegaba puños en la cara, en el estómago y por todo su cuerpo. Yo estaba en la cocina cocinando. Agarré la sartén por el mango y procedí a golpear al Feo por la cabeza. Intentó agredirme pero Narciso y Violeta se le lanzaron arriba y me soltó. Salió para la cocina a buscar una cuchilla. No me quedó más remedio que abandonar el apartamento en medio de una tormenta de nieve. Descalzo como estaba, corrí y corrí hasta llegar al precinto más cercano, donde puse una denuncia. Gracias a estos acontecimientos, fuimos removidos del apartamento y nos colocaron en un lugar que llaman shelter. Allí nos ayudaron. El departamento de Welfare nos dio cupones para alimentos. Luego nos consiguió un apartamento. Nos dieron dinero para la fornitura y gracias a Dios nos libramos de aquel verdugo. Hasta ahora él no sabe donde estamos. Bueno, yo por el momento estoy tratando de aprender inglés porque soy el intérprete de mami. No he podido regresar a la escuela todavía. Mami depende mucho de mí. Yo necesito ayudarle. De Narciso y Violeta te diré que están bien. Narciso fue promovido al octavo grado por ser un manganzón. Violeta está en el sexto grado. Iris, dime, ¿cómo está Tuli? Dime si todavía está en el apartamento. Me hace mucha falta. Sé que mami le prometió que lo mandaría a buscar en cuanto nos ubicáramos, pero como están las cosas, no creo que eso sea posible por el momento. Ahora me despido. Besos y abrazos para todos. Será hasta la tuya.

Tu hermano,

Jacinto

-¿Qué piensas? –preguntó Iris.

-¿Qué? ¿Qué pienso? Pues pienso que mami no debió de irse para allá. Jacinto no dice en la carta si mami está recibiendo tratamiento médico en los Estados Unidos y eso me preocupa. Parte de los problemas de mami tienen que ver con su salud. Ahora está en un país desconocido, donde no conoce el idioma y a la merced de ese hombre. Pero qué se le va hacer. Ella quería seguirlo. Tú quieres saber quién me da pena. Tuli. Aquí lo dejó mami con la promesa de mandarlo a buscar y fíjate lo que sucedió ahora, con esos truenos, no creo que lo vaya a mandar a buscar.

-Sí, eso es cierto. Bendito, me da pena con mi hermanito. Nosotras no, porque de una forma u otra tenemos nuestras familias. Ya somos, como decía mami, 'gremio aparte'. Pero Tuli está todavía muy joven. En cuanto los problemas mentales de mami, nadie sabe a ciencia cierta si eran indudables o no. No creo que Jacinto esté enterado. Y si lo está, no va a hacer nada para que mami reciba tratamiento, pues nunca lo va a aceptar.

-Bueno, pues yo sí sé que eran ciertos. A mí me lo informó la trabajadora social. Yo también llevé a mami a una de esas citas. Sé muy bien que si se fue a los Estados Unidos fue para escapar de los acosamientos de la trabajadora social. Porque ahí donde tú la ves, mami es lista. En cuanto a Tuli, nosotras estaremos pendientes de él. Y si en algún momento se quiere venir a vivir conmigo, pues que lo haga. Yo nunca lo voy a abandonar.

-Bueno, la conversación está muy buena pero me tengo que ir. Sabes que Damián está por llegar. A propósito, ¿recibiste la invitación para la fiesta del nene de Margara?

-Sí, la recibí. ¿Tú vas a ir?

-Si Dios lo permite. Hace tiempo que Damián no me saca a ninguna parte. Además, es bueno que nos distraigamos. Y tú, ¿piensas ir?

-Allí estaré. Tú sabes que a mí me encantan las fiestas. Aunque Franco no baila, por lo menos me deja bailar una pieza y después me tengo que sentar. Así que allá nos veremos –concluyó Lotis.

-Adiós.

-Hasta luego.

A lo lejos se escuchaba la música. La fiesta estaba encendida. Iris se veía hermosa con su ropa de maternidad. Tenía ese brillo especial que ilumina el rostro de toda mujer embarazada. Había cumplido seis meses de embarazo. A su lado estaba Lotis. Las ochenta y cinco libras se perdían detrás de la barriga. Recién cumplía ocho meses de embarazo. Aquella tarde se sentía bien liviana. Aunque Franco le había prohibido bailar con los jóvenes que estaban en la fiesta, ella no paraba de bailar con su barriga. Le encantaba sentir a su bebé moverse en su vientre a medida que bailaba aquella salsa. Franco se distraía mirando con envidia a las otras parejas que bailaban, mientras consumía su cerveza. Por su parte, Iris estaba un poco preocupada. Damián estaba mezclando bebidas. Se veía un poco torpe en sus movimientos. Intentó sacar a bailar a una chica que se encontraba en la fiesta. La joven le rechazó.

-¿Por qué bailas con otros y no conmigo? ¿Qué tienen ellos que no tenga yo? –preguntó Damián en tono desafiante a la desconocida.

Para ese momento Iris se percató de la situación que se acercaba y decidió intervenir.

-¿Damián, que haces? Me estás poniendo en ridículo. Vámonos, por favor. Llévame a la casa –intervino indignada.

-No. Yo no me voy. Vete tú -contestó con tono agresivo.

-Damián, por favor, no me hagas esto. Vámonos –y diciendo esto, se iban acercando a las escaleras.

-Mira canto estúpida. Vete tú si quieres. Yo me quedo aquí. Apenas comienza la fiesta.

Iris intentó tomarlo del brazo. Damián forzó con ella. Iris rodó por las escaleras. Lotis, quien había estado observando la escena, se lanzó sobre Damián y comenzó a pegarle. Damián intentó lanzarla escaleras abajo pero Franco intervino y lo evitó.

-¡A mi mujer tú no le pegas!

-Pues dile que no se meta entre Iris y yo. Ella es mi mujer y yo hago lo que se me dé la gana con ella.

Lotis corrió a auxiliar a Iris. Ambas lloraban. Iris se quejaba de dolor. La montaron en un auto y la llevaron al hospital. Una semana después fue dada de alta.

Unas semanas después, Lotis se convirtió por segunda vez en la madre de otro hermoso niño. Iris dio a luz una linda niña.

Franco convenció a Tuli para que se saliera del grado doce y se uniera a las fuerzas armadas. Así lo hizo y se marchó a los Estados Unidos.

Con el nacimiento de los niños y los quehaceres de la casa no había tiempo para nada más.

Damián y Franco habían conseguido empleos en la misma compañía de limpieza de alfombras. Sus sueldos habían mejorado considerablemente. Vivían una vida un poco más cómoda. Ambas parejas se unían los fines de semana para compartir junto a sus hijos.

Ahora sobraba dinero para darse aquellos pequeños placeres de los que habían carecido antes. Salían a bailar a Los Bohíos o a Mr. Martínez. Franco había arreglado el departamento para Lotis. Compraron muebles nuevos a crédito. Compró un auto nuevo.

Una mañana se le acercó a Lotis y le dijo: Sabes cariño, ahora que estamos viviendo mejor me gustaría sacar más tiempo para salir a distraerme con mis amigos. Yo trabajo muy duro y siempre estoy aquí en la casa. ¿Qué te parece si nos ponemos de acuerdo y yo me voy dos veces en semana a jugar billar y a darme unas cervezas con mis amigos? Tú puedes salir con tus amigas si así lo deseas.

-No te entiendo. ¿Cuáles amigas? ¿De qué amigas me estás hablando, si tú me has apartado del mundo? Sólo voy a la casa de mi hermana de vez en cuando. Yo también trabajo mucho aquí en la casa. No tengo amistades porque tú me las has prohibido. Siempre estoy aquí en la casa atendiendo a mis hijos y haciendo los oficios. Ahora, tú necesitas distraerte con tus amigos. ¿Por qué no te distraes conmigo?

-Ay por favor. No te estoy pidiendo permiso, sólo te lo estoy informando. Aquí el hombre soy yo y por lo tanto se hace lo que yo digo. Y de ahora en adelante salgo dos veces en semana a compartir con mis amigos. ¿Te quedó claro? –concluyó Franco.

Lotis pensó que a Franco se le pasaría esta nueva idea y no le dio más importancia. Al día siguiente Franco llegó del trabajo, cenó, se bañó, se vistió y muy planchadito, se marchó a las ocho de la noche. Regresó tres horas más tarde de muy buen humor.

-¿Cómo te fue con tus amigos? ¿Te divertiste? ¿A dónde fueron? –le preguntó Lotis.

-Lo pasamos muy bien. Estuvimos en los billares. Nos dimos par de cervezas. Y eso fue todo –contestó Franco.

Dos días más tarde llegó del trabajo y repitió la misma rutina. Pasó la media noche y él no regresó. Lotis estaba preocupada. Llegó al atardecer del día siguiente.

-Óyeme, qué te pasó anoche que no regresaste a dormir –le cuestionó Lotis.

-Nada que te importe. Estoy cansado y me quiero bañar para acostarme temprano.

Los días pasaban y Franco continuaba con el mismo comportamiento. Lotis se preguntaba qué le estaba sucediendo a su esposo.

Una tarde, cuando salía del supermercado, se encontró con la esposa de uno de los compañeros de trabajo de Franco.

-Martita, que gusto verte. ¿Cómo están los niños?

-A pues mi'ja, esos cinco chamaquitos me tienen ocupada todo el tiempo. Tú por lo menos tienes solamente dos.

-Ya sé. Pero es que tú sales embarazada sólo de mirar un calzoncillo y tu esposo se deleita con verte embarazada –ambas se rieron.

-Es que lo amo.

-A propósito, estaba por preguntarte si Junito estuvo con Franco anoche en los billares. Es que últimamente ese hombre no para la pata en la casa.

-Pues mira, lo único que te puedo decir es que sé por mi esposo que ellos no han salido más desde hace como dos semanas. La razón es que Franco decidió frecuentar un bar y allí conoció a una mujer. Ella le está sacando el dinero todo el tiempo. Franco se la pasa pidiéndole dinero prestado a todos en la compañía para darle gustos a esa mujer porque a ella le gusta que gasten con ella. Con decirte que a veces Franco deja a los muchachos plantados en medio de algún trabajo para irse a reunir con ella. Yo le prohibí a Junito la amistad de Franco, porque no quiero que me lo dañe. Tú sabes.

-Martita, y tú por casualidad, ¿sabes dónde trabaja esa mujer? ¿Cómo se llama?

-Sé que trabaja en un negocio de la Parada 15. Se llama Leticia.

-Martita, muchas gracias por la información. Hasta luego-. Estaba decidida. Esa noche lo descubriría. Sentía rabia.

Franco llegó a la casa más temprano que nunca. Después de cenar se acomodó en el sofá y miró una película. Estaba más amoroso que de costumbre. Luego se bañó, se vistió muy elegante, y se despidió de Lotis con un beso en la frente.

-¡Hasta luego!, Lotis. No me esperes despierta-. Salió.

Lotis tuvo que hacer un esfuerzo sobre humano para no reclamarle su traición.

Horas más tarde pasaba por el frente del apartamento de Lotis, Carlos, el hermano de Damián. Siempre había estado enamorado de Lotis y a no ser por el gran amor que Lotis aseguraba sentir por Amado, se le hubiera declarado. Franco nunca le inspiró confianza. A veces lo miraba con rencor por haberse interpuesto entre aquellas dos personas que él apreciaba tanto.

-Carlos, Carlos –escuchó la voz de Lotis llamándole desde el balcón.

-Sí, muñeca –respondió.

-Sube, por favor.

No lo pensó dos veces.

-¿Para qué soy bueno?

-Ven. Pasa. Necesito que me hagas un gran favor.

-Habla.

-Quiero que vayas conmigo a visitar algunos bares en San Juan. Quisiera ver con mis propios ojos la infidelidad de Franco.

-¿Cuándo?

-Ahora mismo. No te preocupes por la gasolina del auto que yo te lleno el tanque.

-Está bien.

Llevó los niños a la casa de Iris y partieron rumbo a San Juan.

Llevaban ya varias horas visitando diversos bares y todavía no daban con el paradero de Franco.

-Carlos, es mejor que regresemos. Son las once de la noche y todavía no damos con el lugar.

De pronto Carlos alcanzó a ver la guagua de Franco estacionada al frente de un negocio nocturno.

-Mira, ahí está la guagua de Franco. Ese debe ser el bar. ¿Quieres entrar?

-Por supuesto. Quiero saber quién es esa mujer. Quiero desenmascararlo al frente de ella. Estoy casi segura que ella no sabe que es casado.

-Yo no estaría tan seguro. Muchas de estas mujeres se pegan a los hombres precisamente por sercasados y por sacarles dinero.

-Sí, eso es así. Pero también muchas de esas mujeres no tienen otros medios para ganarse la vida. Y si se les presenta un hombre que ellas consideren un buen partido, simplemente lo agarran. Ellos, por su parte, se cantan solteros y sin compromisos. Entremos.

La música estaba alta. Franco no estaba allí. Una chica esbelta y desnuda bailaba muy sensualmente en la tarima. Los hombres no parpadeaban. Lotis se acercó a la barra y pidió dos tragos. Cuando la cantinera se acercó con los tragos, le preguntó: ¿Dónde puedo encontrar a Leticia?

-¿Quién la busca? –preguntó la cantinera con desconfianza.

-Es una amiga de Franco-. La cantinera dirigió la mirada hacia la bailarina que continuaba haciendo movimientos muy exóticos.

Lotis supo que se encontraba ante su rival.

-Por favor, señorita, sírvale el trago preferido a Leticia. Yo le invito –agregó Lotis.

Terminó su baile y se acercó a Lotis.

-Gracias por el trago. Lo necesitaba. Yo a ti no te conozco. Me dice mi compañera que eres amiga de Franco.

-Siéntate Leticia. Yo no soy su amiga. Soy su esposa. Cumplimos siete años de casados la semana pasada. Tengo dos hijos con él. Dos varoncitos: uno de cinco años y el otro de apenas ocho meses.

-¿A qué has venido a este lugar? ¿Qué quieres?

-Quiero saber. Quiero conocer a la mujer que está con el padre de mis hijos. Yo no puedo ni quiero vivir en la mentira.

-Mira, yo conocí a Franco hace más de un mes. Se enamoró de mí desde el primer momento. Me dijo que era soltero y que no tenía compromisos. Me compra lo que yo le pido. Nunca me dijo que tenía hijos. Yo tengo dos niños y yo trabajo en esto para mantenerlos. No estoy dispuesta a romper un matrimonio. Tampoco me gusta el engaño. Así que juntas esperaremos a Franco que él no debe tardar. Debe de estar durmiendo arriba en mi cuarto. Siempre viene a recogerme después de mi turno y entonces salimos a bailar a otros lugares.

-¿Cómo te trata?

-A mis hijos me los trata muy bien. Mi mamá no quiere cuenta con él. Hace dos días me compró un estéreo. También me propuso matrimonio.

-¡Queeeeé! Pero si él está casado conmigo. ¿Es que acaso piensa cometer bigamia?

-No lo sé. Pero eso es lo que me dijo. Me propuso que nos casáramos por la iglesia. Imagínate mi mamá está emocionada porque él quiere que me case de blanco. Bueno, te tengo que dejar. Necesito volver a bailar. Espera que yo termine tres números más y hablamos-. La chica se retiró.

Lotis la miraba. No era hermosa. Tenía una cicatriz en la cara. Tenía un cuerpo bonito pero no podía explicarse qué había visto Franco en aquella mujer. Mirando aquel espectáculo, transcurrió el tiempo. Eran las tres de la mañana cuando Franco entró al negocio. Se sorprendió al ver a Lotis en aquel lugar. Cargaba un arma en la cintura. Se acercó a Carlos y le pidió que lo acompañara afuera. Carlos le siguió.

-¿A qué viniste? ¿Cómo te has atrevido a traer a Lotis a este lugar?

-Vine porque me dio la gana y Lotis está conmigo porque ella me lo pidió.

-Te ordeno que ahora mismo des vuelta y te lleves a Lotis de aquí por las buenas –y diciendo esto se puso las manos en la cintura para mostrar el revólver.

-Tú a mí no me ordenas nada. Yo de aquí me voy sólo cuando Lotis lo decida. Y ni pienses que me vas a meter los orines pa' dentro con ese revólver que tienes ahí –respondió a la defensiva, al mismo tiempo que le daba una palmadita al revólver en la cintura de Franco. Dio media vuelta y caminó con pasos seguros hacia la barra.

-Tu marido quiere que nos vayamos. Pero le dije que esa no es su decisión.

Leticia terminó de bailar. Se tomó un trago y se dirigió a Franco. Franco la recibió con un beso.

-Ven, tenemos que hablar.

Lotis los siguió hasta fuera del negocio.

-¿Es esta chica tu esposa? –le preguntó Leticia a Franco.

-Sí, ella y yo estamos casados, pero eso no significa que seamos marido y mujer. Hace mucho tiempo que no tenemos intimidad.

-¿Por qué me dijiste que no tenías hijos? Sabes que yo te hubiera aceptado tus hijos de la misma forma que tú me has aceptado los míos –reclamó Leticia.

-Mira Leticia, yo soy hombre. Yo no tengo dos hijos, más bien yo tengo muchachos por doquier. Los dos de ella no son los únicos.

-Franco, permíteme darte un consejo. Vete con tu esposa. Ella es una mujer buena. No vez que con tan sólo su presencia me hace sentir tan diminuta. Además, tú no eres mi tipo. Ni siquiera en la cama me satisfaces. Si estoy contigo es solamente por el dinero que me das.

-Escúchame, Leticia. Si no es contigo, es con otra igual que tú, pero con ella no regreso.

-Pero, ¿quién demonios te crees tú que eres? Acaso te piensas que eres la última coca cola del desierto. No, mi vida, estás equivocado. Y tú, Leticia, perdóname, pero si llegué hasta aquí fue para desenmascarar a este cretino. De ninguna manera pienso disputártelo. Por el contrario, quiero darte las gracias por el gran favor que me has hecho. Quédatele. Hacen bonita pareja. Y por el divorcio no te preocupes que a cualquier hora se lo firmo. Solamente vine a comprobar por mí misma para que no me cuenten. Y he comprobado que usted como rival no me llega ni a los tobillos. Tengan buenas noches –intervino Lotis.

Se dirigió a Carlos.

-Vámonos –y salieron apresuradamente.

Carlos la dejó en la puerta de su casa. Aprovechó que los niños estaban en la casa de su hermana. Aquella noche bebió hasta perder el sentido. Lloró por la humillación, por el tiempo perdido con aquel malvado y por no saber qué le deparaba el destino.

Los días trascurrían. Ya se acercaban las fiestas navideñas. Todos los días bebía. Quería olvidar la traición y la humillación. La noticia que Lotis estaba sola se había dispersado por todo el caserío. Todos los hombres del residencial la miraban con deseo.

Una mañana tocó la puerta un hombre de tez oscura. Era alto y corpulento.

-Buenos días. ¿Lotis Juncos?

-Servidora.

-Soy empleado de la oficina del residencial y vengo a reparar el gotereo del grifo del lavamanos.

-Sí, ¡cómo no! Pase –le indicó Lotis.

El individuo entró y se dirigió al baño. Minutos más tarde salió y dijo: El problema ha sido resuelto.

-¡Qué bueno! De verás que ese gotereo ya me estaba volviendo loca.

-No habíamos venido antes porque hay muchos problemas que resolver en los apartamentos. A propósito, ¿tú eres la esposa de Franco, verdad?

-Sí, soy la esposa de Franco.

-Sabes, hace dos días lo vi en San Juan con una mujer trigueña. No eras tú. Tú eres muy bonita, ¿sabes?

-Gracias por los halagos, pero en verdad no me interesa hablar de Franco.

-También supe que se fue y te abandonó con los dos nenes. Quiero que sepas que puedes contar conmigo como un amigo. Por favor acepta mi amistad. Tú no te acuerdas de mí pero yo sí me acuerdo de ti. Hace tres o cuatro años yo estaba en el vicio. Una mañana yo pasaba por el frente de tu primer apartamento. Tú estabas en el balcón. Yo te pedí un vaso de agua y tú sin conocerme me lo diste. Siempre me acuerdo de aquel día. Llevabas una blusa negra con unos blue jeans pegaditos a tu cuerpo. ¿Te acuerdas?

Ahora sí se acordaba. -Sí, ¡claro que me acuerdo! Eso pasó hace muchos años.

-Vez, al fin y al cabo no somos unos desconocidos. Permíteme presentarme. Me llamo Gabriel. Sólo quiero brindarte mi amistad, sin esperar nada a cambio. Te invito al cine esta noche.

-No gracias. Tengo a mis niños y no tengo quien me los cuide. Además, no estoy de humor para salir.

-Pues que te parece si me acerco por aquí esta noche y vemos una película en el televisor y conversamos.

-No sé. No creo que se vea bien. Soy una mujer casada. La gente habla. Tú sabes.

-Por favor, olvídate de los prejuicios sociales. Dame sólo una oportunidad para ser tu amigo. No te voy a defraudar.

-Okey. Ven esta tarde como a las seis. Charlamos un rato y vemos una película. ¿Te parece?

-Estupendo.

-Bueno. Nos vemos a las seis.

Llegaron las seis. Lotis había acostado a los niños temprano como siempre. Gabriel fue muy puntual. A las seis tocó la puerta. Venía elegantemente vestido con un paquete de cervezas en la mano.

-Me tomé la libertad de traer un paquete de cervezas. Espero que no te importe. No sabía que marca te gustaba. ¿Quieres una?

-No gracias. No acostumbro a beber. Además, tengo a los niños durmiendo.

-¿Puedo beber? –preguntó.

-Sí, claro.

Se acomodó en el sofá. Hablaron de temas de la actualidad. Vieron una película. A las nueve de la noche Lotis le dijo: -Mira Gabriel, te agradezco la compañía, pero es mejor que te vayas. Ya es tarde y no quiero que la gente te vea salir tarde de aquí y comiencen a hablar.

-Sí, te comprendo. Pero antes de irme, ¿podrías prepararme una tacita de café?

-Está bien –y se dirigió a la cocina.

Gabriel la siguió. Se acercó al escurridor de platos y tomó un cuchillo. La tomó por la espalda, le torció el brazo y le colocó el cuchillo en su blanco cuello.

-Si gritas, te mato –le advirtió antes que ella pudiera articular palabra.

-Sólo quiero hacerte mía. Franco no sabe lo que se está perdiendo por andar con una mujerzuela. Tú eres divinamente hermosa-. Hablaba fuera de sí mientras le acariciaba su cuerpo por encima del vestido.

-Por favor, no me hagas daño. Mis niños están aquí. Ellos me necesitan –suplicaba Lotis.

-Si te portas bien, no te voy a hacer daño. Sólo quiero disfrutarte un rato.

Con una mano la acariciaba, mientras empuñaba el cuchillo contra la garganta. De pie, se sacó el órgano viril. Trataba de removerle el panti cuando Lotis le dijo: -No lo hagas. Franco me abandonó porque tengo una enfermedad venérea.

-Mentira, me estás mintiendo.

-No. No te miento. Si quieres te muestro los medicamentos. Suéltame y te los muestro.

 Pero Gabriel no quería arriesgarse a perder su presa.

-No. No te muevas o te mato. No hables. Sólo déjame sentirte. No te voy a penetrar –continuó tocándola. Le colocó el miembro entre medio de las piernas y procedió a moverse.

Fueron unos minutos de suplicio. Lágrimas bañaban el rostro de Lotis. Pensaba en sus hijitos en el cuarto.

-Dios mío que no se despierten. Que no salgan para la cocina. Señor protégemelos.

Minutos más tarde, sintió un chorro de líquido caliente que le bañaba sus muslos. La soltó. Lotis corrió al baño. Se arrodilló frente al escusado y vomitó hasta sentir el amargo de su bilis. Su cuerpo temblaba. Escuchó la puerta cuando se cerró. Salió apresurada y le echó el pestillo. Se desvistió y hecho la ropa en la basura. Se duchó. Se estregó hasta que la piel le ardía al contacto del jabón. Aquella noche no pudo dormir. Tenía miedo que aquel degenerado regresara.

Pensó en ir a la policía, pero el hecho de ser señalada públicamente como una mujer fácil la detuvo. La culparían de ser la responsable por haberle permitido entrada a la casa a aquel monstruo. Odiaba a Franco por haberla expuesto a aquella situación y haberla abandonado.

A los dos días, Gabriel volvió otra vez y tocó la puerta. Ella le miró por el balcón y le gritó, -más vale que te vayas o te denuncio a la policía-.

-Lotis por favor, perdóname.

-Yo no soy Dios para perdonarte. El daño que me hiciste tarde o temprano te lo han de cobrar y yo viviré para verlo. Sé que existe una Justicia Divina y a ese Juez te has de enfrentar –se retiró del balcón y cerró la puerta del frente. Gabriel se marchó.

Faltaban dos días para la Noche Buena. Hacían trece días que Franco se había ido con Leticia. Se escucharon unos toquecitos en la puerta. Lotis se asomó por el balcón. Era Franco.

-¿Qué quieres?

-Vengo a ver a mis hijos.

-¿Cuáles hijos?

-Lotis, por favor, ábreme. Tenemos que hablar.

-Tú y yo no tenemos nada de qué hablar. Así que te puedes ir por donde mismo viniste.

-No me puedes negar el derecho que tengo para ver a mis hijos. Ábreme, por favor.

En ese momento salió Pito del cuarto.

-Mami, por favor ábrele la puerta a papi-. No pudo negarse. Abrió. Pito corrió a refugiarse en los brazos de Franco. Toñito, el bebé, comenzó a llorar desde su cuna. Lotis fue y lo sacó. Franco se lo arrebató de sus brazos. Comenzó a abrazarlos y a besarlos. Lotis no se explicaba aquel repentino sentimiento paternal. Nunca había demostrado tales sentimientos especialmente para Pito, su hijo mayor. El caso de Toñito era diferente. Siempre jugaba con él. En ocasiones le dormía acostado sobre su pecho.

-Lotis, por favor, perdóname el daño que te hice. Te juro que estoy arrepentido. No quiero perderte.

-No me vas a perder porque en realidad nunca me tuviste. Sabes bien que aunque poseías mi cuerpo, aún en contra de mi voluntad, mi alma nunca te perteneció. Esa le pertenece a Amado. Y eso ni la distancia ni el tiempo lo va a poder cambiar.

-¡Maldito sea Amado! Cuando será el día que no tenga que luchar en contra de él.

-No sé porque luchas en su contra. No te has dado de cuenta que estás luchando en contra de un sentimiento que va más allá del simple deseo carnal que tú puedas sentir por mí o que cualquier mujer pueda sentir por el cuerpo de Amado. Entiéndeme, yo sé que ahora mismo Amado se debe estar revolcando con alguna estúpida en la calle por una caneca de ron. Pero al igual que tú, eso es lo único que ella va a lograr obtener de él, porque su corazón me pertenece.

-Cállate. No soporto escucharte hablar así. Por eso me fui. Por eso quise herirte con Leticia. No soporto ver a ese estúpido babeándose por ti cada vez que pasas por su lado.

-No te mortifiques entonces. Déjame en paz. Déjalo a él en paz. Ya lograste separarnos. ¿Es qué no estás feliz?

-No. No lo estoy. El muy idiota se pasa pregonando por las cuatro esquinas que tú eres su esposa. Que Dios bendijo esa unión. Eso es una mentira. Una calumnia que no estoy dispuesto a seguir soportando. ¿Cómo crees que me siento cuando la gente me señala con el dedo?

-Eso es muy fácil querido, divórciate de mí.

-No. Eso nunca. Sería como dejarle el campo libre a ese infeliz.

-¡Cásate conmigo por la Iglesia Católica! Yo te juro que las cosas entre tú y yo van a cambiar. Intentemos una vez más ser felices.

-Franco, por favor, déjame tranquila. ¡No quiero nada contigo!

-Lotis, por favor, hazlo por los niños. Te lo suplico.

-No quiero hablar más de ese tema. Dejémoslo de ese tamaño, ¿quieres?

-De acuerdo. No voy a seguir insistiendo. Por lo menos permíteme regresar a la casa.

¿Qué? ¿Ya te botó tu querida?

-Lotis, faltan dos días para la Noche Buena y quiero pasarla con mis hijos y contigo. Por favor.

Lotis no le escuchaba, sólo pensaba: "Tengo que buscar la forma de vengarme de este canalla. Debe de haber alguna forma de hacerle pagar la afrenta que me hizo". Entonces le dijo: Muy bien. Puedes quedarte. Pero ni pienses que voy a compartir mi lecho contigo. Sabe Dios qué enfermedades traes. Deberás ir al médico a examinarte antes de soñar siquiera estar conmigo.

-Como tú digas. Gracias por esta oportunidad.

-Sólo lo hago por tus hijos –concluyó Lotis. Pensó: Muy pronto te haré pagar caro lo que me has hecho. Es cuestión de tiempo.

Pasaban los meses y Franco seguía insistiendo en iniciar una nueva relación con Lotis. Ella lo seguía rechazando. Ya no le temía ni le respetaba. No le engañaba, pero tampoco le daba esperanzas para una reconciliación.

A veces veía pasar a Amado por el frente de su casa y le saludaba tranquilamente. Una tarde se encontraba frente a la pizzería del pueblo esperando a Franco quien había ordenado una pizza. Lotis esperaba en el auto con sus dos niños. De repente vio por el medio de la calle a Amado, quien venía zigzagueando. Él reconoció el auto de Franco. Se acercó a la ventana de Lotis.

-¡Hola mi reina! ¿Cómo estás?

-¡Hola! Amado. ¿Por qué estás caminando por el mismo centro de la calle? ¿No ves que te puede atropellar un carro?

-No me importa si me atropella un carro. Así me muero y me voy al cielo a esperarte. ¿Te acuerdas?

-¿Cómo olvidarme de aquella promesa? ¡Claro que me acuerdo! Pero no quisiera que te pasara nada malo. Sabes que sufriría mucho. Así que por favor, camina por la acera.

-Como tú ordenes, mi reina. ¿Cómo están mis hijitos? ¿Cómo se llama el pequeño?

-Los niños están bien. Se llama Toñito. Y ahora por favor vete que ya viene Franco.

-Está bien, mi cielo. ¡Como tú digas! ¡I love you! –siguió su camino.

Franco le había visto pero no comentó nada.

Había logrado que Lotis le aceptara de nuevo en su lecho. Ella actuaba como un témpano de hielo. Estaba allí sólo por estar. A veces prefería tener relaciones con ella, mientras dormía. Por lo menos así sabía que no estaba fingiendo. Seguía insistiendo en un matrimonio por la iglesia.

-Lotis, por favor, cásate conmigo. Yo sé que si Dios bendijera nuestra unión, nuestra relación mejoraría.

Esa noche le dio la respuesta que tanto anhelaba.

-Está bien. Acepto casarme contigo sólo con una condición.

-¡La que sea!

-Yo me caso contigo por la iglesia solamente si me permites trabajar como cantinera.

-¿Por qué esa condición?

-Por dos razones. La primera es obvio que a ti te gustan las mujeres de barra. Y la segunda, como tú le ofreciste matrimonio a Leticia con todo y ser una mujer de barra, pues sólo si tú me permites convertirme en una, yo me caso contigo.

-Vale. Acepto la condición sólo si tú aceptas mudarte para otro residencial lejos de aquí donde nadie nos conozca.

-Vale. Pediré un cambio para las Palmas.

Así comenzaron los preparativos para la boda y la nueva vida que les esperaba.

Iglesia Nuestra Señora del Carmen

30

Sabe Dios lo que pensabas en aquella
triste noche en el altar de la iglesia...
Cuando vestida de novia te entregabas
a otro hombre con la bendición nupcial,
me dijeron que tus ojos se nublaron con el llanto
y que estabas temblorosa, que parecías
una virgen con tu corona de azahares
escapada del altar...

Se mandaron las invitaciones. La boda se llevó a cabo durante el mes de abril. Toda la familia, amigos y vecinos estaban invitados. Los únicos que faltaban eran Camelia, Jacinto, Narciso y Violeta. Octavio había venido a entregar a su hija en matrimonio. Inés estaba presente y le ayudó a ponerse su velo. Estaba preciosa. Llevaba un vestido rosado. Tenía cuatro damas y una dama de honor. La noticia se había esparcido por el caserío. Lotis se casaba con Franco. La limosina llegó a recogerla. Franco no había escatimado en gastos para celebrar su matrimonio.

Llegaron a la iglesia. Las enormes puertas de la iglesia estaban cerradas. Afuera de la iglesia todos los invitados esperaban. Iris se preguntaba por qué la iglesia estaba cerrada si esa misma tarde había estado allí decorándola.

-Ahí viene la novia –gritó uno de los invitados.

Lotis se bajó de la limosina y le preguntó a Franco por qué la iglesia estaba cerrada. Franco estaba tan desconcertado como todos los invitados.

-Espérame aquí. Voy a ir hasta la parroquia a investigar qué sucede –dijo Franco y se encaminó hacia una casita de cemento adjunta a la iglesia.

De pronto un borracho comenzó a abrirse paso entre los concurrentes.

-Permiso. Permiso. Denme paso.

Esa voz. Era inconfundible. No podía ser que fuera él. En aquel momento. En aquel lugar. Se detuvo frente a Lotis. La vio sin atreverse a mirarla a los ojos y con gran admiración le dijo: ¡Qué novia más preciosa! De la misma forma que apareció, se desvaneció.

Lotis quedó paralizada. Lo vio marcharse. Sus ojos se nublaron por el llanto y comenzó a temblar. Quiso gritarle: ¡Amado, soy yo! ¡Tu reina! ¡Tu cielo! ¡Tu todo! ¡Ven! ¡Regresa! ¡Rescátame! ¡Llévame contigo muy lejos! ¡No permitas que me case!, pero le faltó valor. Amado no la vio, no la escuchó, simplemente se alejó.

-¡Mira! La novia está emocionada. Está llorando –comentaban los invitados.

Sintió un torrente de emociones. El ramo de novia se le quebró entre sus manos. Quería correr lejos, bien lejos. Quería alcanzarlo e huir con él. De pronto llegó Franco.

-Ya está todo arreglado. Fue un mal entendido. Ya viene el cura –aclaró Franco. Las puertas se abrieron.

La función comenzó. Desfiló del brazo de su padre. Las lágrimas descendían por sus mejillas. Se sentía como una rea condenada a muerte, camino a la horca. Hubo matrimonio. Luego la recepción. Al día siguiente empacaron y se mudaron del residencial de Juana Matos.

Habían pasado unos meses desde el matrimonio con Franco por la iglesia. No había vuelto a escuchar o a saber nada de Amado. Tampoco había tenido noticias de Camelia ni de sus otros hermanos. Las visitas al apartamento de Iris no eran tan frecuentes. Parecía otra persona. Se había convertido en una mujer más segura de sí misma. Sentía que tenía que cobrarle al mundo, pero especialmente a Franco, lo que le había hecho. Aquella tarde frente al espejo, se miraba y no se reconocía. Se había teñido el pelo de rubio y usaba un maquillaje sumamente pesado. Se veía bella. Vestía unos trajes provocativos.

-Franco, ya es hora de irme. Asegúrate que los niños estén bañados y que se acuesten a eso de las siete de la noche. Yo me tengo que ir. Mi amiga me está esperando-. Besaba a los niños, tomaba su cartera y salía de su casa a toda prisa.

Comenzaba a trabajar a las cuatro de la tarde en un *cocktail lounge*. Era toda una experta en la preparación de bebidas exóticas. El lugar era frecuentado por altos funcionarios de justicia. Algunos iban para aliviar las tensiones cotidianas después de un día estresante en el juzgado. Otros para ventilar algún caso nuevo. La mayoría para compartir algunas horas en compañía de una hermosa dama quien le sirviera de psicóloga o confidente. Trabajaban en el lugar otras cuatro chicas. En aquel ambiente el tiempo volaba. Había buena música. La dueña del lugar trataba a todas las chicas con mucho cariño y respeto. Demandaba respeto de parte de los clientes hacia las chicas. Al final de la jornada no faltaba quien se ofreciera a llevarla a su casa, pero Lotis nunca aceptaba. Habían aprendido a quererla y a respetarla. De todas las chicas era la que se llevaba las propinas más grandes. Una tarde la dueña anunció que iba a rentar el negocio y que la nueva propietaria deseaba mantener el mismo personal. Era una mujer sumamente ambiciosa. Durante la primera semana quiso recuperar el capital que había invertido. Lotis y las demás chicas veían cómo la nueva dueña llenaba las botellas de licor fino con licor de menor calidad.

-Pero, ¿qué se cree esta señora? Piensa que nuestros clientes no se van a dar cuenta de lo que están consumiendo. ¡Ellos no son tontos! –comentaba Lotis con las otras chicas.

La primera noche bajo la nueva administración el lugar estaba bien concurrido. Habían llegado personas de muchos lugares. La nueva propietaria se sentó a compartir con un par de los mejores clientes del lugar. Entre copa y copa consumieron unas cinco botellas del mejor vino de la casa. De vez en cuando la señora se paraba e iba a revisar la cuenta del par de funcionarios y aprovecha para correr el lápiz. A eso de las diez de la noche la cuenta ascendía a seiscientos dólares. De nada valieron las quejas de los consumidores puesto que la señora les amenazó con llamarle la policía si no pagaban la cuenta. Aquella noche Lotis decidió abandonar ese lugar. No le gustaban las injusticias y había sido cómplice de una. Le comentó el asunto a otro cliente, quien momentos antes le había invitado a compartir una trago con él.

-No me gusta lo que acaba de pasar. A partir de mañana busco trabajo en otro lugar –le dijo Lotis al desconocido.

-Mira preciosa, yo te he estado observando toda la noche y verdaderamente me gusta cómo eres. Estoy buscando una persona como tú. Alguien en quién yo pueda confiar y que pueda manejar uno de los más prestigiosos clubes nocturnos que existen en el área de San Juan. Es un lugar exclusivo. Tiene cinco barras incluyendo un piano bar. En este momento está cerrado porque no he encontrado la persona apropiada para administrarlo. Hasta hoy, claro está. Entonces, ¿qué me dices? ¿Aceptas mi propuesta? Te garantizo que vas a ganar un buen salario. Estarás encargada de contratar a otras chicas para que trabajen las otras barras.

Lotis no lo podía creer. Pensaba que estaba soñado.

-¿Cuáles son las horas de operación del lugar? –habló muy segura de sí misma.

-Una vez esté abierto, será desde las nueve de la noche hasta las cuatro de la mañana.

Le preocupaban los niños. Sabía que Franco no querría cuidar a los niños después de las once de la noche, especialmente si se trataba de un cambio en el horario de trabajo de Lotis. Nunca se había amanecido fuera de la casa. Siempre llegaba un poco antes de las doce en su trabajo actual.

-¿Qué dices? ¿Aceptas mi propuesta?

-¿Cuánto será el sueldo?

-Te pagaré el doble de lo que ganas aquí.

-Acepto sólo con una condición. Mi amiga se tiene que ir conmigo. Yo no la puedo dejar aquí.

-En verdad no necesitamos a tu amiga, pero si esa es tu condición, entonces será como tú digas-. Cerraron el trato con un vaso de jugo de piña y un brandy.

Una semana después el nuevo local abría sus puertas. El *Faces* había sido anunciado por la radio y por todos los medios de información. La apertura fue todo un éxito. Asistían parejas de enamorados, matrimonios y hombres en busca de compañía. Las parejas se acomodaban en las mesas para poder ver el espectáculo de bailarinas exóticas que se presentaban cada fin de semana. Los clientes se esparcían por todo el lugar. Algunos preferían el piano bar, otros se sentaban en las otras cuatro barras que estaban alrededor del lugar. Todo el sitio estaba a media luz en un ambiente acogedor. Unos pequeños quinqués alumbraban las mesas. Las luces de colores enfocaban a las hermosas bailarinas, quienes parecían mujeres galácticas vestidas con hermosos atuendos. En ese ambiente, Lotis se deslizaba de un lugar a otro saludando a los conocidos y haciendo amistad con los desconocidos. Recibía a sus clientes con una sonrisa. Reconocía entre éstos a varios de los jueces, abogados y funcionarios, quienes habían decidido seguirla a su nuevo lugar de trabajo. Estaba muy feliz. El pianista deleitaba a los concurrentes con bellas melodías. Las hermosas chicas atendían con esmero a cada cliente.

-Lotis, tómate un juguito de frutas conmigo –le insistía uno de los clientes.

Ella, con gracia y picardía, se lo aceptaba, cruzaba unas palabras con la persona y se movía a la otra mesa. Allí le ofrecían otro trago. Estos hombres la conocían muy bien. No les importaba pagar siete dólares por un jugo de naranja o piña con tal de disfrutar de la compañía de Lotis. Algunas veces tenía hasta una docena de tragos esparcidos por todo el lugar. A ninguno le engañaba. Si algún desconocido osaba ofenderla con alguna palabra o con la mirada, todos estaban listos para defenderla. Fue así que una noche, cuando comenzaba el espectáculo de las bellas bailarinas, Franco llegó al lugar. Lotis estaba en el piano bar atendiendo a unos amigos. Franco se sentó al lado contrario del piano bar. Pidió un trago. Una de las chicas se lo sirvió. Lotis se le acercó.

-¿Que vienes a buscar a mi trabajo?

-Nada. Sólo vine a darme unos tragos.

-Está bien, pero no quiero que te pongas con estupideces con mis clientes.

-Espero que tus clientes no se pongan con estupideces contigo.

-No te entiendo. A qué vienen esos reclamos después de casi ocho meses que tengo trabajando en este tipo de trabajo. Ya deberías haberte acostumbrando. Primero era una simple cantinera y ahora soy administradora de este negocio. Me alegra que te hayas atrevido, acércate por aquí para que veas quién es la cheche de este lugar. Aquí no sólo estoy administrando este negocio, sino que tengo amigos que estarían dispuestos a dar la vida por mí. Sólo atrévete a interponerte conmigo y verás cómo se revuelca el gallinero.

-Pues no me gusta cómo te miran tus amigos. No me gusta estar solo en la casa mientras tú estás exhibiéndote –reclamó Franco.

-¡Vaya, vaya! Ya nos vamos entendiendo. ¿Te acuerdas hace casi un año atrás cuando tú me abandonaste con mis hijos por irte a revolcarte con una mujer de la vida alegre? Sufrí mucho por la humillación que me hiciste pasar. ¿Qué te pasa ahora? ¿Verdad que duele? ¡La venganza es dulce sabes, muy dulce!-. Se alejó. Salió del *piano bar* para acercarse a un amigo que recién llegaba. Le ofreció una mesa cerca del espectáculo. Se disponía a regresar al *piano bar* cuando Franco se le atravesó en su camino. De pronto tres individuos salieron de la nada y le preguntaron a Lotis, -¿Algún inconveniente, muñeca?

Lotis contestó: Nada de importancia. El amigo ya se iba. ¿Verdad, Franco?

Franco les miró con recelo y le dijo a Lotis: Nos vemos en la casa. Luego se marchó.

Los individuos regresaron al piano bar y Lotis se acercó a uno de ellos: Gracias por lo que tus amigos y tú acaban de hacer por mí, pero creo que no fue una buena idea.

-Lotis, ¿quién era él?

-Mi esposo –le dijo con voz trémula.

-Tranquila. Todo va a estar bien. Si necesitas una mano amiga aquí estoy para ayudarte. Sabes que tengo sentimientos por ti. Sólo dime lo que quieres que haga y yo te ayudo.

-Yo no sé lo que vaya a suceder cuando llegue a mi casa, pero no quiero meter a otras personas en mis problemas. Reconozco que tú tienes sentimientos por mí, pero mi corazón no me pertenece ni a mí misma. Además, tú vas y lo sacas a él de mi vida y después ¿quién te saca a ti? Yo sola debo de enfrentar esta situación.

-Está bien. Tómate otro traguito por mi cuenta.

-Sí, me lo voy a dar pero esta vez quiero que sea un cordial.

Pidió el trago. Se lo tomó y se dirigió al tocador para damas a componerse. La noche transcurrió sin otros inconvenientes.

Llegó a la casa a las cuatro y media de la mañana. Sin quitarse el maquillaje, y aún vestida, se tiró a la cama y se quedó profundamente dormida al lado de Franco, quien por los fuertes ronquidos parecía que dormía profundamente.

Despertó a las tres de la tarde. Franco no estaba en la casa. Se bañó y se puso una bata. Se desayunó y se dispuso a arreglarse para salir a ver los niños antes de marcharse al trabajo. De pronto la puerta del cuarto se abrió. Era Franco.

-¡No te vistas que no vas a ningún lugar! Se acabaron tus salidas. De ahora en adelante aquí te quedarás atendiéndome a mí y a los niños –demandó con tono altanero.

-Te equivocas. Tú y yo hicimos un trato. Además, si no trabajo no comemos. ¿Es que no lo puedes entender?

La lanzó contra la cama. Se le trepó encima y a puño cerrado le pegaba como hombre en la cara y por todo el cuerpo.

Lotis gritaba, lloraba y trataba de defenderse.

-Infeliz, desgraciado, déjame tranquila. Me pegas porque soy mujer, porque si fuera hombre te juro que correrías como puta –le gritó Lotis.

Le rompió la ropa encima. La tomó por la fuerza y la violó. Luego la dejó allí, tirada en la cama con la cara enrojecida por los golpes.

-Quieres irte a trabajar. Pues vete. Te doy el permiso –y se metió a bañar.

Lotis saltó de la cama, se armó de valor y llamó a la policía. Luego se encerró en su cuarto.

Franco salió del baño. Sintió unos toquecitos en la puerta. Era la policía. Abrió.

-¿Qué se les ofrece? –preguntó.

-Recibimos una llamada que aquí había una pelea. ¿Quiénes viven aquí?

-Mi esposa, mis hijos y yo.

-¿Dónde están los niños? –preguntó uno de los oficiales.

-Están con mi madre.

-¿Dónde está su esposa?

-Ella está en su cuarto.

-¡Llámela! –le ordenaron.

Franco la llamó. Lotis salió con los ojos hinchados por el llanto y toda desgreñada.

-Señora, ¿usted llamó a la policía?

-Sí, yo los llamé porque mi esposo me acaba de dar una pela. Miren ustedes los golpes –les dijo, al mismo tiempo que les mostraba.

-¿Ustedes están casados?

-Sí.

-¿Cuánto tiempo llevan de casados?

-Nueve años.

-¿Tienen hijos?

-Sí. Tenemos dos niños.

-¿Dónde están los niños?

-Están con su abuela.

-Bueno señora, lamentablemente en situaciones como ésta, nosotros no podemos hacer nada. Legalmente, él es su esposo.

Se dirigieron a Franco.

-Usted, póngase una camisa y váyase a dar alguna vuelta. De esa manera los ánimos se calman. ¿Entendió? –Franco se vistió y salió de la casa.

Lotis no regresó a trabajar al club nocturno. Al cabo de unas semanas sus ahorros se habían agotado. Los acreedores les llevaron los muebles y Lotis tuvo que acudir al Departamento de Ayuda a las Familias para poner comida en la mesa para sus hijos. Franco continuaba haciendo chiripas y el dinero que ganaba lo invertía en sus carros.

31

Si no fuera por amor a nuestros hijos,
ya tú no estuvieras más conmigo,
entre los dos ya no existe más amor...

ERA UNA CÁLIDA TARDE de verano. Damián llegó a la casa de Lotis solo, con los tres niños. Lotis se sorprendió.

-¿Dónde está Iris? ¿Por qué andas solo con los niños?

-Tu hermana me mandó a que te los trajera. Ella no puede cuidarlos porque está presa –contestó Damián.

-¡Cómo que mi hermana está presa! ¡Eso es imposible! ¡Mi hermana está recién parida! Yo no creo que ningún juez se atreva a poner en la cárcel a una mujer en las condiciones de mi hermana. Ella tiene menos de un mes de parida. El bebé la necesita. Y además, ¿por qué está mi hermana presa?

-No te lo puedo contar ahora porque voy de prisa. Tengo que ir a ver si consigo un abogado para tratar de sacarla hoy mismo. Hoy es viernes y si no me apuro tu hermana va a pasar el fin de semana en la cárcel. Así que hasta luego. Cuídame a los niños que yo regresaré por ellos cuando consiga la libertad de tu hermana-. Y se marchó.

Atrás quedó Lotis muy angustiada y encargada de cinco niños. Les bañó y les alimentó. Le cantó una canción de cuna al bebé y él se durmió. A las siete de la noche todos los niños estaban durmiendo. Damián no regresó aquella noche.

A la mañana siguiente, Lotis llamó a Octavio, quien enseguida de enterarse de la noticia se acercó a la casa de Lotis. Pidió información pero Lotis no le pudo decir más de lo que ella misma sabía.

-Está en la cárcel de mujeres de Toa Alta. Papi, necesito que vayas y saques a mi hermanita de allí.

Octavio estaba desesperado. Se despidió de Lotis y le prometió que haría lo posible por traerla de vuelta.

Anocheció y nadie regresó. Octavio llamó.

-Lotis, no se pudo hacer nada. Hay que esperar hasta el lunes para sacarla. Yo tengo el dinero de la fianza pero como no se pudo conseguir antes, el juez no firmó su libertad.

-Papi, ¿y qué has sabido de Damián?

-Ese hombre no se ha detenido para arriba y para abajo. Se ve desesperado.

-Pa', ¿qué fue lo que hizo Iris? ¿Por qué cayó presa?

-No lo sé, y Damián no me quiso decir nada. Solamente dijo que ella cayó presa por defenderlo. Y ya no hablamos más.

-Pa', necesito verla. Quisiera ir contigo mañana a la cárcel. ¿Podrías venir a buscarme? Yo dejaré los nenes cuidando con mi suegra y los de Iris me los llevaré para que ella los vea. La pobrecita debe estar sufriendo mucho sin sus hijitos. Esos niños son las luces de sus ojos.

-De acuerdo. Pasaré por ti a las nueve de la mañana.

Amaneció. Lotis llevó los niños a la casa de la abuela y se marchó con Octavio a la cárcel de mujeres. La espera fue larga pero por fin la visita fue aprobada.

Entraron. La visita fue al aire libre junto a otras reclusas. Iris se veía aniquilada. Había perdido peso en los pocos días que estaba detenida. No comía. Sólo lloraba por sus hijos. Sus ojeras se divisaban a lo lejos. Alcanzó a ver a Lotis con los niños y su rostro se iluminó. Corrió hacia ellos. Les abrazó y les besó. Lágrimas de alegría le bajaban por sus pálidas mejillas.

-¡Lotis, hermanita querida! ¡Qué gusto verte! Gracias por cuidar de mis pequeñuelos. ¡No sé qué habría hecho sin ti!

-Tranquilízate. Ahora mismo me vas a explicar porqué estás aquí. Le pregunté a tu marido y no me supo decir. Ahora cuéntame que sucedió.

-Esto viene de tiempo atrás. Hace más de dos años. Fue cuando Damián se estaba viendo con Chabela. ¿Te acuerdas? Una noche yo los sorprendí hablando en el pasillo de la escalera. Él subió y comenzamos a discutir. Yo le amenacé con irme de la casa. Tomé mi cartera y me dispuse a salir. En ese momento, agarró un puñal y me lanzó unas puñaladas. Por suerte mi cartera me salvó de una posible herida. Yo me le engrinché encima. Él me torció mi brazo y me lo descompuso. Luego me llevó al hospital. Allí me interrogaron. La policía me preguntó que si le quería poner cargos y yo le dije que sí.

-Okey. ¿Y por qué estás presa si fuiste la que pusiste los cargos?

-Bueno, lo que pasó fue que a Damián lo arrestaron. Lo dejaron libre bajo fianza. Luego él se fue pa' los Estados Unidos. Llegó el juicio y él no se presentó. Así transcurrió el tiempo. En esta semana me llegó una carta de la corte pidiendo información sobre el paradero de él. Damián me dijo que fuera a la corte y arreglara eso porque él no quería ser arrestado. El viernes decidimos irnos los dos juntos a la corte. Yo le pedí al juez que yo deseaba retirar los cargos en contra de Damián. La fiscal estaba furiosa porque yo pretendía retirar los cargos. Entonces el juez decidió castigarme a mí, mandándome a la cárcel dizque y que pa' darme una lección pa' que no juegue con la justicia.

-Iris, ¿por qué le quitaste los cargos? Damián se merece pasarse unos días en la cárcel por abusador. Yo nunca he tenido la oportunidad de que se me escuche y de que se haga justicia con el imbécil de Franco. Una vez le llamé la policía y no hicieron nada porque estamos casados. Tú tuviste la oportunidad y la tiraste por la borda. Ahora mírate aquí sufriendo mientras que el Damián está allá fuera echándose fresco en los cojones.

-Entiéndeme Lotis, él es el padre de mis hijos. Él es quien trabaja y nos mantiene. Si él no trae el dinero a la casa, no se come. Yo no podía meterle preso.

-¡Qué barbaridad! Pero, ¡tú sí puedes estar presa! ¡Tú estás recién parida y tienes un bebé que amamantar! ¡Qué injusticia!

-Eso no importa ahora. Lo hecho, hecho está. Lo único que me duele es que yo no pueda estar con mis hijos.

-Bueno, ¿y cuándo vas a salir?

-El juez me dijo que como yo le quité los cargos, pues que me iba a dejar presa por una semana como castigo pa' que la próxima vez lo piense dos veces antes de denunciar a mi marido.

-¡Qué desgraciado! No que te digo. Todos son iguales. Se defienden unos a los otros. Aquí no hay justicia. No señor. Y, ¿qué vas a hacer con el mamarracho de tu marido? Porque sabrás que con esto que ha sucedido, él va a seguir abusando de ti y ahora más confiado porque sabe que la justicia se puede poner de su parte. Ustedes no pueden seguir así. Un día de estos se van a matar.

-Yo hablé con Damián y él me prometió que las peleas y las discusiones entre nosotros van a cesar. Imagínate que el pobrecito quería que el juez lo dejara preso pero el juez no aceptó.

-¡Esto es el colmo! Y tú, ¿todavía lo defiendes? ¡Ay! mira papi, es mejor que nos vayamos. La verdad es que no hay peor ciego que el que no quiere ver –añadió Lotis.

-Bueno mi'jita. Tú no te preocupes que por dinero baila el mono. Te prometo que mañana, Dios mediante, voy a hacer lo posible para sacarte de aquí. ¿Entendiste? –le aseguró Octavio.

La visita concluyó y se marcharon.

Lunes por la mañana, Octavio pagó la fianza e Iris salió en libertad. Afuera la estaba esperando Damián. La montó en el carro, llegaron hasta la casa de Lotis, recogieron los niños y se marcharon a su casa.

32

Lo que tiene que ser será, será,
y lo que ha de llegar vendrá, vendrá
y comprendo que me sobran caminos,
fe y vida para amar...

Eran las dos de la tarde. El cartero acababa de dejar las cartas en el buzón y Lotis se apresuró a abrirlo. Era el día tres del mes y esperaba con ansias los cupones de alimentos y el chequecito de cuarenta pesos que le pasaba el bienestar público para cubrir los gastos de los niños. Abrió el buzón. Recibió carta de Tuli. Habían pasado cuatro años desde que su hermanito Tuli se marchó para las fuerzas armadas. La abrió y leyó.

22 de febrero de 1980.

Querida Lotis:

¡Hola, Lotis! Espero que al recibo de ésta te encuentres bien junto a mis sobrinitos. Pues de mí te diré que ya he terminado mi misión en el ejército. Después del entrenamiento, me gradué. Han pasado cuatro años. Les extraño mucho. Pienso que es tiempo de regresar. Cuéntame, ¿cómo están las cosas? Quisiera saber si puedo contar contigo para que me ayudes a establecerme en Puerto Rico. Lotis, me gustaría saber si me puedo quedar en tu casa por un tiempo. Yo te prometo que no seré una carga para ti. Tengo muchos planes. Espero tu contestación. Tu hermano que te quiere y no te olvida.

Tuli

Estaba feliz. Volver a ver a Tuli y poder ayudarle la llenaba de alegría. Recordaba todos los gratos momentos que habían vivido en el pasado. Lo consultó con Franco y aunque éste le puso 'peros' al principio, terminó aceptándolo.

Tuli llegó dos semanas después. Estaba hecho todo un hombre. Despertaba las miradas de todas las chicas del caserío: solteras, viudas y casadas. Todas se acercaban por el apartamento de Lotis a buscar información acerca del recién llegado. Tuli se sentía halagado, pero él tenía otros planes. Pasó los primeros días conversando con Lotis. Le contaba de las hazañas vividas en el ejército. Le mostraba con orgullo las fotografías de graduación. De vez en cuando se encerraba en su cuarto, ponía la radio para cantar canciones en inglés. Lotis se sentía muy orgullosa de su hermanito. Al cabo de una semana comenzó la búsqueda de trabajo. Una tarde llegó feliz. Había conseguido un entrenamiento con paga como técnico de computadoras. Eso lo ponía muy contento. Todos los días asistía al entrenamiento y llegaba a la casa hablando del lenguaje de las computadoras. Describía las computadoras como enormes maquinarias almacenadas en cuartos. Traía con él tarjetitas con huecos que le mostraba a Lotis y que ella no entendía. Era el comienzo de la tecnología y su hermano había sido escogido para ser de los primeros en tratar dichos artefactos. Todos los días era la misma rutina. Tendía su cama, limpiaba su cuarto, se bañaba y se vestía. Luego se marchaba a su entrenamiento. Por las tardes llegaba, jugaba un rato con sus sobrinitos, hablaba con Lotis y luego se retiraba a su cuarto a leer o a escuchar música. Una tarde llegó y encontró a Lotis hablando con una vecina.

-Mariana, te presento a mi hermano Tuli.

-Tuli ésta es Mariana, una amiga mía.

-Encantado.

-El gusto es mío.

Esa tarde Tuli no se retiró a su cuarto a leer. Estuvo toda la tarde platicando con Mariana. Supo que era madre soltera. Que vivía en el piso anterior. Tenía cuatro niños y que aunque había nacido y recibido parte de su educación en los Estados Unidos, había vivido gran parte de su niñez en Puerto Rico. Esa noche cuando Mariana se marchó, Tuli se dispuso a interrogar a Lotis.

-Lotis, ¿cuánto tiempo hace que conoces a Mariana?

-Hace poco más de un año, desde que me mudé aquí. Al principio nos veíamos y nos saludábamos. Poco a poco fuimos cogiendo confianza. Ella comenzó a visitarme. Sabes, a mí me da pena con ella porque fue abandonada por su esposo con tres niños y el muy sinvergüenza no les pasa manutención. Casi todos los días, viene aquí a pedirme leche, azúcar o a comer. Ella y yo nos fuimos a buscar trabajo. Trabajamos juntas en el *cocktail lounge*. Allí ella servía bebidas y a veces bailaba.

-¿Desnuda?

-No, Tuli. El *cocktail lounge* era un sitio decente. Ella bailaba encima de las mesas solamente por relajar. Fue la que consiguió el chófer que nos llevaba y nos recogía en el trabajo. Entre las dos le pagábamos y muchas veces le invitábamos a comer después del trabajo. Él nos llevaba a la Guarida del Pirata, un famoso restaurante en Isla de Cabras. Sabes, es un poco loca porque en más de una ocasión me dejó plantada y se fue con el hijo de la dueña del *cocktail lounge*. Estaban enamorados pero esa relación nunca se cuajó. Después, cuando nos cambiamos al *Faces*, al otro club nocturno, ella decidió no trabajar más, y eventualmente perdimos contacto, aunque vivíamos en el mismo sitio.

-¿Y ese bebé recién nacido qué tiene?

-Ese bebé tiene unas tres semanas de nacido. El papá es un marino mercante. Ella salió una noche con él y quedó embarazada. Decidió tenerlo y el muy imbécil la abandonó. A raíz de esa situación, su abuela la convenció para que se operara. Ella lo hizo, y ya no podrá tener más hijos. Pienso que es lo mejor, pues de todas maneras ya tiene cuatro. En estos tiempos una madre soltera con cuatro hijos y sin un buen trabajo, lleva todas la de perder, sino mírame a mí.

-¿Qué contigo?

-¿Cómo que qué conmigo? ¡Mírame! Aquí estoy con dos muchachitos a cuestas, con un hombre que no amo y que además de eso me abusa como le da gusto y gana. Otra cosa sería si yo tuviera una carrera o por lo menos un buen trabajo. Tuli, ¿tú tienes licencia de conducir?

-Sí, la saqué en el ejército.

-Sabes, me gustaría aprender a conducir. Yo tengo mi permiso de aprendizaje. Yo fui con Iris y Damián y juntas tomamos el examen teórico. Ambas lo pasamos. Iris está tomando prácticas con Damián pero cada vez que le pido a Franco que me dé prácticas dice que soy una tonta, bruta y que no voy a aprender a conducir. Dice que lo único que puedo hacer es estrellar el carro en contra de algún poste. ¿Tú crees que yo no sea capaz de conducir?

-Lotis, no porque tú seas mi hermana, pero yo pienso que tú eres muy inteligente. Conducir no es difícil y si tú te pones lo aprendes. Yo no te puedo dar prácticas porque no tengo carro, pero si lo tuviera, te las daba.

-No me va a quedar de otra que encontrar la manera de hacerlo sin que este señor se dé cuenta. Bueno Tuli, ya es tarde y este señor ya está acostado. Si no me voy a dormir, se va a despertar y me la va a armar. Quiero evitar problemas. Ya vez lo estúpido que se ha puesto con Mariana que hasta la ha echado de mi casa sin contemplación ninguna. Ese hombre no tiene pepitas en la lengua y a la hora de imponerse lo hace sin medir a quien ofende. Mariana no lo pasa. Así pues te dejo. ¡Buenas noches!

-¡Hasta mañana!, Lotis.

33

Tú diste luz al sendero, en mis noches infortunas,
iluminando mi cielo,
como un rayito, claro de luna…

TODO SUCEDIÓ TAN RÁPIDO. Antes del mes de conocerse, Tuli y Mariana decidieron formar un hogar. Tuli reconoció al bebé como su hijo. De la noche a la mañana se convirtió en padre. Pasaba horas con el bebé en sus brazos mientras planificaba su futuro. Se sentía inmensamente feliz. Por fin tenía una familia propia. Aceptó a Mariana como su compañera y decidió marcharse a los Estados Unidos en busca de un mejor futuro para él y su nueva familia. Le escribió a Camelia y le anunció su viaje. Mariana y los niños permanecieron en Puerto Rico con la promesa que tan pronto Tuli encontrara trabajo los mandaría a buscar. Tuli se embarcó, y una semana después Mariana vendió todos sus muebles, compró los pasajes y se reunió con Tuli. Llegó a la casa de Camelia con sus cuatro hijos. Vivieron momentos muy difíciles pues Camelia no podía aceptar que su hijo se hubiera echado tal responsabilidad siendo tan joven. Además, el apartamento era muy pequeño para Camelia quien vivía con Jacinto, Narciso y Violeta para tenerlo que compartir con Tuli, Mariana y los cuatro niños. Camelia discutía con Mariana constantemente. Al cabo de una semana, Mariana solicitó ayuda del bienestar público. Tuli consiguió trabajo, buscaron un apartamento y se mudaron.

Mientras tanto, allá en Puerto Rico, Lotis había decidido comenzar a vender *limbers* para reunir dinero. Hacía *limbers* de toda clase de frutas y sabores. Los drogadictos del caserío eran sus mejores clientes. Ellos le traían los cocos. Ella los pelaba y los guayaba. Cobraba veinticinco centavos por *limber*. Tenía una alcancía escondida entre las sábanas. Todos los días contaba su dinerito. Al cabo de algunos meses, ahorró ciento veinticinco dólares. Llamó a una escuela de conducir y contrató los servicios de un instructor privado. Así, todas las mañanas, cuando Franco se iba a chiripear, ella tomaba prácticas de conducir. Tomó diez prácticas. Sacó cita para tomar su examen práctico. Una tarde llegó a su casa con la licencia de conducir. Esperó a Franco y se la mostró con mucho orgullo.

-Tengo una sorpresa. Mira. Mi licencia de conducir. Por fin la tengo –le dijo emocionada.

Franco la miró con desconfianza y le respondió: No sé cómo la conseguiste. Pero para mí eso no tiene ninguna validez. ¿A quién se la compraste?

-Yo no le compré esta licencia a nadie. ¿Por qué se te hace tan difícil pensar que soy capaz?

-Se me hace difícil creerlo porque yo sé que tú tienes ese cerebro lleno de gusarapos. Por lo tanto déjame en paz. ¡Vete y sírveme la comida! Tuve un día pesado y no me interesa saber cómo hiciste para obtener esa licencia. Lo único que quiero que te quede claro es que no tiene caso que poseas esa licencia puesto que por mi parte nunca vas a conducir mi carro. ¿Entendido?

Se retiró cabizbaja, guardó su licencia y se dispuso a servir la cena.

Meses después le insinuó a Franco que le gustaría regresar a la escuela nocturna para prepararse y tomar el Examen de Estudios Generales conocido como el GED. Él se negó rotundamente y le aseguró que no le cuidaría los niños para que ella se fuera a coquetear con otros hombres en la escuela.

Una mañana se encontraba preparando los *limbers* del día y deslizaron un papel por debajo de su puerta.

Atención residentes del residencial Las Palmas. El centro comunal del Residencial Las Palmas estará aceptando matrículas para todos aquellos residentes interesados en tomar el examen de GED. Los interesados deberán estudiar por su cuenta y estar disponibles para tomar el examen en el Residencial Vista Hermosa por un período de tres días consecutivos.

Terminó de preparar los *limbers*, se puso un pañuelo en la cabeza, y fue a apuntarse.

-¿Dónde puedo ir para prepararme para este examen? –le preguntó a la secretaria que estaba colectando las firmas.

-No se está ofreciendo ningún curso de preparación para este examen. Deberás reportarte los días 12, 13 y 14 de septiembre en el centro comunal de Vista Hermosa para tomarlo.

-Muchas gracias. Allí estaré.

Por la tarde le pidió a Franco que le llevara a dar una vuelta y a visitar a Iris.

Llegó a la casa de Iris y le informó su plan. -Iris, quiero tomar el examen de GED y necesito que me cuides los nenes durante estos días. Yo le voy a decir a Franco que tengo una cita con el pediatra en el Hospital de Río Piedras. Así no sospechará. Después le invento otra excusa para los próximos dos días pero yo necesito ir y tomar ese examen. ¡Quisiera ir a la universidad algún día! –suspiró profundamente.

-¡Ay, Lotis, me alegro verte tan entusiasmada! Cuenta conmigo pero no te hagas ilusiones. Yo he escuchado que ese examen es bien difícil y más para personas como tú. Tú te saliste de la escuela en sexto grado.

-Sí, lo sé. Pero necesito tratar. Además, acuérdate que estudié el séptimo y el octavo de noche.

-Sí, pero no es lo mismo. Yo misma, que completé el noveno grado, no me siento preparada para tomar ese examen.

-Iris, no hay peor batalla que la que no se pelea. Necesito tratar. Si no lo paso, bueno, pues ya me inventaré otra cosa, pero no me puedo dar por vencida sin siquiera tratar. También quiero decirte que tengo casi siete meses juntando dinero. Me gustaría ir a ver a mami a los Estados Unidos durante la navidad. Ya casi tengo los pasajes de ida y vuelta de los nenes y el mío. Si el negocio de los *limbers* sigue como va, para fines de octubre espero tener el pasaje de Franco.

-¿Pero es que también le vas a pagar el pasaje a ese bueno para nada? ¡Déjalo que se lo pague él si quiere viajar!

-Si no se lo pago, no me va a dejar ir sola con los nenes.

-Bueno, allá tú. Yo quisiera ir a ver a mami también pero la situación cada día está más apretada. De todas maneras, cuenta conmigo para el cuido de los nenes en septiembre. ¿Y qué vas a hacer si te vas a los Estados Unidos durante el mes de diciembre? ¿A quién vas a dejar en el apartamento? Tú sabes que los apartamentos no se pueden dejar solos. Aquí está el pillo que hace orilla.

-Ya pensé en eso y estoy pensando dejar a Edwin, el amigo de Tuli, en mi apartamento. Él trabaja cerca y vive con su mamá. Creo que no le importaría quedarse un par de semanas cuidando el apartamento. Además, le pagaríamos.

-Lotis, ¿has tenido noticias de mami últimamente?

-Pues te diré que Jacinto me escribió. Dice que está estudiando en el instituto de artes culinarias. Quiere convertirse en un chef. También me comentó que le recetaron espejuelos. Tú sabes que él tenía un ojito que se le viraba para el lado. Pues poco a poco él mismo estaba corrigiendo ese problema. Lo que sí me sorprendió fue lo que me dijo. ¿Sabías tú que nuestro hermanito había estado ciego hasta hace poco?

-Espérate un momento. ¿Qué estás diciendo?

-Pues eso. Que Jacinto estaba ciego. Nadie lo sabía. Ni siquiera él mismo. Él pensaba que su visión era normal. No veía colores ni figuras. Sólo veía bultos. Sombras. Para él eso era normal. ¿Entiendes? ¿Te imaginas una persona estando ciego y no saberlo? Pobrecito. Debió de haber sido toda una experiencia cuando descubrió un mundo nuevo –decía Lotis.

-¡No lo puedo creer! Pero, ¿cómo es posible? Lotis, tú sabes que las escuela públicas le hacen exámenes de la vista a los estudiantes y los refieren al oftalmólogo si tienen problemas de visión.

-Sí, lo sé. Pero acuérdate que Jacinto estaba más fuera de la escuela que en la escuela. La única explicación que existe es que de alguna manera él nunca estuvo presente cuando las maestras estaban llevando a cabo esos exámenes.

- ¿Y cómo lo descubrieron?

-Todo sucedió cuando se registró para tomar el curso de chef. La escuela le mandó a hacerse un examen de salud porque él tiene que bregar con alimentos. Y así se dieron cuenta que estaba ciego. Figúrate que él dice en su cartita que estaba fascinado cuando le dieron sus espejuelos. Dice que se sentía en otro planeta. Que los colores eran bellos. Que las cosas ya tenían forma. Y que aún los rostros de las personas queridas eran diferentes a como él les veía antes.

-¡Bendito sea Dios! Aún al nene de mami, le tocó su parte.

-Pero no te preocupes. Está haciendo bien. Ya tiene diecisiete años y aún no tiene novia. Sólo le gusta la cocina y vive pendiente de mami. En cuanto a Violeta y Narciso, ellos también están muy bien. Siguen estudiando. En la última cartita que le escribí a Jacinto, le pregunté si habían llevado a mami al médico a recibir tratamiento, pero él dijo que no. Asegura que ella está bien y que no cree que mami tenga ningún problema mental.

-¿Y has sabido algo de Tuli y Mariana? ¡Eso sí que fue una locura!

-No. Sólo supe que están trabajando. Yo le escribí a Tuli para ver si me puede recibir en su casa con mis hijos y mi marido durante el mes de diciembre, pero todavía no me ha contestado.

-Te va a recibir. No te preocupes. Ustedes siempre han sido muy unidos.

A lo lejos se escuchó un claxon. Era Franco.

-Bueno Iris, la conversación está buena pero ya Franco vino a recogerme. Ya tocó la bocina para que baje. Y si no bajo, tú sabes cómo se impacienta. Así que nos vemos. Cuídate mucho hermanita.

-Adiós. Hasta pronto.

Tres semanas después, Lotis fue y tomó los exámenes del Departamento de Educación.

34

Fuimos nubes que el viento apartó,
fuimos piedras que siempre chocamos,
gotas de agua que el sol resecó...

Los PREPARATIVOS para el viaje estaban listos. Viajarían el cuatro de diciembre y regresarían el dieciocho. Le hubiera gustado pasar la Noche Buena y la Navidad en compañía de su madre pero no podía. Franco había decidido buscar un trabajo mientras estuviera en los Estados Unidos por esas dos semanas. Dos días antes del viaje, Lotis recibió correspondencia del Departamento de Educación. Abrió el sobre manila y allí frente a ella tenía su Diploma de Equivalencia de Escuela Superior y sus calificaciones. Había pasado todas sus materias con A y B a excepción del inglés que obtuvo una D. No le importó. Había obtenido otro triunfo. Franco estaba almorzando en el pequeño comedor cuando Lotis abrió el sobre.

-Franco, mira mi Diploma de Equivalencia de la Escuela Superior.

Indignado se lo arrebató de las manos.

-¿Queeeé?

-¡Cuidado que me lo vas a romper!

-¿De dónde sacaste esto? ¿Cómo hiciste para tomar ese examen sin que yo supiera?

-Estudié aquí en la casa y fui al Centro Comunal y lo tomé. No te había comentado nada porque pensé que era bien difícil y que no lo iba a poder pasar. Pero mira, ¡lo pasé!

Comenzó a dar gritos y saltos de alegría por toda la salita. Parecía que había perdido la cordura. Puso música. Tomó a los niños entre sus brazos, bailó y celebró con ellos. Luego, exhausta, se sentó frente a Franco y le dijo con el tono más dulce de su voz:

-Neee, por favor, quiero ir a la Universidad de Río Piedras. Cuando regresemos del viaje, quiero matricularme en la universidad. Siempre he soñado con ser maestra. ¿Me dejas por favor?

-¡Ni lo sueñes! Tú no vas a ir a la universidad. ¿Es que acaso no has escuchado las últimas noticias? Hay muchos rollos y peleas en la universidad. Los estudiantes están en huelga porque quieren aumentar qué sé yo qué. Y yo no te quiero en esos bochinches. ¿Te quedó claro? No se hable más del asunto.

Siempre lo mismo. Hasta cuándo podría aguantar aquella situación. Decidió no insistir y preparar los últimos detalles para el viaje.

Llegó el gran día. Por fin sus esfuerzos se veían recompensados. Tenía las manos desbaratadas de tantos cocos que guayó para acumular el dinerito que necesita para los pasajes, pero no le importaba. Por fin iba a reunirse con su madre y con sus hermanos. Sabía que hacía frío en Nueva York, y tomó unos abrigos prestados para sus niños, para Franco y para ella.

Regresar a aquella ciudad le traía muchos recuerdos. Hacían cinco años que había salido de allí. Parecía que el tiempo no había transcurrido. Los edificios quemados, las calles, las bodegas, el tráfico, el ruido de los trenes, la gente corriendo, suciedad por doquier, el frío, todo era lo mismo. Sólo faltaba algo. Él se preguntaba, ¿dónde estará? ¿Qué será de su vida? No lo había vuelto a ver desde la noche de su boda con Franco. Se preguntaba si él todavía pensaba en ella. Sus pensamientos se transportaron durante todo aquel día. Sí, fue precisamente un cuatro de diciembre el día que había ingresado en el hospital para abortar a su hijo. Cinco años más tarde regresaba al mismo lugar. No quiso pensar más.

Tuli se había detenido frente a un edificio de tres pisos cerca de la Tercera Avenida. Sus pensamientos volvieron al pasado. ¿Cuántas veces caminó por esa avenida del brazo de Amado para ir al parque San Mary? ¿Cuántas veces Amado columpiaba a Pito y a ella en aquellos columpios que se divisaban a poca distancia? Muchas, recordó.

La voz de Tuli la sacó de sus pensamientos.

-Llegamos.

-¿Qué piso es?

-Mami vive en el primero. Mariana y yo vivimos en el tercero.

-Bueno, pues suban las maletas en lo que yo voy a ver a mi madre. Luego les alcanzo.

Tocó la puerta en el primer piso. Entró al apartamento. Estaba sorprendida. Los pocos muebles y cortinas estaban tiznados por el hollín. En el aire, había un fuerte olor a humo. El frío le traspasaba los huesos. Abrazó a Camelia, a Narciso y a Violeta. Jacinto no había llegado de la escuela. Camelia le brindó café.

-¿Una tacita de café del chorrito? ¡Está recién colao! –le dijo Camelia.

-Sí mami, por favor. Violeta, ven y cuéntame. Quiero que me digas, ¿qué sucedió aquí? ¿Por qué están viviendo en estas condiciones? Ustedes están respirando este humo constantemente. Además, este apartamento está muy frío.

-¡Ah, esto no es na'! Pior fue cuando hubo la explosión de la *boila*. La casa completa se llenó de humo. No se veía na'. Ahora ya la cosa está mejor –respondió Camelia.

-Perdóname mami, pero éstas no son condiciones para vivir. ¿Qué dice el súper del edificio? ¿Por qué no tienen calefacción?

-No tenemos súper. El dueño del edificio viene solamente a colectar la renta mensualmente y no le da mantenimiento. La *boila* se daño. Trataron de arreglarla hace algunos días pero explotó. Por eso todo el apartamento está así.

-¿No se puede hacer nada? Tiene que haber alguna agencia que les pueda ayudar.

Violeta no había dicho palabra alguna. Se había dedicado a mirar a Lotis llena de admiración. De pronto se atrevió a interrumpir.

-¡Estás muy bonita, Lotis! Pareces una modelo salida de una revista de artistas.

-Gracias Violeta. Yo sé que tú eres muy jovencita, pero ¿sabes tú por qué no se ha hecho nada para resolver la situación de ustedes? ¡No pueden seguir viviendo en estas condiciones!

-Lotis, la verdad es que el único que nos puede ayudar es Jacinto, y él está tan ocupado con sus estudios que llega bien tarde de la escuela. Pero ya tenemos un apartamento visto y Dios mediante nos mudamos en una semana –contesto Violeta.

-¡Qué bien! ¡Me alegra escuchar eso! Así que llegué a tiempo para ayudarles con la mudanza. ¡Qué bueno!

En ese momento la puerta se abrió. Era Jacinto. Estaba un poco sobrepeso. Le costaba trabajo caminar. Se acercó a Lotis y la levantó entre sus brazos. Rieron, se abrazaron y se besaron. Hablaron de muchas cosas. Se había convertido en un joven de hermosos sentimientos con un buen sentido del humor. Luego subieron al apartamento de Tuli y allí pasaron el resto de la tarde.

Aquellas dos semanas fueron inolvidables. Siempre había música y algarabía. Los cinco hermanos se reunían en el apartamento de Tuli y de Mariana a platicar todas las tardes. Los cuatro niños de Mariana y los dos de Lotis se la pasaban correteando por todo el apartamento. Mariana y Lotis salían mucho a la Tercera Avenida. Se hizo la mudanza de Camelia. Franco había conseguido trabajo en una factoría en New Jersey. Faltaban tres días para regresar a la isla. Narciso y Tuli trataban de convencer a Lotis para que se quedara.

-Lo siento pero no nos podemos quedar. Yo necesito regresar a Puerto Rico. Quiero ir a la universidad.

-Tú puedes ir a la universidad aquí. Nada te lo impide.

-El inglés. Sería muy difícil sobresalir en las materias cuando no conozco ese idioma –hablaba Lotis.

De pronto sonó el teléfono.

-Lotis, es para ti. Te llaman de Puerto Rico –dijo Mariana.

Lotis tomó el auricular. Al otro lado reconoció la voz de Edwin.

-Lotis, necesito decirte lo que sucedió en el apartamento. Anoche decidí quedarme en la casa de mi madre. Hoy en la tarde cuando regresé, encontré la puerta abierta. Se metieron en el apartamento y se llevaron muchas cosas.

-¿Cómo así? ¿Qué se llevaron?

-Prácticamente se lo llevaron todo. Sólo te han dejado las camas de los nenes y algunos trastes –respondió Edwin al otro lado de la línea.

-Por favor, cierra el apartamento. Nosotros nos vamos en tres días. ¿Puedes quedarte esta noche?

-Me puedo quedar esta noche, pero no me puedo quedar mañana en la noche, ni la siguiente. Mi madre está enferma y me necesita.

-Está bien. Cierra el apartamento. Gracias por tu ayuda. A propósito ¿crees que nos puedas recoger en el aeropuerto?

-Allí estaré.

-Hasta pronto pues.

Lotis colgó el auricular. Tenía los ojos llenos de lágrimas.

-Nos robaron. Se lo llevaron todo-. Fueron las únicas palabras que logró articular porque el llanto se apoderó de ella.

Jacinto la abrazó. Tuli y Mariana trataban de darle ánimos.

-¡Ves! Eso significa que tú no tienes nada que hacer allá. Tienes que quedarte. Ya nada tienes por allá –dijo Jacinto.

-Mi apartamento. Yo puedo volver a comenzar.

-Lotis, ese apartamento no es tuyo. Es una vivienda del gobierno. A decir verdad, ¡no tienes nada! ¿Por qué no te quedas? –le suplicaba Tuli.

Lotis miró a Franco como buscando su aprobación.

-Por mí no te preocupes. Yo tengo trabajo. A mí no me importa que nos quedemos y comenzar una nueva vida por acá –aprobó Franco.

Estaba decidido.

-Nos quedaremos. Pero primero necesito ir a Puerto Rico a recoger los documentos importantes y a entregar el apartamento al Departamento de Vivienda –agregó Lotis.

-¿Por qué no dejas que Franco vaya? –Mariana interrumpió.

-No. Tengo que ir yo. Franco está trabajando. Además, el apartamento está a mi nombre. Yo sé donde se encuentran los documentos. Quiero saber si dejaron algún mueble para llamar a la compañía de mudanzas y enviarlo. Mientras tanto, tú, Franco, quédate trabajando aquí. Trata de ahorrar lo más que puedas para que cuando yo regrese podamos rentar un apartamento y sacar la mudanza. Prométeme que vas a ocuparte de mis hijos. Les vas a dar lo que necesiten mientras estén aquí. Necesitas comprarles abrigos porque hace frío y yo tengo que devolver estos abrigos que tomé prestados. Mariana, hazme el favor y llama a la línea de aviación y mira a ver si el agente puede cambiar el boleto de Franco y de los dos niños por un boleto de regreso para mí. Todo está decidido. Saldré en tres días.

35

Resistiré para seguir viviendo,
me volveré de hierro para endurecer la piel
y aunque los vientos de la vida soplen fuerte,
soy como el Junco que se dobla
pero siempre sigue en pie...

LOTIS LLEGÓ a Puerto Rico. Habían anunciado mucha lluvia con fuertes vientos y truenos para las horas de la noche. En el aeropuerto, Edwin la esperaba. La puso al tanto de los últimos acontecimientos. Pronto llegaron al caserío. Subió las escaleras y se encontró con la puerta de su apartamento rota. Dos desconocidos estaban acomodando un juego de comedor en el espacio en el cual había estado antes el suyo.

-Se puede saber, ¿qué demonios está pasando aquí? ¿Quiénes son ustedes? ¿Y qué carajo hacen en mi apartamento?

-Pues nosotros nos estamos mudando. El administrador del residencial nos dio permiso para mudarnos. Él nos hizo entrega de la llave de este apartamento hoy.

-¡Eso es imposible! ¡Este apartamento es mío! ¡Yo vivo aquí! ¡Estas son mis cosas!

Miró y vio el cable de su teléfono saliendo desde su apartamento hasta otro apartamento. Subió las escaleras indignada. Haló el cable del teléfono y se trajo con el mismo su teléfono rojo. El vecino salió indignado y maldiciendo porque le había cortado el servicio repentinamente.

-¿Por qué me quitas el teléfono? –se atrevió a reclamar el vecino.

-¡Pero esto es el colmo! Mire señor, usted mejor se calla y se mete para dentro, o le voy a llamar a la policía por haberme robado el servicio de teléfono. ¡Todos han hecho fiesta con mis cosas!

Se apresuró a llamar a la policía. El vecino tiró la puerta y se encerró en su departamento. Los invasores desaparecieron dejando atrás la mesa en el medio de las escaleras.

Minutos más tarde, la policía llegó. Lotis les explicó los acontecimientos. La policía tomó la información y se marchó. Se dispuso a asegurar la puerta cuya cerradura había sido forzada. La amarró con un pedazo de cinta. Las persianas de la sala también habían sido forzadas. De repente el cielo se encancaranubló. El viento comenzó a bramar. Se desató un tremendo aguacero. Fuertes truenos y relámpagos se escuchaban por doquier. La lluvia entraba por las ventanas. Los truenos y los relámpagos iluminaban la sala donde había tendido unas sábanas para estar pendiente de la puerta.

Por primera vez en su vida sintió mucho miedo. Pensó en Amado. ¿Dónde estará? ¿La habría olvidado? Quizás se había casado. ¿Estará calentando la cama de otra mujer? No, su amado no podía estar con otra. Él era suyo. Aquella idea la perturbaba. Prefirió no pensar y se quedó dormida.

A la mañana siguiente empaquetó lo poquito que le habían dejado. Llamó a la compañía de mudanzas. Una semana más tarde un camión pasó a recoger sus pocas pertenencias. Decidió que iría al siguiente día a entregar el apartamento al Departamento de la Vivienda central. No permitiría que el administrador del caserío intercambiara su apartamento por un litro de licor como solía hacerlo. Era un alcohólico empedernido. Aquel día cerró su apartamento y decidió ir a visitar a Iris. Pasaron la tarde hablando. Luego se despidió y regresó al residencial. Una vez más, encontró su apartamento abierto con personas desconocidas sentadas en un juego de sala donde antes estuvo el de ella. Nuevamente llamó a la policía. Le informó de la puerta rota, las persianas forzadas, el robo en su apartamento y acusó al administrador de haber hecho negocio con su apartamento en varias ocasiones. La policía se dirigió a la oficina del administrador. Minutos más tarde los oficiales regresaron al apartamento de Lotis para entregarle una citatoria para la corte. Había sido acusada por el administrador del caserío de haber cometido vandalismo en su apartamento y de haber inventado un robo.

-¿Cómo le pueden creer a ese hombre lo que está diciendo? ¡Todo eso es una vil patraña! Yo no vandalicé mi apartamento.

-Él asegura que tiene testigos que la vieron a usted romper las ventanas y la puerta hace poco más de una semana. También dice que a usted nadie le robó, sino más bien que hay testigos que la vieron llegar con un camión y montar su mudanza hace una semana.

-Ustedes me tienen que creer. Él está mintiendo.

-De cualquier manera, usted va a tener que acudir a un juicio el día treinta de diciembre para que compruebe lo que dice. Si es cierto, no deberá temer. Todo se va a resolver –le informó la policía.

-Pero es que yo no puedo quedarme aquí hasta el treinta de diciembre. La Noche Buena es en dos días y necesito viajar para reunirme con mis hijos –respondió Lotis.

-No podrá viajar. Si sale de Puerto Rico estará cometiendo desacato y eso se castiga con cárcel. Pondremos una orden de arresto en contra de usted –y diciendo esto se marcharon.

Se sentó en las escaleras y comenzó a llorar. Se sentía desmoronada. Con los ojos nublados por el llanto, imploró, "Padre Celestial Divino, ayúdame". De pronto sintió una descarga. Se puso de pie y caminó firmemente hacia la oficina del administrador. No pidió ser anunciada. La secretaria trató de detenerla pero ella la ignoró y se dirigió hacia el administrador. La puerta estaba cerrada. La abrió de un empujón. Allí estaba el administrador sentado detrás de su gran escritorio como un rey se sienta en su trono. Cerró la puerta tras de ella y le echó el seguro. No quería ser interrumpida.

Se acercó a él con pasos seguros, mirándole fijamente a los ojos y le dijo, -Así es que tú me denunciaste. Tú dices que tienes testigos que me vieron vandalizar mi apartamento. También afirmas que no hubo ningún robo porque yo vine con un camión y saqué toda mi mudanza-. Al mismo tiempo que hablaba se iba trepando encima del gran escritorio hasta lograr estar cara a cara con él. Sentía la respiración del administrador muy alterada.

-Así es –le contestó el administrador muy seguro de los hechos.

-Y de acuerdo a tus testigos, quienes me imagino son los mismos que trataste de venderles mi apartamento por una caneca, ¿cuándo sucedió esto? No. No me digas, aquí en los papeles de la querella tú afirmaste que eso sucedió el dieciséis de diciembre, ¿verdad?

-Así es –recalcó el administrador con una sonrisa cínica a flor de labios.

-Pues, ¿sabes qué? ¡Yo me voy a quedar aquí! ¡Quiero ir a la corte contigo! ¡Quiero que tú traigas a tus testigos! ¡Quiero darme el gusto de que los dejen a todos presos por levantarme una calumnia como esa! Porque tú mejor que nadie sabes que estás mintiendo. Y yo te lo voy a probar.

-¡Ah! Sí. Y a ver, ¿cómo? –preguntó el administrador.

Esta vez lo agarró por la corbata y le dijo muy firmemente, -Mira, canto estúpido, tú no vas a poder probarme nada porque en esa fecha que tú dices que me vieron vandalizar el apartamento, simplemente yo no estaba aquí. Así como lo oyes. Yo estaba en Nueva York con mi esposo y mis hijos. Y tengo mis pasajes para demostrarlo.

El administrador se hundió en el gran asiento. Quería desaparecer.

-Está bien. ¡Me tienes! ¿Qué quieres de mí?

-De ti sólo quiero dos cosas. Primero, que me retires la denuncia.

Levantó el teléfono e hizo una llamada al cuartel de la policía.

-Este es el administrador del residencial Las Palmas. Hace un rato yo puse una denuncia contra uno de mis residentes, la Señora Lotis Juncos. Quisiera retirar la denuncia. Todo fue un mal entendido y ella no es responsable por los daños a la propiedad.

Lotis le arrebató el teléfono de las manos. Tenía que asegurarse.

-Sí, por favor ¿quién habla?

-Es el Teniente Maldonado del cuartel de la policía.

-¿Escuchó teniente? –preguntó Lotis.

-Sí, escuché.

-Yo soy la Sra. Juncos y necesito saber si debo presentarme el día treinta en la corte.

-No, la denuncia ha sido retirada –respondió el teniente.

-Entonces gracias y que pase un buen día –colgó el auricular.

-¿Y ahora? –interrogó el administrador.

-Ahora tú vas a llamar a la oficina central y vas a reportar mi apartamento vacante para que se lo pueden dar a una familia que verdaderamente lo necesite. No pienses que te lo voy a entregar a ti para que lo canjees por un litro de Don Q –respondió Lotis.

Una vez más marcó el teléfono.

-Oficina central, buenas tardes. Este es el administrador del residencial Las Palmas. Quiero declarar vacante el apartamento número ochenta y tres del edificio siete.

Lotis le volvió a arrebatar el teléfono y mientras jugaba con la corbata del administrador, habló con la persona que estaba en la otra línea, -Sí, buenas tardes ¿con quién hablo?

-Oficina Central del Departamento de la Vivienda –se escuchó al otro lado.

-Sí, ¡escuche! Soy la Señora Lotis Juncos. El apartamento fue vandalizado pero el administrador lo va a mandar a arreglar y yo pasaré a entregar las llaves a su oficina mañana por la mañana.

-Sí, está muy bien. Ya tenemos la familia que va a ocupar esa vivienda.

-Muchas gracias y que tenga buen día-. Colgó y soltó la corbata del administrador. Éste procedió a arreglársela mientras le decía: Pena me da con tu marido, ¡tú eres una pequeña demonia disfrazada de mujer!

Lotis comenzó a reírse a carcajadas. –Sabes, algo parecido me dice mi marido. Siempre dice que soy más mala que el Diablo. Pero la verdad es que yo creo en la justicia divina y eso es exactamente lo que ha pasado aquí.

-Necesito que me firmes un papel confirmando que me estás entregando tu apartamento.

Lotis lo firmó. Luego el administrador añadió:

-Te puedo asegurar, casi te podría jurar, que si algún día regresaras a Puerto Rico y quisieras solicitar un apartamento, no te lo darían. De eso me encargo yo –amenazó el administrador.

Lotis lo miró fijamente a los ojos y dijo muy segura de sí misma:

-Y yo le juro por esa luz que me está alumbrando, que el día que regrese a Puerto Rico, voy a venir con suficiente dinero para comprarme mi casa. Usted quede sin cuidado que yo no voy a necesitar su cochino proyecto.

Dio media vuelta y se marchó. El cielo estaba despejado. Sintió una suave brisa en su cara. Tomó un carro público y se dirigió a la casa de Octavio. De allí saldría al día siguiente hacia Nueva York.

La flor de Lotus

36

Diciembre me gustó pa' que te vayas,
que sea tu cruel adiós mi navidad,
no quiero comenzar el año nuevo
con este mismo amor que me hizo tanto mal...

EL AVIÓN ATERRIZÓ a las dos de la tarde. Tuli y Franco estaban esperándola en el aeropuerto. Franco la recibió con un beso y un abrazo. Tuli la abrazó y tomó su maleta.

-¿Cómo te fueron las cosas? ¿Resolviste todas tus cosas? ¿Lograste enviar la mudanza? –preguntó Tuli.

-Sí, todo está resuelto. La mudanza debe llegar en unos doce días. Tengo todos nuestros documentos. Entregué el apartamento. Ahora a buscar apartamento y a comenzar una nueva vida. A ver Franco, dime, ¿cómo lo estás pasando en tu trabajo? Me imagino que bien, ¿verdad? –interrogó Lotis a Franco como buscando una tabla de apoyo en aquel futuro que se le presentaba tan incierto.

Tuli conducía. Franco comenzó a hablar.

-Mi amor, todo me va muy bien en el trabajo. Ya he cobrado tres sueldos –le informó Franco.

-¡Qué bien! ¿Y cuánto dinero tenemos para buscar un apartamento? No podemos volvernos locos y despilfarrar el dinero. Recuerda necesitamos dinero para sacar nuestra mudanza, coger un apartamento y comprarle los abrigos a los nenes. Además, Pito comienza en segundo grado y necesito comprarle los materiales escolares. Así que hagamos cuenta y veamos cómo vamos a distribuir tu sueldo.

-Lotis, tengo que decirte algo. Mi vida, en este momento no tengo ni un céntimo –le informó Franco.

-Pero ¿cómo es eso? Yo dejé dinero para cubrir los gastos de los niños por dos semanas. Además, lo único que tenías que hacer era comprarle los pañales desechables al bebé y la leche diaria. Mi hermano no nos está cobrando una renta por estar en su casa, ¿verdad Tuli?

-Lotis, yo no le he pedido nada a Franco por el tiempo que ha estado en casa. Todos comen de lo mismo que Mariana cocina. Franco le ha comprado los pañales al bebé y la leche del diario pero de ahí nada más –respondió Tuli.

-Entonces, ¿dónde está el dinero? ¿Qué has hecho con tu sueldo de tres semanas?

Le tomó las manos a Lotis, y le habló dulcemente, pretendiendo calmarla.

-Lotis, aquí se hace dinero pero también se gasta.

-¿Se gasta en qué? –interrogó molesta.

-Pues verás, yo me compré esta chaqueta.

-Tú no necesitabas un abrigo nuevo. Mi hermano te había dado uno. ¿Y qué paso con el resto del dinero?

-Me compré un estéreo y unas bocinas. También un par de *walkie talkies*.

Lotis se negaba a creer lo que estaba escuchando. Movía la cabeza de un lado para otro queriendo asimilar lo que escuchaban sus oídos. En ese momento el carro se detuvo frente al edificio de tres pisos. Tuli se estacionó y se dispuso a sacar la maleta del auto.

-Tuli, sube. Yo te alcanzó en algunos minutos. Necesito hablar con Franco a solas –le dijo Lotis.

Tuli se marchó.

El sol estaba brillante. Lotis levantó la vista. Sus ojos se empañaron. Sentía una rabia infinita por aquel hombre que tenía al frente de ella. Nunca en su vida se había sentido así. Mirándole fijamente a los ojos y con voz firme le dijo: -Franco, yo te he soportado puños, patás, bofetás, hambres, humillaciones y traiciones, pero te juro por ese sol que me está alumbrando, que esto es lo último que me haces. Nunca te voy a perdonar el que no hayas sido lo suficiente hombre para proveer para tus hijos. Aquí estamos en un país cuyo idioma no es el mío, sin un techo, sin comida, y sin abrigo para mis hijos cubrirse sus cuerpos. Eso sí que no te lo perdono jamás. Ahora mismo subo a la casa de mi hermano y le digo que me marcho para la casa de mi madre. Yo no puedo compartir el mismo techo contigo.

Franco trató de detenerla. Le suplicó que le diera una oportunidad. Ella no escuchaba. Entró al apartamento de Tuli y se sentó en el comedor al lado de Tuli y Mariana. Entonces se dirigió a Tuli.

-Tuli, tengo que hablar contigo. Necesito que me apoyes y me entiendas. Yo no puedo seguir viviendo con Franco. Quiero irme a la casa de mami. Necesito abrirme camino por mí misma. Luchar por mis hijos, pero no quiero que este hombre esté al lado mío. No tengo ni la más remota idea de cómo lo voy a hacer, pero sé que lo tengo que a hacer.

-Tuli, no le hagas caso a tu hermana. Ella no sabe lo que está diciendo. Tiene coraje conmigo. Reconozco que es mi culpa. No debí haber gastado el dinero en cosas innecesarias, pero eso no es para tanto. ¿No crees? –objetó Franco.

Tuli no respondió.

-Tuli, me quiero ir, llámame un taxi. Me quiero ir con mis hijos.

Lotis lloraba desconsoladamente.

-Lotis, por favor, no llores. Todo se va a solucionar. Tú no te tienes que irte. Si acaso, el que se tiene que ir es él, no tú. Tú eres mi hermana y tienes esos dos nenes.

-No, Tuli. Soy yo la que tengo que irme. Él no tiene familia en este país. Yo por lo menos tengo a mi mamá y a mis otros hermanos. Permítele que se quede aquí mientras yo me voy a la casa de mami.

-Está bien, si eso es lo que quieres. Pero quiero decirte que no te preocupes por tu mudanza. Mariana y yo decidimos que cuando la mudanza llegue, la vamos a poner en el cuartito al final del pasillo hasta que tú consigas un apartamento.

-En cuanto a tu apartamento, no te preocupes, mañana por la mañana madrugamos tempranito y te llevo al departamento del *Welfare*. Ellos te van a dar dinero de emergencia para buscar un apartamento, ropa, comida y muebles. En menos de lo que te imaginas vas a estar bien –aseguró Mariana.

-Pero yo no vine aquí a vivir del *Welfare*. Yo vine a trabajar y a luchar por mi familia. Una vez más me equivoqué. Pensé que podía contar con el padre de mis hijos. Pero está bien. Yo voy a salir adelante como sea. Eso te lo juro –agregó esta última frase mirando a Franco. Entonces se dirigió al cuarto.

Franco la siguió. La lanzó en la cama. Le tapó la boca y la amenazó.

-Tú no vas para ningún lado. Ya está bueno con el berrinche. Te me vas a quitar la ropa y te metes a la cama a complacerme como tu esposo que soy –murmuraba al oído de Lotis, mientras ella trataba de zafársele.

Le dio una patada en los testículos y corrió a la cocina donde estaba su hermano.

-Tuli, por favor, llámame un taxi ahora mismo o me voy caminando –insistió.

-No hay necesidad, Lotis. Yo te llevo –replicó Tuli.

Salió de la casa de Tuli con sus dos hijos, dos maletas y cincuenta pesos en su cartera.

Tocó la puerta de la casa de Camelia. Jacinto abrió. Ella se lanzó encima de él, llorando.

-Jacinto, por favor, habla con mami para que me deje quedar aquí con mis hijos por unos días –le suplicó Lotis a su hermano.

-Lotis, no hay problema. Tú puedes quedarte aquí el tiempo que necesites con tus hijos –afirmó Jacinto.

Lotis le contó lo sucedido a Jacinto mientras Camelia le preparaba una taza de café.

-Lotis, quiero decirte que tú tienes mucha suerte. Hoy acabas de llegar. Tienes un lugar para quedarte. Tienes tu familia que te quiere y que te va a apoyar en todo lo que necesites. Tuli te va a permitir guardar tu mudanza en su casa. Mañana vas con Mariana al Welfare y de seguro te ayudan. En cuanto al dinero que necesitas para sacar la mudanza, a ver… ¿cuánto es?

-Necesito ochocientos dólares en quince días para sacar mi mudanza, sino de lo contrario, la subastan –hablaba al mismo tiempo que se ahogaba en llanto.

-Lotis, por favor, tranquilízate. No llores más. Nosotros te vamos a ayudar. Cuenta con ese dinero. Yo te lo doy. Yo estoy tomando el curso de chef y al mismo tiempo recibo compensación. Tengo algunos ahorritos. Muy pronto voy a comenzar a trabajar en uno de los restaurantes de las Torres Gemelas. Así que te doy ese dinero –le dijo Jacinto.

-Pero Jacinto, yo no puedo aceptar ese dinero. No estoy trabajando y no sé cuándo te pueda pagar.

-Tú no te preocupes. Ya me lo pagarás cuando se pueda. Por el momento vete a descansar que mañana será otro día. Y ya no pienses-. La abrazó y la acompañó hasta el cuarto que Violeta había preparado para ella y los nenes. Los niños ya dormían.

37

De ti no queda nada, nada de nada,
ni siquiera el recuerdo de cuanto te odiaba...
Te creías que eras el rey del mundo
y me pusiste a prueba pisoteando mi orgullo...

AMANECIÓ. El día se sentía diferente. La atmósfera estaba liviana. Mariana pasó a recoger a Lotis. La llevó a la oficina del *Welfare*. Había muchas madres con niños pequeños correteando por todo el lugar. Olía a sudor y a tabaco. Mariana le había dicho que se llevara un sándwich y algunas monedas para comprar algún refresco de las máquinas porque la espera en aquel lugar era de siete a ocho horas. Le llenaron una solicitud y la mandaron a esperar. Mariana tuvo que ir a la casa a prepararles almuerzo a los niños. Prometió que regresaría después de la una.

La llamaron un poco antes de la una.

-Señora Lotis *Yuncos* –llamó un trabajador social con acento americano.

-Aquí estoy. Soy yo –respondió Lotis.

-Por aquí –Lotis le siguió.

-Tú venir por *Welfare*.

-Sí, señor –contestó humildemente Lotis.

-Pues yo decir que con esa bonita cara y ese cuerpo tú hacer muy bien en cuarenta y dos. Allá mucho dinero. Yo prometer que tú ganar más –continuaba el trabajador social con dificultad para expresarse en español.

Lotis le miraba desconcertada.

-Perdón, ¿Qué dice usted?

-Lo que tú escuchar –prosiguió el trabajador social.

Lotis se puso de pie avergonzada. Se sentía humillada. Cómo defenderse del atrevimiento de aquel individuo si no conocía el idioma. Decidió salir de aquel lugar. Se sentó en la sala de espera, rabiando por la humillación y esperando a Mariana para que la llevara a la casa.

Mariana llegó. Lotis le contó lo sucedido. Mariana se molestó mucho. Conocía muy bien el sistema. Tomó el teléfono y pidió hablar con la supervisora. Le explicó la situación. Inmediatamente llamaron a Lotis. Procesaron su solicitud. Le tomaron la identificación. Aquella misma tarde Lotis salió de la oficina del *Welfare* con un cheque de emergencia para comprarle ropa a los niños, cupones para alimentos y la promesa de obtener un mes de fianza y un mes de renta para su apartamento.

Una semana después, Tuli, Jacinto y Narciso le ayudaban con su mudanza. Había conseguido un apartamentito de dos dormitorios y estaba feliz. Ahora podía concentrarse en su futuro.

Durante la mudanza habló con Mariana.

-Mariana, sabes, me gustaría comenzar a estudiar en la universidad. Podrías ayudarme con eso. Sueño con ser maestra.

-Yo te investigo. A mí también me gustaría estudiar. Mis niños están en el *day care* todo el día y yo tengo mucho tiempo libre. ¡Quizás podamos comenzar juntas!

-¿Tienes tu diploma de cuarto año?

-Tengo mi GED.

-¡Qué bien! Pues vamos a ver si podemos comenzar para septiembre. No quiero perder tiempo. Siento que ya he perdido suficiente. Mírame, aquí estoy con veinticuatro años y todavía no he logrado nada –le habló Lotis.

-Bueno, empezaremos por buscar cuidado para tus niños. Luego la universidad.

Llegó el verano. Los hermanos estaban cada vez mas unidos. Pasaban mucho tiempo juntos. Iban a los lagos, a la playa y a los parques. Franco continuaba viviendo en casa de Tuli. Se había convertido en la sombra de Lotis. La seguía por doquier aunque no le hablara pues sabía que ella no le iba a contestar. Le había rechazado tantas veces que ya ni insistía. Sólo la seguía.

Siempre se reunían en la casa de Tuli o de Camelia. Aquella tarde habían escogido la casa de Camelia. El tema de conversación eran los estudios.

Narciso, el más pequeño de los seis hermanos, se había convertido en un muchacho de doscientas cincuenta libras y seis pies de altura. Practicaba el fútbol americano.

-Narciso, ¿cómo te va en la escuela? Me dice mami que tienes un partido de fútbol este fin de semana.

-Así es. Siempre ganamos.

-Me alegro por ti. Verdaderamente tienes la estatura y el cuerpo para eso. ¿Y cuándo te gradúas?

-Termino el cuarto año el año que viene.

-¡Me alegro! Fíjate que hasta ahora eres el único de todos nosotros que aparentemente te vas a graduar de la escuela superior. Bueno, eso sin mencionar a Violeta, quien espero que siga tus pasos. ¿Y qué piensas hacer cuando termines? ¿Vas a ir a la universidad?

-No, la universidad no es para mí. A mí nunca me gustó la escuela.

-Piénsalo. Tú eres joven y no tienes obligaciones, deberías de seguir.

-Quiero buscarme un trabajo para cuando termine –contestó Narciso.

-Bueno, no todo el mundo va a la universidad. Despúes que te ganes la vida honradamente, eso es lo que cuenta.

-Violeta, ¿y tú qué? ¿Cómo te va en la escuela? –preguntó Lotis a su hermanita menor.

-Pues regular. A mí me faltan tres años para terminar la escuela superior.

-Sigue así que vas bien.

Le preocupada su hermano Jacinto. Ya era todo un hombre y nadie le había conocido novia. Había dedicado toda su adolescencia a cocinar y a cuidar de Camelia, Narciso y Violeta. Además, estaba sobrepeso.

-Jacinto, y tú ¿qué? ¿Tienes novia?

-No, yo no tengo novia.

-¿Sales a bailar? ¿Vas a las discotecas? –interrogó Lotis.

-No. Yo no tengo tiempo para eso –contestó Jacinto.

-Pues mi'jito, hay que hacer tiempo. ¿Qué haces para distraerte?

-Pues yo salgo con mi prima.

-La prima te dobla la edad. ¿A dónde sales con ella?

-Vamos a las casas de las otras primas –prosiguió Jacinto.

-¡Ay, no! Eso hay que arreglarlo. Primero vamos a ponerte a dieta. Deberás perder peso. Luego vamos a comprar ropa para un chico de tu edad. Luego nos vamos a bailar tú y yo. Vamos a conocer mundo. Las primas son primas y ni modo que te enamores de una de ellas-. Todos se rieron.

-Me encanta tu idea pero yo no sé bailar –le informó Jacinto.

-Eso es fácil. Yo te enseño. Yo sé bailar de todo. Soy un trompito en la pista. Te voy a enseñar a bailar salsa, merengue y bolero.

A partir de aquel momento, Lotis y Jacinto se volvieron inseparables. Iban a las discotecas, al teatro, a los restaurantes, a los conciertos playeros de *Ocean Beach* y a la 42. Bailaban, reían y conversaban mucho.

Al cabo de algunos meses, Jacinto se había convertido en un hombre en forma y muy ágil en el baile. Tenía un gran sentido del humor. No le faltaban parejas en la pista. Lotis, por su parte, estaba disfrutando su soltería.

Una noche salieron de un club nocturno en Manhattan. Iban caminando por la 42.

Lotis estaba fascinada por la vida nocturna de Times Square. La ciudad no dormía. La gente caminaba de un lado para otro sin rumbo y con prisa. La metrópoli estaba completamente alumbrada y llena de llamativos rótulos. Había muchos prostíbulos también abiertos. Muchas personas vestían de manera extravagante. La ciudad se había convertido en un gran escenario. Lotis y Jacinto caminaban y se detenían de un escaparate a otro admirando las curiosidades. De pronto se percataron que habían llegado al área de los negocios de películas pornográficas. Decidieron apresurar el paso. Pasaban frente a un prostíbulo cuando de pronto Lotis vio aquel hombre y le reconoció. Estaba segura que era Gabriel. Su cuerpo se estremeció. Era él. Él la reconoció y le sonrió. Un diente de oro resaltaba de su boca. Era el portero de aquel lugar de mala muerte. Lotis se sostuvo del brazo de Jacinto muy segura de sí misma. No quería demostrarle miedo. Le miró fijamente a los ojos con una chispa de desprecio. ¿Cómo olvidar aquel rostro? ¡Qué pequeño era el mundo! Prefirió callar en aquel momento, pero se juró a sí misma que en las próximas salidas evitaría pasar por aquella área.

Dos semanas más tarde salió para la Tercera Avenida a comprarse una muda de ropa. Entró a un *coffee shop* a tomarse un café. Mientras tomaba el café decidió hojear un periódico que alguien había dejado olvidado encima de una de las mesas. Un titular le llamó la atención. El titular decía, *Death in Brothel*. Mostraba las fotos de dos hombres y una mujer. Uno de los hombres era Gabriel. No entendía el artículo. Dobló el periódico y lo metió en la bolsa que llevaba. Más tarde se lo presentó a Violeta e hizo que se lo explicara.

-Violeta, tengo un artículo de periódico. Por favor, léelo y explícame de qué se trata –le pidió Lotis.

Violeta leyó. Luego le explicó.

-Aquí dice que este hombre –señalo la fotografía, -recibió seis balazos en el cuerpo tras haberse acostado con esta mujer y negarse a pagarle. Intentó abandonar el local pero el *pimp* de la mujer lo detuvo a puro balazos.

-¿Está muerto? –interrogó Lotis.

-Sí. -Violeta le preguntó-. ¿Conoces a alguna de estas personas?

-Me parece haber visto a este hombre antes, pero simplemente no estoy segura. De todos modos no importa, ya está muerto –le dijo a Violeta a la vez que tiraba el periódico al zafacón.

Mentalmente dio gracias a Dios por haber vengado la afrenta que aquel hombre había cometido con ella al pretender violarla en su apartamento siete años antes.

En aquel momento Jacinto entró por la puerta y Lotis le dijo, -Mi querido hermanito, prepárese usted porque esta noche vamos a celebrar con mucha salsa y merengue un nuevo triunfo en mi vida.

Jacinto le preguntó, -¿A qué te refieres?

-Creo que poco a poco todo está cayendo en su lugar.

-Ahora que hablas de lugar, quiero comentarte mis planes –le dijo Jacinto y continuó-. Lotis, sabes que me gustaría independizarme. Yo trabajo y puedo pagar un apartamento. Además, ya soy un hombre y me gustaría tener más privacidad. ¿Qué crees?

-Pienso que estás en todo tu derecho. Si crees que estás listo para abandonar el nido, pues adelante. Solamente te digo que aunque te vayas de la casa de mami, tenemos que estar pendiente de ella. Me sorprende el hecho que no haya tenido problemas con los vecinos y que a pesar de no estar recibiendo medicamentos, todo marche relativamente bien.

-Sé que no debemos de confiarnos mucho. En varias ocasiones casi nos han echado a la calle porque mami ha gastado el dinero de la renta. Si no fuera porque la llevo a buscar dinero de emergencia al *Welfare* nuestras cosas estuvieran en la calle y nosotros sabe Dios donde –le comentó Jacinto.

-Ya que traes el tema a colación, Violeta me dijo que a veces mami va con ella a buscar dinero de emergencia en el *Welfare* y que el trabajador social de mami le da un cheque de emergencia, luego la sigue hasta el *cashier* y mami le tiene que dar una cantidad de dinero a él. ¿Qué sabes de eso? –interrogó Lotis.

-Algo me comentó Violeta, pero ¿quién le dice algo a mami? Ella dice que el trabajador social la ayuda mucho. Insiste en que él necesita ayuda, por eso ella lo asiste dándole parte de su dinero.

-Tengo que hablar con mami. Acaso no sabe ella que ese dinero que coge de emergencia eventualmente se lo van a cobrar a ella. Eso se lo van deduciendo poco a poco de sus beneficios y con el paso del tiempo sus beneficios van a estar tan y tan reducidos que no le va a alcanzar ni para comer. Aquí la gente toma ventaja de las personas que no tienen conocimientos. La próxima vez que mami vaya al *Welfare* déjale saber que ese hombre puede perder su trabajo por lo que él está haciendo –le dijo Lotis.

-Él no lo ha hecho delante de mí. Sólo lo hace con Violeta.

-¡Claro, como ella es una niña! De cualquier modo, voy a hablar con mami en cuanto tenga la oportunidad. Hay muchas personas corruptas en ese sistema –continuó Lotis.

-Bueno, apúrate que se nos está haciendo tarde.

-Vámonos a disfrutar de la vida, mi querido hermanito.

Y salían muy abrazaditos. Regresaban casi de madrugada riéndose de las hazañas que habían hecho durante la noche. Todos los fines de semana visitaban un club diferente. A veces, cuando llegaban, encontraban a Franco esperándoles en el pasillo del apartamento.

-Quiero sacar a los niños al parque –decía para explicar su presencia.

-Muy bien, ahora te los preparo para que te los lleves.

-¿Quieres venir con nosotros? –preguntaba Franco con la esperanza de obtener una respuesta afirmativa.

-No gracias. Estoy cansada y tengo muchas cosas que hacer –contestaba Lotis.

-Entonces no me los llevo. Dejémosle para otra ocasión cuando tú puedas venir con nosotros.

-Escúchame bien, Franco, si tú no vas a sacar a los niños, no me les inventes viaje. Tú los invitas y después que ellos están ilusionados me los dejas vestiditos y alborotados. Ocúpate de tus hijos y déjame a mí tranquila. ¿Entendido?

De nada valía. Siempre era lo mismo. Nunca le escuchaba. Abría la puerta y se iba dejando a los niños llorando.

38

Sometimes I was afraid, I was petrified
I always thought that I could never
live without you by my side…

LLEGÓ EL MES de septiembre.

Dio inició el primer semestre de universidad. Lotis comenzó a asistir. Todos los días madrugaba y preparaba a los niños. Dejaba a Pito en la escuela y al bebé en el *day care*. Caminaba más de treinta cuadras para llegar a la universidad. La misma rutina diaria bajo frío, calor o nieve. Nada la detenía. Así transcurrió el primer semestre. Lotis tomaba clases en español, mientras aprendía el inglés. Para el segundo semestre, Tuli y Jacinto habían tomado sus exámenes de equivalencia e ingresaron en la misma universidad. Tuli estudiaba computadoras. Jacinto decidió estudiar francés para complementar el arte culinario con los idiomas. Mariana se dedicó a las ciencias y Lotis a las artes liberales.

El tiempo transcurría. Narciso se había graduado de cuarto año de escuela superior y estaba trabajando para una compañía de desagües. Violeta cursaba el grado once. Lotis, Tuli, Jacinto y Mariana estaban en el tercer año de universidad. Debido a las deficiencias del lenguaje, les estaba tomando más tiempo para completar un grado asociado. Franco se había mudado de la casa de Tuli a un cuarto amueblado.

Lotis estudiaba a tiempo completo, recogía a los niños en las tardes, les atendía, y regresaba al colegio a trabajar como tutora en las horas de la tarde, mientras Violeta les cuidaba a los niños. En la universidad, Tuli y Mariana pasaban mucho tiempo juntos. Trabajaban parte del tiempo y estudiaban a tiempo completo. Lotis y Jacinto se reunían durante su tiempo libre en la cafetería con un grupo de compañeras universitarias.

Monchy y Magda eran madres solteras. A Jacinto le atraía Sonia. Ella era una chica de dieciocho años sin compromiso. Allí en la cafetería se reunían a comentar los últimos acontecimientos del grupo.

-Lotis ¿ya te contó Magda que está saliendo con un hombre mayor que ella? –comentó Monchy.

-No. No sabía. Fíjate, ¡qué calladito se lo tenía! –añadió Lotis.

-Pues fíjate que no es tan mayor. Sólo me lleva doce años. Además, tiene planes conmigo y con mis hijos –dijo Magda.

-Y tú, Sonia, ¿cuándo te animas a salir a bailar y a comer conmigo? –insistió Jacinto.

-Mis padres no me permiten salir –decía Sonia.

-Pero ¿cómo así? Jacinto es un muchachito bueno. ¿Por qué no se lo presentas a tus padres? ¿Quizás te lo acepten? –Monchy trataba de ayudar a Jacinto.

Pero la verdad era que Sonia no estaba interesada en Jacinto y con una sonrisa terminaba eludiendo el tema.

-Ya es tarde. Me tengo que ir a clases. ¡Chao!

-¡Adiós preciosa! –decía Jacinto a la vez que le guiñaba un ojo.

-Y a ti, Monchy, ¿cómo te va con el novio? –preguntaba Lotis.

-Pues todavía nos estamos viendo. Igual que siempre. Pero no hablemos de mí. Hablemos de ti, Lotis. ¿Algún pretendiente?

-Cuántas veces les voy a decir que no me interesa el matrimonio, ni novio, ni nada. Todavía no me divorcio y voy a estar pensando en meterme en otra relación. ¡De ninguna manera! Además, ustedes saben que mi corazón ya tiene dueño.

-¿Quién? No me digas que Franco. Ese hombre verdaderamente me da miedo. Mira que a pesar del tiempo todavía te sigue. Mira Magda, tú no estabas el viernes. Pero déjame decirte, yo invité a Lotis y a Jacinto al cumpleaños de mis nenas. Salimos juntos de la universidad y tomamos el tren. ¿Puedes creer que nos siguió hasta mi casa? Sin decir palabra. Sólo estaba allí. De verdad es que me da miedo –dijo Monchy.

-No, no es Franco. Lo mío con Franco se acabó definitivamente. Ya hacen tres años que nos separamos y él todavía sigue insistiendo. Mi profesor me recomendó que le ponga el divorcio porque si yo sigo casada con él y en unos años logro tener algo de bienes, él puede reclamar parte. Así es que ya comencé a gestionar el divorcio por lo civil y la nulidad matrimonial por la iglesia. Lo que más me da miedo es que ya he cambiado la cerradura de mi casa dos veces y siempre consigue copia de la llave.

-¿Y él busca a los niños?

-Para nada.

-¡Qué lástima! Él se lo pierde. Finalmente a tus hijos no les va a hacer falta nada.

-Lo sé. Pero déjenme contarles algo interesante que sucedió la semana pasada. Ustedes saben que era mi cumpleaños. ¿A que no me adivinan quién se apareció por la casa de mi hermano Tuli?

-¿Quién?

-El Profesor Marrero, el profesor de biología –dijo Lotis.

-¡Noooo! ¿Y que fue a hacer allá?

-Pues fíjate que supo que era mi cumpleaños y se apareció con una botella de champagne y un pastel para celebrarlo.

-¡¿Qué queeeé?! -exclamó Monchy-. ¿Y tú qué hiciste?

-Pues qué iba a hacer. Le bebí el champagne, le comí el pastel y después lo mandé por un tubo. Figúrate que vino a proponerme matrimonio y a ofrecerme casa para mis hijos y para mí. Pero yo no lo puedo aceptar. Primero que no es mi tipo, y segundo que…

-Sí, ya sabemos que tu corazón tiene dueño –exclamaron todos a coro y comenzaron a reírse a carcajadas.

Aquella tarde cuando Lotis salió de la universidad, Franco le estaba esperando a la salida.

-¿Te acompaño? –le preguntó.

Lotis le miró y le dijo con desconfianza:

-Franco, tenemos que hablar.

Mientras caminaban Lotis comenzó a hablar.

-Franco, quiero decirte que quiero divorciarme de ti. Ya contraté un abogado. Necesito que estés de acuerdo y que firmes los papeles por las buenas, aunque si no lo haces, como quiera nuestro divorcio es un hecho.

-Lotis, yo no quiero divorciarme de ti. Por favor dame una oportunidad. Te juro por lo más sagrado que todo va a ser diferente.

-Franco, por favor no insistas. Además, quiero que sepas que también nuestro matrimonio por la iglesia va a ser anulado. Eso quizás tome un poco más de tiempo porque el Papa tiene que mandar a hacer una investigación, pero ese matrimonio lo van a anular.

-Yo me niego rotundamente a darte el divorcio. ¡Me entiendes! Yo te amo. Tratemos de nuevo por nuestros hijos. Si tú quieres yo te dejo estudiar. Tú puedes hacer lo que tú quieras. Yo voy a confiar en ti y te voy a dar todo mi apoyo.

-Franco, ya es tarde para eso. No te estoy pidiendo que me des el divorcio, yo sólo te estoy informando que eso va a suceder con o sin tu consentimiento. También quiero que sepas que estoy pensando ir en el verano para Puerto Rico a visitar a mi hermana y a mi padre. Los niños van conmigo. Espero que para ese tiempo ya haya salido el divorcio.

-Pues si tú vas para Puerto Rico en el verano, yo también me voy para Puerto Rico. ¿Dónde están los papeles que tengo que firmar? –preguntó Franco.

Le extendió una tarjeta y le dijo: Llama a mi abogado para que hagas una cita con él. En ese momento llegaron al *day care* a recoger a los niños. Pito y el bebé se pusieron felices de ver a sus padres juntos. Llegaron hasta el frente del edificio y Franco se despidió

39

Si por algo me llevaran preso
y por largo tiempo no te vuelvo a ver,
en la celda escribiría tu nombre
con la misma sangre de mi corazón...
Si la muerte me la dieras tú con desprecio
de tu corazón, si la cárcel me la dan tus brazos
no habrá prisionero más feliz que yo...

EL DIVORCIO SALIÓ un mes antes de verano. Y un mes antes del viaje de Lotis a Puerto Rico, Franco llegó a su casa con una maleta. Venía a despedirse. Corrió hacia Lotis y la apretó fuertemente contra su pecho. Con lágrimas en los ojos le dijo: Pídeme que me quede y yo me quedo.

-Franco, por favor, suéltame y vete.

Abrazó a los niños, quienes lloraban aferrados a sus piernas y le pedían que no se fuera.

-Papito, por favor, ¡no te vayas, no te vayas! –lloraban y gritaban a la misma vez.

-Franco, por favor, no me hagas esto. No me pongas en esta encrucijada. Estás haciendo sufrir a los nenes y ellos no deben pasar por esto –le recordó Lotis.

Franco tomó la maleta y se marchó. Atrás quedaron los niños desconsolados y Lotis tratando de confortarlos. Una hora más tarde Franco llamó desde el aeropuerto y les aseguró que les vería muy pronto. Los niños se calmaron.

Un mes después, Lotis viajaba a Puerto Rico con sus dos hijos. En el aeropuerto les esperaba Octavio.

Llegaron a la casa de Iris. Se saludaron y conversaron por mucho tiempo. Al poco rato Octavio se despidió con la promesa de pasar por Lotis durante el fin de semana.

-¿Iris, has sabido algo de Amado? ¿Lo has visto? –preguntó Lotis con muchas ansias.

-No, Lotis, hace tiempo que no lo veo. Las últimas veces que lo vi andaba siempre descuidado. Llevaba una tristeza en el alma que se le veía por los ojos. Nunca hablaba. Solamente pasaba y hacía un gesto con las manos y seguía de largo –comentó Iris.

-Necesito saber de él. Necesito verlo. Y Doña Luz, ¿vive todavía en el mismo lugar?

-No, ella se mudó para el apartamento del frente –indico Iris.

-Tengo que hablar con ella. ¿No te importa si voy ahora a verla?

-No, en absoluto. Déjame los nenes y vete.

-Entonces nos vemos al rato.

Tocó la puerta. Doña Luz le abrió. No había cambiado mucho en esos últimos años. Sisco, su esposo y el padre de Amado, estaba sentado en la sala cuando Lotis llegó. La reconoció inmediatamente. Se le acercaron y le dieron un caluroso abrazo y un beso.

-Lotis, ¡qué gusto verte! –exclamo Sisco.

-¿Cómo están ustedes? –pregunto Lotis.

-Nosotros como siempre en la lucha. Pero pasa mi hija y siéntate. ¡Mira que linda estás! –dijo Doña Luz.

-¿Dónde está Amado? ¿Está aquí? Quiero verlo –dijo Lotis.

-¿Quieres una tacita de café? –preguntó Doña Luz.

-Sí, por favor, pero díganme, ¿dónde está Amado?

-Amado está preso –contestó Sisco.

-¿Preso? Pero, ¿qué hizo? –insistió Lotis.

-A mi hijo lo cogieron robando comida en el comedor escolar con otros dos individuos. Los otros dos escaparon y a él le echaron cuatro años por encubrirlos –agregó Sisco.

-¿Cuánto tiempo lleva preso? –preguntó Lotis.

-Dos años.

-¿Puedo ir a verlo? –interrogó Lotis.

-Creo que sí. ¿Cuándo quieres ir? Yo te llevo.

-Gracias Sisco. Mañana. Quiero ir mañana.

-Ay, mi'ja, no sabes cómo nos hemos arrepentido de no haber permitido tu relación con Amado. Desde que ustedes se separaron, mi hijo se echó a la perdición. Ahora quien sabe, quizás tú seas su salvación –habló Sisco con gran dolor.

-Sisco, yo amo a su hijo. Siempre lo he amado, y sólo espero que él todavía sienta lo mismo por mí. Han pasado muchas cosas, ¿saben? –agregó Lotis.

-Y tu marido, ¿dónde está? –preguntó Sisco con un aire de preocupación.

-Franco y yo nos divorciamos. Yo estoy estudiando y pronto voy a obtener un grado asociado. Todavía me falta un trecho por recorrer, pero con el favor de Dios espero lograrlo.

Doña Luz la tomó de las manos y la miró fijamente a los ojos para decirle: Amado te sigue amando. Nunca ha dejado de pensar en ti. Perdóname por pedirte que te alejarás de él. Muchas veces los padres, por tratar de hacer un bien meten las patas. Por favor perdóname –insistió Doña Luz.

Lotis le abrazo y le dijo: Ya eso está olvidado. Lo que importa es el presente. Yo me tengo que ir ahora. Paso mañana temprano para ir a la cárcel con usted, Don Sisco. ¿Cree usted que me dejen pasar a verlo?

-Te van a dejar pasar. El nombre tuyo siempre ha estado incluido en la lista de visitantes como su esposa –aseguró Don Sisco.

-Ya veo. Adiós pues.

-¡Hasta luego!, mi'ja. ¡Qué Dios te bendiga! –dijo Doña Luz.

Sentía una alegría infinita. Volvía a vivir. Tenía muchos planes. Ya nada ni nadie se interpondrían entre Amado y ella. Aquella noche no durmió. Una y otra vez se recreaba con el encuentro con su Amado.

Amaneció. La mañana estaba más hermosa que nunca. El sol brillaba pero no quemaba. Lotis llevaba un traje de algodón corto, rojo y negro. Llevaba unas zapatillas finas de tacón alto. Se había puesto una delicada fragancia de perfume. Llevaba sus labios pintados de rojo carmesí. Tenía el pelo hasta la cintura, rizado. Parecía una muñeca de porcelana. Llegaron a la cárcel. Se llevaron a cabo los trámites necesarios. Luego los pasaron a una sala para ser recibidos. Por una puerta, al final de un pasillo, apareció Amado. Llevaba un pantalón y una camisa de gabardina. Su pelo largo y rizado, rubios como el maíz. Sus ojos marrón claros tenían un brillo especial. La felicidad se le desbordaba por los poros. Parecía que el tiempo no había transcurrido por aquel cuerpo, aquel rostro, aquella tez. Se acercó con una sonrisa a piel de labios. La tomó entre sus fuertes brazos, la levantó y la besó repetidas veces por todo su rostro. Lágrimas de felicidad corrían por sus mejillas.

-¡Mi amor! ¡Mi cielo! ¡Mi reina! ¡Mi todo! Yo sabía que algún día me ibas a dar esta alegría. ¡Te amo! ¡Te amo! ¡Te amo!-. Y la apretaba contra su pecho mientras cubría su rostro de besos una y otra vez.

-¡Oh mi amor, cuánto te he extrañado! Ya todo pasó. Ahora estoy aquí. Estamos juntos. Y ya nada ni nadie nos va a separar –decía Lotis.

Sus lágrimas se mezclaban. Eran lágrimas de felicidad.

Sisco también estaba muy emocionado. Sacó un pañuelo y se secó sus lágrimas.

Amado le tomó la mano a Lotis y le dijo: Toma mi reina. Aquí tienes dos chocolatitos. Me tomaste desprevenido y está es lo único que tenía en mi celda. Tómalos

Lotis le tomó su rostro entre sus manos y le dijo, -Déjame mirarte. Déjame grabarme tu rostro en mi mente para que cuando ya no estés tenerte conmigo-. Y se miraron por un largo instante. Luego se reían. Movían la cabeza de un lado a otro porque se les hacía imposible creer lo que estaban viendo.

Parecía que no habían transcurrido catorce años. Allí estaban, él y ella, igual de enamorados.

-Y mis niños, ¿cómo están? –preguntó Amado.

-Bien. Ellos están muy bien. Creciendo fuertes y saludables.

-¿Y Franco?

-Él regresó a Puerto Rico. Nos divorciamos. Hemos estado separados hace ya un buen tiempo.

-¿Tienes novio?

-Tú.

-¿Cuándo regresas a los Estados Unidos?

-En una semana.

Miró a su padre y le dijo, -Papi, se me va de nuevo. La voy a perder.

-Amado, cálmate. Tranquilízate. Eso no va a pasar. Tú no vas a perderla –le aseguró su padre.

-Amado, tu padre tiene razón. Yo debo regresar a los Estados Unidos porque estoy estudiando. Para finales del mes de diciembre me gradúo y voy a comenzar en una universidad de cuatro años. Terminaré en dos años y luego veremos.

-¿Qué estás estudiando?

-Quiero ser maestra.

-Estoy tan orgulloso de ti –le dijo Amado.

-Y sé que lo estarás aún más cuando termine. No te preocupes que lo nuestro perdurará a través del tiempo y la distancia. Recuerda nuestra promesa. Ahora en este momento no podemos estar juntos, pero aunque pasen los años tú estarás por siempre aquí -. Lotis le tomó la mano y la colocó en su pecho. Entonces, mirándole a los ojos prosiguió, -Nosotros vamos a envejecer juntos y este amor no morirá. Así que no pierdas las esperanzas de que pronto volvamos a reunirnos. No te voy a decir específicamente cuando, porque tú estás aquí y yo estoy allá. No quiero que desesperes. Tú tienes que cumplir tu sentencia, y yo debo terminar lo que comencé, pero eventualmente sé que estaremos juntos de nuevo. ¡Te amo! Y la vida sin ti no tiene sentido –concluyó Lotis.

Se besaron apasionadamente. De repente un guardia gritó: -Se acabó la visita.

Se pusieron de pie. Se besaron una y otra vez. Se miraron fijamente y se alejaron.

Lotis regresó a la casa de Iris.

-¿Cómo estuvo la visita? –interrogó Iris.

-Muy conmovedora. La verdad siempre supe que amaba a ese hombre pero nunca me imaginé que él me amara igual. Pensé que el tiempo había menguado ese amor. Pero no ha sido así. Ahí están los mismos sentimientos de catorce años atrás. Y esta vez no lo voy a dejar escapar. Voy a luchar por nuestro amor.

-Bueno mi hermanita, si crees que vale la pena, lucha –le aconsejó Iris.

-Ahora hablemos de ti. Cuéntame, ¿qué hay de nuevo? ¿Cómo están las cosas entre Damián y tú?

-Pues te diré que desde que te fuiste hemos tenido algunas peleas por lo mismo de siempre, otras mujeres. Tú sabes cómo es Damián de fresco y de ofrecido. Cuanta mujer sola ve en el caserío se ofrece a ayudarla. Las cosas han cambiado un poco porque ahora cuando él me pone la mano encima yo me defiendo. Y la última vez que me dio, lo velé dormido, y le entré a martillazos en las piernas para que no me joda. Durante este último año las cosas han mejorado un poco. Estamos ocupados. Hace unos tres meses fuimos los dos y tomamos los exámenes de equivalencia y los pasamos. Ahora estamos andando los pasos porque queremos entrar a la universidad para tomar por lo menos dos años de estudios. Me gustaría estudiar para trabajadora social, y Damián dice que quiere estudiar paralegal. Vamos a ver lo que sucede. En el momento estamos llenando las becas y Dios mediante comenzaremos en agosto –concluyó Iris.

-¡Vaya! Eso sí que es una buena noticia. Yo espero que no se den por vencidos y luchen por salir de este sitio. Este ambiente no es bueno para criar niños.

-Lotis, se me olvidaba decirte que Franco pasó por aquí esta mañana y me dijo que quería venir a buscarte para llevarte a un sitio. Ten mucho cuidado con ese hombre. No te confíes. Se nota que está loco por ti.

-Pierde cuidado. No creo que se atreva a hacerme nada. Los tiempos han cambiado. Al menos para mí.

Una hora más tarde Franco tocó la puerta.

-Lotis, necesito que vengas conmigo. Tenemos que hablar.

-Franco, tú y yo no tenemos nada de qué hablar, a no ser acerca de los niños.

-Pues lo que tengo que decirte tiene que ver con el futuro de nuestros hijos. Por favor, acompáñame. Quiero mostrarte algo.

-Está bien, vamos. Iris, ¿podrías cuidarme los nenes?

-No, no será necesario. Prefiero que ellos vengan con nosotros. Lo que tengo que mostrarte es para ellos también –dijo Franco.

-Pues vamos. Iris, nos vemos más tarde. Dile a papi cuando venga a recogerme que me espere. Yo le dije que pasara por mí de una y media a dos. Son las doce y regresaré no más tarde de las dos, ¿verdad Franco? ¿Nos traerás de regreso antes de las dos?

-Sí. Vámonos.

Subieron al carro de Franco. Tomó la autopista número veintidós. Llevaba mucha prisa. Se salió en la salida dieciséis del Barrio Candelarias. Condujo por unas callejuelas sin embrear. Llegó a una callecita sin salida. Al final, cerca de un monte, se detuvo frente a una casita de madera pintada de azul y techada de zinc. Bajó del auto. Fue y abrió la puerta de Lotis.

-¿Dónde estamos? ¿Qué venimos a hacer aquí?

-Bájate, por favor –le pidió Franco.

Franco sacó un llavero del bolsillo de su pantalón y abrió el candado de la casita. Entró e inmediatamente comenzó a abrir las persianas. Lotis estaba parada en medio de la salita. Franco la tomó de la mano y le mostró las tres habitaciones, el baño, la cocina y el pequeño balcón.

-Esto es para ti y para mis hijos –dijo con la mirada fija en sus ojos.

-Franco, ¿de quién es está casita?

-Es tuya. Yo decidí venirme de los Estados Unidos un mes antes para buscarte casa. Yo sé que tú siempre has soñado con tener tu propia casa. Pues aquí la tienes. Estoy trabajando, y con un dinerito que ahorré y un préstamo que cogí, pude comprarla. ¿Qué me dices? Me harías muy feliz si me permitieras compartirla contigo.

Los niños correteaban por toda la casita si poner atención a la conversación de Franco y Lotis.

Sin titubear Lotis le contestó, -Franco, perdóname, pero no puedo ni quiero aceptarla. Tú tienes mucha razón. Siempre deseé tener una casita así de sencilla como ésta. Pero nunca te esforzaste por hacer mi sueño realidad. Ni siquiera me diste esperanzas. Al contrario, quisiste tronchar mis sueños. Pisoteaste mi autoestima hasta el punto que llegué a sentirme menos que nada. Me apartaste del gran amor de mi vida. Me invalidaste. Me humillaste. Me despreciaste. Abusaste de mí física, mental y emocionalmente. Me abandonaste en un país desconocido, con mis hijos, sin techo, comida, ropa ni abrigo. Pero gracias a eso, crecí. Me hice una mujer capaz de luchar por mí y por mis hijos. Gracias a eso estoy en la universidad adquiriendo conocimientos para mejorar mi vida y la de nuestros hijos. Y sabes, no cambio ni un tantito de lo que pasé, porque hoy soy otra. Esta casita es tuya. Búscate una mujer para que te acompañe. Si eres inteligente, quiérela y respétala. No la abuses. En cuanto a mí, ¡déjame tranquila! Ahora, llévame a la casa de mi hermana, por favor.

Le miró a los ojos y le dijo, -maldigo la hora en que nos fuimos a los Estados Unidos y maldigo a los Estados Unidos. Esa nación me arrebató mi familia.

-No Franco. No fueron los Estados Unidos. Fuiste tú el que nos apartó de ti.

Condujo en silencio. Les dejó al frente del edificio de Iris y se marchó.

Días después, Lotis regresó a los Estados Unidos.

40

Where ever you go, whatever you do,
I will be right here waiting for you...

DE REGRESO A LOS ESTADOS UNIDOS se encontró con la noticia de que Jacinto estaba enamorado.

-¡Es una chica encantadora! Se llama Beatriz. Vive con su tía. Quiero presentarla a la familia –hablaba emocionado.

-Jacinto, vas muy rápido. ¡Cógelo despacio! Es mejor que se conozcan bien antes de dar un paso en falso. ¡Date tiempo! ¡Disfruta el noviazgo! ¿Dónde la conociste? –preguntó Lotis.

-En mi trabajo.

-Ella, ¿trabaja en el World Trade Center?

-Trabaja en una de las oficinas del World Trade Center. Sube todos los días al último piso donde está el restaurante Windows On The World donde yo trabajo. Allí la conocí.

-Pero, ¿cómo así? Tú eres Chef. Tú te pasas todo el tiempo metido en la cocina.

-Estaba en la hora del *break* y decidí irme *window shopping*. De pronto, allí estaba ella, parada al frente de uno de los escaparates.

-¡Ajá! Por lo que me cuentas es obvio que Cupido te flechó. ¡Lástima! Me parece que voy a perder a mi pareja de baile-. Y comenzó a reírse.

-No digas eso. Tú y yo vamos a seguir saliendo juntos. Sólo que ahora ella nos va a acompañar.

-No gracias, no me gusta el papel de chaperona.

-Está bien, Lotis. ¡Quiero presentarle a mi familia! ¡Quiero que tú la conozcas primero!

-De acuerdo. Llévala a mi casa el próximo fin de semana.

-Lotis, también quiero decirte que mami me está preocupando. Siempre se la pasa metida en su cuarto. Sale sólo para tomar café, fumarse un cigarrillo y vuelve y se encierra.

-Son señales de depresión. Eso lo aprendí en mi clase de psicología.

-Sí, lo sé, y es por eso que estoy preocupado.

-No te preocupes. ¿Cuándo fue la última vez que la visitaste?

-El lunes por la tarde.

-Te prometo que mañana en la tarde pasaré por su casa para ver como está.

Lotis y Jacinto se despidieron.

Al día siguiente, a las doce del día, Lotis pasó a la casa de Camelia. Violeta abrió la puerta. Narciso estaba trabajando.

-Violeta, ¿Dónde está mami?

-Está en su cuarto –contestó Violeta.

Lotis se dirigió al cuarto de Camelia.

-Mami, mami –la llamó suavemente.

Camelia abrió los ojos. Una sonrisa se le dibujó en sus labios.

-¡Ah Lotis! Eres tu mi'ja.

-Sí mamita, ¡levántate! Quiero café del chorrito.

Enseguida se levantó y se dispuso a compartir una taza de café con ella.

-¿Y qué mami? ¿Cómo te sientes?

-Pues aquí, mi'ja, con un dolor de cabeza que no se me quita. Ese dolor lo tengo pegao como un perro de día y de noche.

-Mami, ¿y tú le has dicho a los médicos?

-Sí, les he dicho, pero lo único que me dicen es que tome Tylenol. Y eso es exactamente lo que hago, pero no se me quita.

-Y Narciso, ¿cómo está?

-Ese muchacho me da pena. Se la pasa trabajando. Llega cansao de trabajar con esa ropa negra. Ahí como puedo la hecho en la bañera y se la restregó.

-Mami, Narciso está ganando bueno. ¿No te ayuda? Dile que te compre una maquinita de lavar. Tú no estás para esos quehaceres pesados.

-Ay mi'jita, figúrate tú que el *Welfare* cada vez que tengo un *face to face* quieren mandarme a trabajar. Ya me quitaron a Narciso de los cupones. Solamente estamos Violeta y yo. Esa ayudita que el gobierno da, no alcanza para na'.

-Lo sé mami. Por eso estoy tratando de terminar mi educación para no tener que depender más del gobierno.

-Pero por lo menos Franco te ayuda.

-No, mami. Franco no les ha mandado nada a los nenes desde que se fue. Y yo prefiero que sea así a que se esté haciendo ilusiones conmigo. El *Welfare* tiene toda la información de él. Que lo busquen ellos y que lo obliguen a pasarles a mis hijos. Aunque no sé cuando eso vaya a suceder, porque desde el principio les di la información de Franco y hasta la fecha nada de nada. Mami, ¿supiste que Jacinto tiene novia?

-Sí, algo me dijo. ¿Es bonita?

-No sé. No la he visto. Pero Jacinto la va a llevar a casa la semana que viene y yo te cuento.

-Mami, ¿y qué es de la vida del Feo? Hace tiempo que no lo he visto.

-Ese hombre no está por na'. A veces aparece por ahí con una bolsita de compra, bebe café y sigue caminando. Creo que está rentando un cuartito por Concord.

 Mami, ¿te gusta este apartamento? No sé, pero me parece que es un poco frío.

-Ay mi'ja, es por eso que me paso siempre acostá. El *landlord* no quiere dar calefacción y por eso no me da la gana de pagarle la renta.

-Mami, yo te entiendo, pero tú no puedes aguantarle la renta. No ves que te pueden dar *desposes*.

-Pues a mí no me da la gana de pagarle. Ya le debó tres meses. Y le pago al que venga a sacarme de este apartamento. ¡Qué lo voy a estasajar!

Lotis vio cómo el tono de voz de Camelia le iba cambiando y prefirió hablar de otra cosa.

-Está bien, mami. ¿Sabes que el próximo semestre Jacinto, Tuli, Mariana y yo nos graduamos del asociado?

-¿Qué es eso?

-Mami, eso son los primeros dos años de colegio. Este es el comienzo. Debes de estar muy orgullosa de tus hijos.

-Sí, lo estoy. ¿Y qué está estudiando Jacinto?

-Empezó estudiando francés y luego se cambió a psicología. Tuli y Mariana están tomando un asociado en ciencias y yo un asociado en artes. Algún día espero ser maestra.

Camelia se le quedaba mirando pensativa y no decía nada.

-Ah, también el próximo año se gradúa Violeta.

Violeta escuchó su nombre y corrió a la cocina.

-Violeta, ¿qué piensas hacer en cuanto te gradúes? ¿Piensas ir a la universidad?

-No lo sé. Eso debe de ser bien difícil –dijo Violeta.

-No es fácil, pero tampoco es imposible. Es divertido. Yo espero que lo consideres. Bueno mami, ya se me está haciendo tarde. Necesito recoger a los niños en el *day care*. Nos vemos pronto. Déjame ver si puedo pasar por aquí la próxima semana.

Le dio un beso y se marchó.

Pasaron un par de meses. Jacinto hizo una gran fiesta para anunciar su compromiso con Beatriz. Fijaron la boda para un año después.

Transcurrió el año. Había mucha algarabía entre la familia. Dos grandes acontecimientos estaban cerca: la graduación de los hermanos Juncos y el matrimonio de Jacinto.

Llegó el día de la graduación. Fue una ceremonia sencilla, pero llena de júbilo. Para los hermanos Juncos, aquella ceremonia fue el primer escalón de un futuro prometedor.

Tres semanas después se celebró la boda de Jacinto y Beatriz. Fue una celebración preciosa. Octavio vino de Puerto Rico a presenciar el matrimonio de su hijo más pequeño. Camelia desfiló del brazo de Narciso. Se sentía orgullosa. Octavio desfiló del brazo de Inés. Hubo una gran recepción. Luego los novios se fueron de luna de miel a Hawái.

Una semana después de la boda, Lotis pasó a visitar a Camelia. Encontró un grupo de hombres desalojándola de su apartamento. Sacaban su mudanza y la montaban en un camión. Camelia lloraba. Violeta ayudaba a recoger lo más necesario. Colocaban alguna ropa en bolsas.

-Mami, ¿qué sucedió?

-Es el Marshall. Vinieron a desalojarme. Mira cómo me sacan las cositas mías del apartamento. Por favor, ¡detenlos! –Camelia le suplicaba a Lotis.

-¡Mami, te lo dije! Ya no hay nada que se pueda hacer. Violeta y tú se tendrán que ir conmigo –les dijo Lotis.

Las llevó a su apartamento.

-No te preocupes. Nos acomodaremos como se pueda –les dijo.

-¿Y Narciso? ¿Dónde se va a quedar mi hijo? –preguntó Camelia angustiada.

-¿Narciso? Ya veremos lo que se hace cuando llegue –respondió Lotis.

Por la tarde Narciso llegó y se le informó de los acontecimientos.

-Narciso, tú puedes quedarte aquí, pero deberás ayudar con los gastos de la casa –le informó Lotis.

Aquella misma semana Lotis recibió una carta del departamento del *Welfare*. Leyó.

22 de julio de 1986.

Estimada Sra. Lotis Juncos:

La presente es para notificarle que hemos recibido notificación del colegio donde usted cursó su grado asociado. Se nos notificó que usted se graduó de dicha institución el 28 de mayo de 1986. Por lo tanto le agradeceremos se reporte a esta oficina para empezar a trabajar por los beneficios recibidos y por recibir. De usted negarse le cerraremos su caso.

Jacinto había regresado de su luna de miel y estaba de visita. Todos estaban reunidos a excepción de Narciso.

-¿Y ahora? ¿Qué vas a hacer si te quitan la ayuda? –preguntó Camelia.

-¡Esto no es justo! Yo quiero volver al colegio en septiembre. Quiero completar mis estudios. ¿Qué puedo hacer yo con un grado asociado, si ni siquiera he aprendido bien el inglés? –lloraba Lotis.

-Cálmate, Lotis. Ya encontraremos la solución –intervino Jacinto.

-¡Este sistema no sirve! ¿Es que no te das cuenta? ¡Este gobierno no quiere que tú te superes! ¡Todo es una mentira! Cuando te ven herido, te levantan, te ponen un yeso y te dan unas muletas. Tú caminas al pasito. Luego de repente te quitan el yeso y las muletas pero no te dan terapia. ¿Cómo voy a echar para adelante en este país si me están cortado las alas cuando apenas estoy aprendiendo a aletear?

-Mira Lotis, ¡no te desesperes! Vamos a pensar –le dijo Jacinto.

-Es que no le veo la solución por ningún lado a menos que me busque un novio y quede embarazada. Porque aquí si tienes niños menores de cinco años te dejan tranquila. Y eso es lo que yo necesito, por lo menos dos añitos más.

-Lotis, ¿por qué no te das de baja del *Welfare*? ¡Deja que te lo quiten! Mami todavía está recibiendo ayuda por Violeta y por ella. Tú no pagas tanta renta. Mami puede seguir pagando la renta, tú trabajas a tiempo parcial y estudias. Yo les ayudo con los gastos de comida para ti y para los nenes. Y Narciso que también ayude –sugirió Jacinto.

-Jacinto, eso sería como echarle la carga mía a mami. ¡Yo no puedo hacer eso! –exclamó Lotis.

-Lotis, no lo veas así. Nosotros somos familia y la familia está para ayudarse. Tú la recogiste aquí con sus hijos cuando le dieron *desposes*. Ahora, ayúdense la una a la otra. En cuanto al *day care*, mami puede cuidarte los nenes cuando vengan de la escuela. ¿Verdad, ma'? –preguntó Jacinto a Camelia.

-Sí, mi'ja, yo te ayudo. Tú vete a estudiar –dijo Camelia.

-Ves, mami está dispuesta a ayudarte. Además, se hacen compañía y no se sentirán solas.

-Muy bien. Vamos a ver cómo funciona. Pero todos tenemos que cooperar. ¿Entendido? –dijo Lotis.

-Yo me encargo de hablar con Narciso –concluyó Jacinto.

Al día siguiente Lotis se dio de baja del *Welfare*.

El trabajador social le preguntó la razón y ella le dijo que se regresaba a Puerto Rico.

Pasó el verano y comenzaron los estudios en la universidad. Lotis buscó un trabajo en un *dry cleaner* atendiendo a los clientes y organizando la ropa. Trabajaba de ocho de la mañana a dos de la tarde. Luego se iba a la universidad. Así transcurrió el primer semestre. Una tarde, mientras esperaba el autobús para ir a la universidad, se encontró con Ely, la hermana de Amado. Se saludaron.

-Ely, ¿cómo estás? ¡Cuánto tiempo sin verte! ¿Qué es de tu vida? –preguntó Lotis.

-Pues yo ahí pasándola como se puede –contestó Ely.

-¿Vives por aquí cerca?

-No. Vine a una cita médica que tengo en ese edificio –le dijo Ely.

-¿Y cómo está la familia? ¿Has sabido algo de Amado?

-Pues, tú supiste que Amado estuvo preso, ¿verdad?

-Sí. Lo supe y lo fui a ver.

-Pues a él le habían dado cuatro años de prisión. Hace unos tres meses me escribió y me dijo que había tomado el examen de equivalencia y que lo había pasado. También me dijo que debido a su buena conducta lo habían sacado de la cárcel. Ahora está haciendo el año que le queda en un programa de recuperación de alcohol y drogas. Lo último que supe fue que lo nombraron consejero del programa. Está haciendo muy bien –dijo Ely llena de orgullo.

-¡No sabes cuánto me alegra escuchar eso! –exclamó Lotis.

-Y tú, cuéntame, ¿qué es de tu vida? ¿Todavía estás con Franco?

-Franco y yo nos divorciamos hace dos años. Yo estoy estudiando. Me falta un año para graduarme. Después que me gradúe, pienso regresar a Puerto Rico –dijo Lotis.

-¿Y tu mamá y tus hermanos?

-Todos están bien. Mi madre vive conmigo y mis hermanos, y todos están estudiando.

-Y Jacinto, ¿se casó?

-Sí. Jacinto se casó hace un año. Ya tiene un bebé.

-Y tu otro hermano, ¿Tuli?

-Tuli se casó también con una madre soltera y hoy en día tiene una bonita familia de cuatro niños varones. Está muy feliz.

-¿Y Tú? ¿Todavía piensas en Amado? Sabes, mi hermanito sufrió mucho cuando se separaron. Creo que en el fondo todavía piensa en ti –habló Ely.

-Lo sé y te aseguro que es plenamente correspondido. Lo que suceda entre Amado y yo solamente el tiempo lo dirá.

El autobús llegó. Lotis se despidió y lo abordó.

41

¿Dóndes estás corazón? Que oigo tu palpitar.
Es tan grande el dolor que no puedo llorar.
Yo quisiera llorar y no tengo más llanto.
Lo quería yo tanto y se fue, para nunca volver...

ERA UNA FRÍA TARDE de noviembre. Lotis estaba preparando el pavo para la cena de Acción de Gracias. Violeta estaba mirando el televisor con los niños. Narciso estaba trabajando. Camelia se había recostado a descansar porque tenía dolor de cabeza. Al poco rato se levantó. Se detuvo en la sala y miró a sus nietos detenidamente. El bebé se acercó a ella y la llamó.

-Agüela, agüela.

-¡Qué agüela, ni qué agüela! ¡Échate pa'lla! –le contestó malhumorada, al mismo tiempo que lo empujaba. El bebé cayó en el piso y comenzó a llorar.

Lotis escuchó los gritos del niño y fue a ver lo que sucedía.

-Mami, ¿qué te hizo el nene? ¿Por qué está llorando? ¿Qué paso? –interrogó Lotis a la vez que levantaba al bebé del piso.

Intentaba consolarlo mientras aguardaba una respuesta de Camelia. Violeta miraba todo desconcertada sin atreverse a opinar. Camelia se dirigió a la cocina y agarró un cuchillo. Luego regresó a la sala y comenzó a darle con la punta del cuchillo a una mesa que estaba en la sala.

Camelia decía: Esta tarde va a correr la sangre aquí. Yo voy a quedarme con la vida de alguien. Tú verás –repetía una y otra vez la misma frase a la vez que golpeaba con el cuchillo.

-Violeta, hazme el favor y vete a mi cuarto. Llévate los nenes y enciérrate con ellos. Oigas lo que oigas por favor no salgas –le ordenó Lotis a Violeta, quien a su vez tomó al bebé en sus brazos e hizo que Pito le siguiera.

Lotis miraba a Camelia fijamente a los ojos tratando de adivinar sus intenciones.

-Mami, ¿qué te pasa? ¿Qué te sucede? Por favor, dame ese cuchillo. Te puedes hacer daño –le decía, mientras se le acercaba usando un tono de voz sutil.

-No te me acerques porque no respondo –le dijo firmemente y continuó-. ¡Te odio! ¡Siempre te he odiado!

-Mamita, por favor, ¡no me digas eso! –suplicó Lotis.

-Sí. ¡Te odio y te voy a matar! –Camelia iba subiendo el tono de voz.

-Mami, por favor, ¡dame ese cuchillo! Está bien. No me importa si tú me odias porque ¿sabes qué? ¡Yo te amo! Sí, mami, ¡yo te quiero con todo mi corazón! ¡Mi amor por ti es tan grande que alcanza para las dos! –dijo Lotis muy calmada.

Camelia la miró desconcertada. No sabía qué decir. Siguió golpeando el cuchillo contra la mesa pero permaneció callada. Al cabo de unos minutos, lo soltó y se fue a su cuarto. Lotis llamó a la policía. En menos de diez minutos la casa se llenó de oficiales y paramédicos. Interrogaron a Camelia, pero ella no contestaba. Le tomaron la presión y la transportaron a la sala de urgencias. Tenía la presión en trescientas sesenta. Los paramédicos luchaban por restablecerle la presión. Lotis se fue con ella en la ambulancia. Permaneció en la sala de urgencias el resto de la noche. Lotis explicó el historial médico de Camelia. Habló con la médica y le informó de cómo Camelia se había negado por tantos años a recibir ayuda psiquiátrica. La presión fue restablecida. La psiquiatra la vio y determinó que tenía un caso severo de esquizofrenia agravado por los años de falta de atención médica. Los análisis también mostraron que tenía un tumor en el cerebro. El médico diagnosticó un máximo dos años de vida. A partir de aquel momento, la vida de Camelia cambió. Le asignaron una persona para que la cuidara y la llevara a sus citas médicas. Debido a su condición de salud, le aprobaron el seguro por incapacidad. Comenzó a llevar una vida más tranquila. Tomaba sus medicamentos. Disfrutaba de sus nietos y salía con ellos al parque.

Narciso ayudaba más con los gastos de la casa porque había aprendido bien el negocio de desagües. Hizo una pequeña inversión en maquinaria para su negocio. Poco a poco el negocio siguió creciendo hasta que se compró una flota de camiones. Con el tiempo tenía empleados trabajando para él.

Violeta se graduó y decidió ingresar a la universidad para estudiar enfermería.

Era la primavera del 1987. Lotis llegó del parque con los niños y los bañó. Preparó algo de comer y se recostó un rato. Se quedó profundamente dormida. Soñó.

Estaba en un jardín lleno de flores. Había pensamientos, no me olvides y rosas de muchos colores. De pronto vio un anciano que se le acercó y la llamó por su nombre. Reconoció la voz. Era Amado.

Despertó. Una angustia se apoderó de su alma. ¿Qué representaba aquel sueño? ¿Por qué vio a Amado tan viejo? Parecía tener ochenta años.

No lo pensó dos veces. Tomó el teléfono y llamó a Iris.

-Iris, soy yo Lotis. Te estoy llamando porque estoy preocupada por Amado. Acabo de tener un sueño con él y lo vi tan y tan viejito. Dime, ¿has sabido algo de él? ¿Lo has visto? –preguntó angustiada

-Cálmate Lotis, estás muy alterada. Yo lo vi no hace mucho. Él está bien. Andaba con un grupo de jóvenes repartiendo literatura y vendiendo dulces para colectar fondos para el programa en que está –dijo Iris.

-Iris, yo sé que algo no está bien. Por favor, ve a la casa de Doña Luz y pregunta por él. Te lo suplico. Sólo así me voy a quedar tranquila. Yo te espero en el teléfono.

-Está bien. Ya vengo –dijo Iris.

Al cabo de algunos minutos se escuchó la voz de Iris al otro lado del auricular.

-Lotis, tú tenías razón. Algo está pasando con Amado. Yo fui y le toqué la puerta a Doña Luz. Ella abrió. Alcancé a ver a Amado cuando pasaba del cuarto al baño. Tenía los ojos hundidos. Está bien delgado. Pude notar su osamenta. Anda erguido. Parecía un anciano de ochenta años a quien los años se le vinieron encima de la noche a la mañana. Su piel está arrugadita como una pasa –dijo Iris.

Lotis comenzó a llorar al escuchar a su hermana describir a su amado.

-¿Y qué te dijo Doña Luz? –preguntó Lotis.

-Ella me dijo que Amado estaba en ese programa y que todo estaba bien hasta hace unas semanas cuando Amado comenzó a sentirse mal. Se la pasa vomitando y no aguanta alimento en el estómago. Los médicos no saben lo que tiene. Entonces la administración del programa lo dejó ir a la casa para que esté con su familia –explicó Iris.

-Iris, necesito que me mantengas informada de todo lo que sepas. Por favor, cualquier cosa que te enteres no vaciles en llamarme a la hora que sea –suplicó Lotis.

Quería ir a Puerto Rico. Quería verlo, besarlo, abrazarlo y cuidarlo. Pero, ¿qué hacer? Tenía a los niños y a Camelia a su cargo. Además, estaba tomando exámenes de mitad de semestre. Decidió esperar.

Un mes más tarde, cuando regresaba de la universidad, se encontró nuevamente con Ely.

Se saludaron y se abrazaron.

-Ay Lotis, mi hermanito está muy enfermo y no se sabe lo que tiene. Cada día está más y más débil.

-Pero, ¿cómo es posible que los médicos no hayan dado con la enfermedad? Yo te juro, Ely, que mi deseo es estar allá con él. ¿Tú crees que quiera verme así como está?

-No te sé decir. Mami dice que él esta arrugadito como una pasa. Yo te aconsejo que le envíes una carta y le preguntes si quiere verte. Te aseguro que ese sería su mayor deseo –le dijo Ely.

-Eso es lo que voy a hacer.

Se despidieron y Lotis se apresuró a llegar a su casa para escribirle aquella carta.

Llamó a Iris y le pidió de favor que fuera a la casa de Amado nuevamente y le consiguiera la dirección de Doña Luz. Iris así lo hizo. Iris le informó a Lotis que aquella misma tarde se habían llevado a Amado en una ambulancia.

Se sentó y escribió una larga carta. Entre lágrimas le pidió perdón una y mil veces por todo el daño que le había causado. Le rogó que le permitiera llegar a su lado para amarlo, besarlo y cuidarlo. También le recordó todos los bellos momentos que vivieron juntos. Y por último le recordó la promesa que se habían hecho hacía dieciséis años en aquella noche de verano en la azotea de aquel edificio. Luego la colocó en el sobre y le puso un sello. Escribió la dirección de Doña Luz y la envió. Pasaron dos semanas.

Llegó la víspera del cuatro de julio. Aquella noche, cuando se acostó, soñó.

Vio el mismo jardín lleno de bellas flores. En el mismo centro del jardín estaba él. Tenía una hermosa sonrisa en sus labios rosados. Se veía guapísimo. Tenía un color rosa en las mejillas y sus ojos color marrón brillaban haciendo contraste con su pelo largo, rizado y dorado. Se le acercó a ella y le dijo: Mi reina, mi cielo, mi corazón, ya descanso. Todo va a estar bien. Recuerda que aquí te espero.

Despertó desconcertada. Eran las siete de la mañana cuando el teléfono sonó.

-Lotis, soy yo Iris. Sólo te llamo para decirte que Amado murió anoche a las cuatro de la mañana. Doña Luz me acaba de dar la noticia.

-Iris, ¿y la carta? ¿Tú sabes si la recibió? –preguntó Lotis.

-No. Yo le pregunté a Doña Luz y ella me dijo que nunca llegó.

-¿De qué murió?

-SIDA.

Colgó el auricular. No quería pensar. Lloraba desconsoladamente. Su amor, su gran amor, se había marchado para siempre. Ni siquiera había leído su carta. ¡Oh Dios cuánto dolor sentía! No podía imaginar la vida sin él.

Dos semanas después de su muerte e inexplicablemente, llegó la carta a la casa de su hermana Iris. Ella le llamó y le preguntó qué quería que hiciera con la carta. Lotis le indicó que la quemara puesto que ya no había destinatario.

Por muchos meses anduvo por los mismos lugares donde estuvo con él. Buscaba su rostro en cada hombre que se le cruzaba por su lado y no lo hallaba.

Transcurrió un año. En la casa había mucha algarabía. Se disponían a salir para la ceremonia de graduación. Allí estaban Octavio e Inés, Camelia y el Feo, Jacinto y Beatriz, Mariana y Tuli, Violeta, Narciso, Lotis y los niños. Lotis, Jacinto, Tuli y Mariana vestían sus togas negras y sus birretes. La ceremonia comenzó. Empezaron a llamar los nombres.

Jacinto Juncos, Bachiller en Psicología

Lotis Juncos, Bachiller en Educación

Mariana Rosario de Juncos, Bachiller en Ciencias

Tuli Juncos, Bachiller en Matemáticas

Habían logrado sus sueños. Lotis se graduó Magna Cum Laude. Allá en Puerto Rico, Iris y Damián completaban su asociado en trabajo social y paralegal.

Una semana después de la graduación, Lotis viajó a Puerto Rico. Fue al cementerio a visitar la tumba de su Amado. Depositó encima de su lápida veinticuatro rosas blancas con una nota que decía: *Amor mío una rosa por cada hora que pienso en ti.*

En la lápida de Amado se leía:

Espérame en el cielo amor mío.

GLOSARIO

A

Acurrucarse	Encogerse para resguardarse del frío
Arroz con dulce	Dulce hecho con arroz, azúcar, canela y vainilla
Arroz con gandules	Plato típico del caribe
A otro perro con ese hueso	Dícese de la persona que no se deja engañar fácilmente
Alambres de púas	Un tipo de alambre de metal que se coloca en el tope de las verjas para evitar el traspaso de intrusos
Aletear	Mover alas para volar
Albergue delincuentes juveniles	Centro de detención
Alcahueta	Persona que encubre o facilita una relación amorosa
Alcapurrias	Fritura hecha de guineos y plátanos verdes rallados y rellena de carne de res
Arrebascas	Dirigirse a una persona de mala forma con tono de voz altanero
Águelo	Abuelo
Andrajosa	Sucia, falta de higiene
Agusarnos	Ponerse listo
Algarrobo	Fruto
Arrabal	Barrio en proceso de desarrollo que carece de facilidades de electricidad y agua potable.
Arreguindarse	Colgarse de

B

Bacalaítos	Fritura hecha de harina de pan y bacalao
Baquiné	Velorio de infantil, celebrado con canciones infantiles, golosinas
Baratijas	Chucherías, cosas baratas
Barahúnda	Tumulto, alboroto
Batatal	Siembra de batatas
Batey	Patio
Break	Descanso
Bochinche	Chisme o calumnia contra una familia o individuo que cobra mayor proporción a medida que pasan los días
Buche y pluma na' más	Dícese de la persona que habla por hablar pero nunca actúa

C

Cabro sucio	Nombre dado a un arrabal de cataño por los años sesenta
Cashier	Cajero
Catañeses	Original de cataño

Cancán	Enagua con volantes almidonados para ahuecar la falda
Canicas	Juego de niños que se hace con bolas de barro o vidrio
Cojones	Testículos
Capicus	Dícese en el juego de dominó cuando se gana por ambos extremos con una misma ficha
Coba	Dibujo hecho en el suelo para colocar las canicas en el centro
Cocolías	Perteneciente a la familia de los cangrejos
Comadre	Persona que bautiza un niño por la religión católica
Condimentos	Sirve para sazonar la comida y darle buen sabor
Congas	Instrumento de percusión
Coquí	Animal minúsculo que pro-duce sonidos nocturnos intermitentes oriundo de Puerto Rico
Coquito	Bebida tradicional en puerto rico hecha con coco y ron
Correr el lápiz	Anotar de más
Cuajito	Alimento hecho del estomago del cerdo.
Cuica	Juego de soga o cuerda
Cuchicheo	Hablar en el oído en secreto
Cucurucho	Dícese de la parte más alta de un árbol
¿Cuál es tu gracia?	¿Cómo te llamas?

Ch

Chacho	Corto de muchacho
Chancho	Cerdo, puerco
Cheche	Dícese para referirse a la persona más importante
Chinchitos	Escondite hecho con matojo de maleza
Chicharrón	El cuero del cerdo frito
Chión	¡Bendición! En corto
Chiripas	Trabajar por casualidad, en lo que aparezca al momento
Chuchazo	Dícese en el juego de dominó cuando se gana con el blanco
Churros	Fritura hecha de harina de trigo

D

Day care	Cuidado diurno
Death in brothel	Muerte en burdel
Dry cleaners	Tintorería
Dómino	Juego de mesa típico en puerto rico

E

Escupidera	Recipiente diseñado para escupir o colectar orines
Engrincharse	Lanzarse arriba de la persona para atacarla

Esos huevos quieren sal	Dícese de cuando hay interés de un hombre por una mujer o viceversa y ésta se le insinúa abiertamente
Estás como la langosta con toda la carne atrás	Piropo dicho a la mujer para indicar que tiene grande el trasero
Enjorquetar	Cargar el niño con las piernas abiertas alrededor de la cintura
Espatarrarse	Con las piernas apartadas

F

Fiambrera	Recipiente diseñado para transportar comida
Fiar	Comprar a crédito
Fletar	Alquilar un chófer con auto
Frituras	Alimentos fritos en aceite o manteca
Furnitura	Muebles
Flamboyán	Árbol oriundo de puerto rico

G

Garabatos	Trazar líneas de forma irregular con lápiz o bolígrafo
Guagua	Autobús
Guariquitén	Lugar de baile en las fiestas patronales de cataño
Guayabera	Camisa típica de Cuba y Puerto Rico
Guayo	Utensilio de cocina que se usa para triturar vegetales y frutas manualmente
Greñas	Pelo sin peinar

H

Hamacas	Pedazo de material de tela o red alargada que es amarrada en ambos extremos de un árbol y queda colgando en el aire. Se utiliza como cama.
Hogares de crianza	Hogar a donde se coloca los niños que no tienen familia para ser criados
Hijo de mala madre	Persona nacida de una mala madre

K

Kaki	Color café

L

Landlord	Dícese del dueño de edificios o al terrateniente
Lares	Lugar
Letrina	Lugar sucio y asqueroso destinado para verter las inmundicias y los excrementos

Limber	Mezcla de mermelada y agua congelada
Limpiar su honra	Dícese de la persona que se casa con una mujer para pagarle por su virginidad

M

Macramé	Tejido que se hace con nudos complicados
Machete	Arma blanca, pesada, parecida a la espada y de un sólo filo
Machinas	Tío vivo
Machorra	Dícese de la mujer imposibilitada para dar hijos
Majarete	Especie de natilla preparada con la leche de coco
Mamazota, vos con esas curvas y yo sin freno	Piropo dicho a la mujer para elogiar el contorno de su cuerpo
Mamarracho	Hombre informal, no merecedor de respeto
Matorrales	Campo inculto lleno de matas y maleza
Mangle	Dícese de una cantidad enorme de matas y maleza
Mear	Dícese de orinar
Mequetrefe	Hombre entremetido, bullicioso y de poco provecho
Metrópolis	La ciudad de Nueva York
Morcillas	Embutidos rellenos de sangre, arroz y condimentos proveniente de las tripas del cerdo
Mosquitero	Colgadura hecha de gasa que se coloca alrededor de la cama para evitar que entren los mosquitos

N

Nadie sabe lo que hay en la olla nada más que el que la menea	Dicho que sugiere que sólo la persona que está en la situación sabe a lo que está expuesto.
No hay peor ciego que el que no quiere ver	Dicho que sugiere que la persona se niega a aceptar la realidad de los hechos aunque sabe que son ciertos

Ñ

Ñangotarse	Ponerse en cuclillas

O

Ocean bean	Nombre de playa en la ciudad de Nueva York

P

Palangana	Recipiente para coleccionar líquidos
Patiflaca	Persona de piernas flacas
Pasteles	Mezcla de verduras y carne de cerdo envuelta en hoja de plátano
Papeleta	Papel

No para la pata	Dícese cuando la persona no para de caminar
Parrandas	Cuadrilla de músicos que se reúnen en la noche para llevar música de un lugar a otro, generalmente envuelve una festividad y bebidas alcohólicas
Pencas	Ramas de palmas
Pelele	Dícese de la persona que no tiene nada que ofrecer
Pepitas en la lengua	Dícese de la persona que habla sin pensar y sin importar ofender a la otra persona
Percha	Lugar para colgar ropa
Persianas	Tipo de ventanas con hojas de metal
Perro que ladra no muerde	Dícese de la persona que habla mucho pero no actúa
Picas	Ruleta instalada en pabellones o plaza pública para celebrar las fiestas patronales
Pillo que hace orilla	Ladrones por doquier
Pisa y corre	Nombre dado a la guagua de pasajeros
Piragüero	Vendedor de piraguas, un tipo de refrescante hecho con hielo triturado y melado de frutas
Pimp	Individuo que conduce nego-cio de prostitución
Piojosa	Persona que tiene piojos en su cabello
Piropos	Alabanza afectada para ganar la voluntad de alguien
Plancha de carbón	Plancha antigua que se calentaba con carbón y se utilizaba para estirar la ropa
PRA	Programa de Recursos Ali-menticios
Por dinero baila el mono	Por dinero se obtienen favores

R

¿Qué carajo te pasa?	Denota enfado o rechazo
¿Quién te dio vela en este entierro?	Denota que no es tu problema
Quién fuera mecánico para meterle mano a esa máquina	Piropo el cual compara el cuerpo de la mujer con un automóvil
Quiosco	Lugar para la venta de baratijas
Quincallero	Persona que vende mercancía a pie por las calles
Quinqué	Lámpara de gas o aceite

R

Realenga	Sin dueño
Rellenos de papa	Fritura hecha de papa majada y rellena con carne
Revolcar el gallinero	Denota pelea

S

Salapastrosa	Persona con poca higiene
Salitre	Olor a sal de la playa
¡San quintín!	Ir o venir de lugar desconocido
Serretúa	Una persona con mucho cabello seco y descuidado
Shelter	Refugio
SIDA	Síndrome de Inmuno Deficiencia Adquirida (enfermedad viral)
Si cocinas como caminas, me como hasta el pegao	Piropo que compara a la mujer con la comida
Si esa es la cola, como será la película	Piropo que compara el trasero de la mujer con la cola que se hace en un teatro para ver la película.
Si tus piernas son las vías, ¿cómo será la estación?	Piropo que compara las piernas de la mujer con las vías del tren y la parte sexual con una estación

T

Templete	Lugar en merdio de la plaza donde se dan espectáculos
Terrateniente	Dueño de tierras
Tinta y papel	Documento firmado ante las autoridades que retiene validez
Tío vivo	Tipo de carrusel formado por tres palos entrecruzados que giran en torno a una base
Times square	Lugar turístico en la ciudad de Nueva York
Trapos	Ropa vieja y gastada
Tranca	Pedazo de madera
Turrón	Dulce hecho con nueces y azúcar
Trinar de gaviotas	Ruido producido por las aves a la orilla de la playa
Topos	Dados

W

Walkie talkies	Comunicadores electrónicos
Welfare	Oficina del Bienestar Público
Windows on the world	Restaurante que estaba localizado en el último piso de las torres gemelas
Window shopping	Dícese cuando se van a mirar las vitrinas de los comercios
World trade center	Centro de intercambio mundial

Z

Zanja	Excavación larga y estrecha que conduce aguas

Este libro
fue levantado en caracteres
Minion pro y Book antiqua
en la ciudad de Bogotá, Colombia.